文
景

Horizon

社 科 新 知　文 艺 新 潮

企业的企业家—契约理论

AN ENTREPRENEURIAL / CONTRACTUAL THEORY
OF THE FIRM

张维迎 著

上海人民出版社

目 录

致 谢

我首先要感谢我的导师 Donald Hay 和 Jim Mirrlees 教授的指导。一个隐含契约是，Donald 负责对论文的总体指导，Jim 负责模型的技术性问题。在过去三年里的学习期间，我基本上是每两周分别见他们一面，讨论与论文有关的各种问题，从基本思想到分析方法无所不包。我确信，我是牛津大学最奢侈最幸运的学生，能分享导师如此多时间的学生的确是不多的。Donald 和 Jim 的鼓励和学术指导对我完成这篇论文是非常关键的。好几次，当我被一些技术性问题或理论问题搞得感到无路可走时，是他们帮我找到了解决问题的办法。Donald 为我所做的远远多于一个导师假定要做的，我对他的感激之情是无法用语言表达的。

我还要感谢 Meg Meyer 博士。在 1992 年秋季 Donald 休假期间，她承担了对我论文的指导工作。特别是，她对我 M. Phil 论文的建设性评论，对我把 M. Phil 论文发展成目前的这篇博士论文帮助极大。Meg 对我的帮助并没有随她的官方责任的中止而中止。她总是我的一位编外导师。

在我在牛津大学做访问学生和读学位的前后五年时间里，我从牛津大学的许多经济学家的授课中获益匪浅。他们当中，我要特别感谢 Christopher Bliss，John Vickers 和 E. Eshag。我还要特别感谢 Cyril Lin 博士和 A. K.Cairncross 爵士，若没有他们的帮助，我是不大可能到牛津读书的。

我要感谢我在牛津的中国朋友的帮助。他们当中，我要特别提到金立佐、刘楚俊、宋丽娜、秦朵、谢多、王大鸿、程原、魏刚、秦才功、刘芍佳。

我要感谢世界银行提供的奖学金，感谢伦敦经济学院和 Robbins 家族提供的 Lionel Robbins 纪念奖学金，感谢英国政府的海外学生奖学金，感谢 Nuffield 学院提供我第三学年全额奖学金，尽管我实际上并没有使用这笔钱。

最后，我感谢我的妻子马晋红陪伴我在牛津读书，感谢她的理解和支持。在我学习的最后阶段，我们的儿子亚声出生，使我在繁忙的论文写作中得到无穷的欢乐。我将这篇博士论文献给他，表达我对他的爱。我要感谢我岳母，她来牛津照顾我的妻子和儿子，把我从家务中解放出来，使我的论文得以最后完成。我要感谢我父母的养育之恩和无私的爱。

张维迎

1994 年 4 月于牛津大学

企业的企业家—契约理论

ABSTRACT

A BRIEF DESCRIPTION OF THE THESIS

The firm is the typical organizational form of the market economy. The most significant characteristics of the firm are the asymmetric contractual arrangements between different participants (factor-owners) in both distribution of returns and control rights. Within the firm, some participants are called "employers" , while others are called "employees" . Employers hold "authority" over employees and are entitled to claim the residual returns, while employees are obliged to obey the authority of employers within certain limits and are entitled to fixed wages. In the terminology of principal-agent theory, employers are principals and employees are agents. This "micro" asymmetry between employers and employees directly determines a "macro" asymmetry. In society, employers belong to an upper-class, while employees belong to a lower-class. For this reason, this topic about the firm attracts attention not just from economists but also from sociologists, political scientists, politicians and, in particular, social reformers.

The employment relationship takes place between capital and labour. An important question which has puzzled economists as well as others for long time is: why does capital hire labour rather than labour hire capital? This question is specially relevant today for two reasons. First, almost all socialist countries have experienced the failure of the socialist planned economy and have now begun a market-oriented reform program. Although Yugoslavia's experiment has shown that a labour-managed economy cannot be an efficient option, there is no guarantee that other socialist countries will not be attracted by the labour-hiring-capital system when they begin to deviate from the traditional planned economy. In particular, for ideological reasons, the labour-hiring-capital economy may be thought to be the only "acceptable" choice for some socialist countries. Secondly, in the joint-stock company, "ownership" is separated from management and the traditional conception of the employer is no longer as relevant as in the owner-managed firm. Instead, shareholders hire the management who in turn hire workers. That is, the traditional single agency relationship between a capitalist-entrepreneur and the workers has been replaced by an agency-chain between capitalists and management, and management and workers. Many economists have focused their attentions on how capitalists as the principal make an optimal incentive scheme to induce the management (agents) to act in their best interests, or how the managerial behaviour deviates from

企业的企业家—契约理论

shareholders' interests; but the most fundamental question is why the principalship should be assigned to capitalists rather than management in the first place. The logic behind this question is, if the firm's output does not directly depend on the actions taken by capitalists, why could not the incentive problem associated with the separation of ownership and management be solved by assigning the principalship to the management and let the management work for themselves? Or more generally, why do we need capitalists?

This thesis is intended to explore the elements determining the assignment of principalship within the firm: Why does capital hire labour rather than labour hire capital? Why does the entrepreneur monitor workers rather than workers monitor the entrepreneur? Why do capitalists rather than workers select the management of the firm? What factors determine who will be the entrepreneur in equilibrium? We are concerned with an economy in which all economic actions fall into two types: marketing and producing. By "marketing" we mean the activities of "discovering the relevant prices" [Coase (1937) , p. 390] including speculating about profitable opportunities, forecasting market demands and making "judgemental decisions" [Casson (1982)] of "what to do, and how to do it" [Knight (1921)], in Schumpeter's words, setting up a production function. By "producing" we mean all the activities of transforming inputs into outputs "physically" under the given production function (technology) and according to marketing decisions.

Individuals in the economy are assumed to differ in (1) their marketing ability (entrepreneurial ability) , denoted by θ; (2) personal assets , denoted by W_O; and (3) risk-attitudes, denoted by R. Because individuals differ in their marketing ability, it may be profitable for them to cooperate by setting up a "firm" through which individuals who have advantages in marketing specialize in making marketing decisions, while those who are not good at marketing specialize in producing (note that we assume that individuals are identical in their producing ability) . Because of "uncertainty" [Knight (1921)] and "team production" [Alchian and Demsetz (1972)], the firm involves an agency problem-some member may take actions (e. g. , shirking) which benefit himself but cost others. The key organizational issue is to design a contractual arrangement between different participants of the firm so as to make each member as responsible for his own actions as possible. We will argue that the member who does marketing should be assigned to be the principal to claim the residual return and to monitor others, not just because he is the major "risk-maker" but mainly because his actions are the most difficult to monitor. Thus he becomes the entrepreneur while those who do producing become the workers.

Under the assumption that personal assets W_O are costlessly observable for all individuals while marketing ability θ is private information (or observable only at some cost) , we will demonstrate that capitalists with high marketing ability will be the winners of

　　　　　　　　　　　　　　　　　企业的企业家—契约理论

the competition for being the entrepreneurs because their costlessly observable capital stocks can work as a device to signal information about marketing ability of the would-be entrepreneur, and the arrangement therefore saves transaction costs. In other words, when information of ability is asymmetric between the insider and outsiders, only those would-be entrepreneurs who possess enough personal assets can be trusted as qualified entrepreneurs. Capitalists are more likely to be honest, credible, responsible and industrious when they choose to be entrepreneurs. They have less incentive to overstate their entrepreneurial ability, or to overinvest. A capitalist can earn "pure" profit, because his capital economizes on transaction costs by signaling information. In short, we show that capital-hiring-labour is a mechanism which guarantees that only qualified people will be chosen to be entrepreneurs (/managers) ; in contrast, if labour hires capital, the market for entrepreneurs (/managers) would be full of lemons (i. e. , too many unqualified people would choose to do marketing) .

Finally, we set up a general equilibrium entrepreneurial model of the firm, in which marketing ability θ, personal assets W_O and risk-attitudes R are identified as the three key factors determining the choices of being an entrepreneur or a worker or a manager or a pure capitalist. We will show that there is a general equilibrium in which all individuals have their (constrained) optimal choices and different forms of the firm are chosen so that both the labour market and the capital market stay in equilibrium

(goods market equilibrium can be understood as a by-product of labour market equilibrium and capital market equilibrium) . In particular, we will show that the equilibrium relationships (both in pecuniary and non-pecuniary terms) between the firms' members depends on the joint distribution of marketing ability, personal wealth and risk attitudes in the population. Given asymmetry of distribution of entrepreneurial ability and distribution of personal wealth, the joint-stock company as a cooperation between capital and ability occurs if the costs of searching for high ability people are not prohibitively high. And it is also socially optimal to allow capitalists to select the management because the more personal assets a person holds, the more incentives he has in searching for high ability people. We argue that the major function of shareholders is to select a high ability manager rather than to monitor an incumbent manager.

The basic ideas of this thesis can be described by using a two-way classification of individuals (we omit the risk-attitude dimension) .

A Classification of Types

		Marketing Ability	
		θ_H	θ_L
Persqnal Wealth	W_{OH}	Type E: (θ_H, W_{OH}) Entrepreneurs	Type C: (θ_L, W_{OH}) Capitalists
	W_{OL}	Type M: (θ_H, W_{OL}) Managers	Type Z: (θ_L, W_{OL}) Workers

In Table 1.1, for simplicity, we assume that both marketing ability and personal wealth have two-point distributions: for any individual, θ takes one of two values,θ_H (high) or θ_L (low) ; similarly, W_O takes one

of two values, W_{OH} (rich) or W_{OL} (poor) . Thus there exist four types
of individuals, denoted by E, C, M and Z respectively. Type E individiuals
are rich in both marketing ability and personal wealth: (θ_H, W_{OH}) ; Type
C are rich in personal wealth but short of marketing ability: (θ_L, W_{OH}) ;
Type M have high marketing ability but low personal wealth: (θ_H, W_{OL}) ;
Type Z are poor both in marketing ability and personal assets: (θ_L, W_{OL}) .
If all transactions between individuals take place through spot-markets,
each individual has to work as an individual businessman in deal ing
with both marketing and producing. Taking Type Z as the yard-stick, C
has an advantage in capital factor, M's advantage is in markeing ability,
and E has advantages in both capital and marketing ability. Obviously
it may be profitable for different types of individuals to cooperate by
forming a "firm" in which some individuals are specialized in marketing
activities while others are specialized in producing activities. Two
problems associated with the firm are: first, how to allocate the marketing
function and producing function to different members; second, how to
resolve the agency problem by assigning principalship. What we are
going to demonstrate is that, as the firm substiutes for the spot-market, (i)
Type E become entrepreneurs by doing marketing, monitoring producing-
members, and claiming the residual; (ii) Type M become managers by
doing marketing, monitoring producing-members but being monitored
by Type C, and sharing some risk with Type C; (iii) Type C become
capitalists by selecting and monitoring managers, and bearing risks;

9

Type C and Type M together become joint-entrepreneurs; and (iv) Type Z become workers by specializing in producing, and receiving a fixed return. We also show that bargaining power of each type depends on the joint distribution of θ and W_O in population. For instance, an increase in the proportion of Type C but will disadvantage Type C but advantage Type M (managers) and probably Type Z (workers).

The thesis is organized as follows. In Chapter one, we give a brief description of the main ideas of the thesis and present a critical review of the existing theories of the firm (including the contractual theory, the entrepreneurial theory, and the managerial theory). Chapters 2-4 are the body of the thesis addressing how principalship (residual claim and authority) is assigned among the different members of the firm. Our demonstration consists of three major steps. In Chapter 2 (the first step), we demonstrate why principalship should be assigned to the marketing member rather than to the producing member to maximize total welfare (equivalently, to minimize agency costs). In so doing, we argue that differences of marketing ability between individuals are the original rationale for the occurrence of the firm; we identify marketing with Coase's "discovering the relevant prices" but focus on aspects ignored by Coase. We make a distinction between the self-monitored incentive and the being monitored incentive. We argue that there is a trade-off between the self-monitored incentive and the being-monitored incentive associated with assignment of principalship, and it is optimal for the marketing member to be the principal because such a contractual arrangement can guarantee that total welfare are maximized. In Chapter 3 (the second step) , a hidden information model is used to show why priority in being entrepreneurs is given to capitalists. In so doing, we focus on how the capital endowment of a would-be entrepreneur can function as a signal of his marketing ability. Specifically we show that the individual critical ability for being an entrepreneur is increasing with his personal wealth, unless the individual's personal wealth exceeds a certain level. Under the assumption that marketing ability is not observable (or not costlessly observable) , it is shown that priority in being an entrepreneur (marketing member) and / or the right of selecting the person to undertake marketing should be given to capitalists because such a contractual arrangement can ensure that only qualified candidates win the competition for being entrepreneurs (or managers) . This conclusion implies that imperfect capital markets may be socially optimal. In Chapter 4 (the third step) , based on the arguments given in Chapters 2 and 3, a general equilibrium entrepreneurial model of the firm is set up; the main properties of the equilibrium will be derived; and the partition of the population into entrepreneurs, manager, pure capitalists and workers will be identified. We show that in equilibrium, (a) individuals with high ability, high personal wealth and low risk-aversion become entrepreneurs, (b) individuals with low ability, low personal wealth and high risk aversion become workers, (c) individuals with high ability but low personal wealth become managers hired by capitalists, and (d) individuals with low ability but high personal wealth become "pure" capitalists to hire managers. Chapter 5 concludes the thesis and directs attention to some promising aspects for our future research.

One of the implications of our hypothesis is that because advantages of capital over labour are associated with information-cost saving, we may predict that these advantages will be diminishing as other signals become available. Education is one such signal, which may reveal some information on marketing ability and therefore help some MBA-holders to become managers. In the extreme case, if information is perfect, capital would become a pure production factor and would lose all its advantages over labour. In fact, in this case nobody has any advantages over others in marketing, and thereafter the firm becomes redundant in Coase's sense. However, if we believe that marketing is some kind of innate ability which is not entirely educable, capital will still enjoy advantages over labour in signaling information about a person's marketing ability.

第二版序言

本书的书名《企业的企业家—契约理论》读起来有一些拗口，但它准确地表达了本书的主题。

新古典经济学中讲的企业理论，实际上是生产决策理论，即一个生产单位（"厂商"）如何选择投入要素的组合和产出，以最大化利润。它强调的是要素价格、生产技术和需求函数如何决定最优的生产选择。这一理论对理解市场均衡和资源配置的效率是有意义的，但掩盖了企业内部复杂的组织关系和激励问题，所以又被称为"黑箱理论"（black box theory）。最早对新古典企业理论发起批判的是罗纳德·科斯，他在 1937 年发表的《企业的性质》一文中认为，新古典企业理论甚至没有办法解释企业为什么存在，因为它假定交易成本是零，而在没有交易成本的情况下，所有的生产都可以通过个人之间的市场交易完成，根本无须借助于企业这样一种以"权威"为特征的组织形式。由科斯开创、威廉姆森等人发展的现代企业理论被称为"契约理论"，这一理论把交易成本放在中心地位，认为企业是市场交易的替代方式。

企业的契约理论解释了企业的存在以及企业内部所有权和激励的重要性，加深了人们对企业作为一种制度的理解。契约理论的最大缺陷是没有对企业家在企业形成中的作用予以足够的重视，契约理论中的企业仍然是没有企业家的企业。由于这个原因，契约理论虽然能够解释企业为什么存在以及企业所有权为什么重要这样的问题，但不能解释为什么企业决策者应该拥有剩余索取权以及应该由谁来选择决策者的问题。简单地说，契约理论关注的是激励问题，而不是经营者的选择问题。但在我看来，经营者的选择比激励机制更为重要。一个没有企业家的企业不是真正的企业。

　　在本书中，我把企业家放在中心地位。我试图建立一个以企业家为中心、契约关系为本质的企业理论，故称之为"企业的企业家—契约理论"。我认为，在市场经济中，制定经营决策（生产什么、如何生产）是最重要的功能，所谓的"企业家"就是最善于制定决策的人，而人口中具有高超的决策能力的企业家并不多，企业的价值就是让企业家制定决策，而为了激励企业家制定正确的决策，企业家必须承担决策的风险，也就是拿剩余收入而不是合同收入。进一步，由于有关企业家能力的信息是不对称的，如何保证企业决策者是真正具有企业家素质的人就成为企业制度要解决的一个重要问题。我们所观察到的资本主义企业制度就是自由市场为解决这个问题而做出的制度安排，它不是法律的选择，而是竞争演化的结果。简单地说，"资本雇佣劳动"是一种能够保证只有合格的人才会被选做企业家（/经营者）的机制。

从 1994 年开始，我将自己的企业理论应用于国有企业的分析，撰写了一系列的文章，这些论文收集于我的《企业理论与中国企业改革》一书中（北京大学出版社，1999 年，2006 年）。我的一个基本结论是，国有企业虽然可以通过利润分成和奖金制度对经营者提供短期激励，但没有办法解决经营者的长期激励问题，更没有办法解决经营者的选择问题。原因在于，代表国家行使所有权的政府官员并不是真正的资本所有者，他们虽然有选择经营者的权力，但并不对选择的后果承担财务风险，他们重视的只是控制权收益，而不是货币形态的收益，因而不可能有真正的积极性选择最具企业家素质的人担任经营者。由于这个原因，国有企业与其说是经济组织，不如说是政治组织，严重的权力斗争是国有企业的重要特点。解决国有企业的经营者选择问题和长期激励问题的唯一出路是对国有企业实行民营化，创造出真正的所有者。

企业的企业家—契约理论也是我分析公司治理结构的基本理论框架。近十几年来，无论在理论界还是实务经济部门，公司治理结构都是一个热门话题，但在我看来，流行的公司治理理论可以被称为"经理人中心模型"（manager-centered model），这一模型表现出对市场机制的不信任和对企业家精神的忽视。如果我们想对市场和公司治理有一个正确的理解并提供正确的政策建议，我们必须从"经理人中心模型"转向"企业家中心模型"（entrepreneur-centered model）。在《产权、激励与公司治理》一书（经济科学出版社，2007 年）中，我试图提供的就是一个"企业家中心的公司治理结构理论"。

我有关企业理论的进一步发展包括在《市场的逻辑》一书（上海人民出版社，2010 年，2012 年）的第一部分。与科斯的企业理论不同，我认为，企业不是市场的替代物，而是市场的运行方式。简单地说，企业是一个连带责任的组织。市场的有效运行依赖于交易者之间的信任，正是通过所有者（／企业家）对企业团队成员的连带责任和品牌企业对供应商的连带责任，消费者才有可能监督生产者、信任生产者，市场的交易成本才能降得足够低，市场才能有效、有序运行。如果没有企业这样的组织，根本不可能有大规模的市场交易发生，更不可能有全球化市场的出现。从这个意义上讲，科斯错了。进一步，对消费者来说，大企业类似一个"总承包商"，这个"总承包商"为消费者承担着监督众多中小企业的责任，节约了消费者的监督成本，如果没有大企业，大量复杂的产品根本不可能得到消费者的信赖。从这个意义上讲，两百多年前亚当·斯密对大企业的批评也错了。由此，我们也有必要重新思考反垄断法的经济学基础。反垄断法的经济学假定企业只是一个生产单位，而没有把企业当作声誉的载体和创新组织。传统经济学所谓的"完全竞争"实际上是没有竞争，"完全竞争"的市场根本不可能是一个有效、有序的市场。

本书初版于 1995 年，自出版后，就成为中国经济学界和管理学界引用最多的著作之一，这对作者是最大的慰藉。本次再版时，正文部分没有改动，但我对附录做了调整，将汪丁丁、张春霖和张曙光三位经济学家对本书写的长篇评论以及我对他们评论的《答复》收入附录（这四篇原来收入《企业理论与中国企业改革》一书的附录中），同时删去了原附录中的四篇文章。这三篇书评是邓正来先生组织的，曾发表于他主编的《中国书评》1995 年 5 月号（总第 10 期）。邓正来已于 2013 年元月离开了我们，借此机会，我也想表达我对他深深的谢意和思念之情。他是一位杰出的学者，也乐于助人，他对我在学术上的帮助让我终生难忘。

最后，我要感谢本书第一版责任编辑何元龙先生和本版策划编辑姚映然女士，何元龙先生为本书第一版的成功做出了重要贡献，姚映然女士对这次再版从内容调整到版面设计都尽心尽力。出版我的系列作品并把本书作为其中之一本是施宏俊先生的动议，在此一并感谢。

张维迎

2014 年 1 月 24 日

前　言

　　本书是我在牛津大学的博士论文的中文译本。这篇论文要探讨的问题是什么因素决定市场经济中企业委托权（所有权）的安排：为什么资本雇佣劳动而不是劳动雇佣资本？为什么企业家监督工人而不是工人监督企业家？为什么资本所有者选择经营者而不是工人选择经营者？什么因素决定在均衡中什么人将成为企业家？我试图找出能解释上述问题的最基本因素。尽管论文本身是非常理论性的，但我选择研究这个题目恰有很强的现实背景。20 世纪 80 年代中后期，我在国家体改委中国经济体制改革研究所从事经济理论和改革政策研究工作。当时经济改革过程中出现的许多问题使得企业家问题成为经济理论界的热门话题。经济学家几乎一致认为，造就企业家队伍对保证改革成功和体制的有效运行具有关键的作用，但在有关如何造就企业家，特别是企业家的形成与所有制的关系上，经济学家之间很有分歧。当时的主流观点是，企业家是重要的，但所有制是不重要的；造就企业家队伍的关键是公平的竞争环境和充分的经营自主权，而不是所有制。有些经济学家甚至引证市场经济中"所有权与经营权分离"的"事实"特别是日本的例子说明，正是由于所有者不起作用了，企业家才真正有了用武之地。我当时的观点与这种主流观点相反，我认为，企业家是特定的财产关系的产物；没有真正的财产所有者，就不可能有真正的企业家；因此，造就企业家队伍的关键是所有制改革（见张维迎《企业家与所有制》一文，中国经济体制改革研究所《经济体制改革研究报告》1986 年第 30 期；张维迎：《造就真正的企业家》，《人民日报》1986 年 9 月 19 日）。但是，我当时还缺乏一种理论对那些流行的浮浅观点予以有力反驳。1987 年 10 月，我到牛津大学进修，开始接触近二三十年来发展起来的现代企业理论文献。但是，尽管我从这些文献得到很大启发，现存的文献并没有提供我一个现成的武器，比如说，科斯等人研究了为什么存在企业，但没有回答为什么是资本家而不是工人成为企业的老板。70 年代中后期发展起来的委托—代理理论将股东作为委托人，经理作为代理人，研究委托人如何设计最优激励合同诱使代理人努力工作；但是，在这种理论中，委托—代理关系本身是给定的，而在我来看，更为基本的问题是，究竟谁应该是委托人谁应该是代理人？为什么资本所有者成为委托人？特别是，既然企业的收益不直接依赖资本所有者的行动（如理论所假定的），为什么经理人员的积极性问题不能通过把他们直接变成"委托人"来解决？ 1990 年 9 月我回到牛津读博士学位，将博士论文选题定为"为什么资本雇佣劳动"这样一个题目。我认为，回答这个问题的关键是剖析古典资本主义企业中经营者—企业家—资本家三位一体的现象：为什么从事经营决策的人索取剩余成为企业家？为什么资本家拥有成为企业家的优先权？只有解释了这些问题，才能真正理解现代企业制度。得益于信息经济学的发展，我的研究工作进行得非常顺利。到 1991 年底，论文的基本思想和模型化工作已经完成，论文的初稿作为硕士论文获得 1992 年牛津大学经济学研究生最佳论文奖（the George Webb Medley Prize for the best thesis），使得我有理由相信，我的研究为上述问题提供了一个一家之言的答案。

1994 年 8 月，我毕业回国，开始向国内同行介绍自己的理论观点并运用这些观点分析中国国有企业的改革。余晖先生和刘世锦博士将我论文的第 1 章的一部分翻译在《经济研究》1994 年第 11 期上发表；我应樊纲博士之邀在中国社科院经济研究所双周学术研讨会上作了一次演讲；在为北大和社科院研究生开的《产业组织理论》课上，我将自己的企业理论作了比较系统完整的介绍；此外，我回国后写的两篇有关中国国有企业改革的论文先后在《经济学消息报》、《改革》杂志和《中华工商时报》上发表。所有这些使我的理论在读者中引起了兴趣，不少读者写信或打电话告诉我说，他们觉得我的理论很新颖，希望能读到论文的全文。我的一些学生则建议我将博士论文译成中文出版。这可以说是出版这本书的来由。

准确地讲，出版这本书有两个目的，一是传播理论思想，二是介绍研究方法。就后一目的而言，我心目中的主要读者对象是正在读经济学的博士研究生、硕士研究生及高年级大学生。自到北大教书以来，我与经济学研究生有着频繁的交往，我发现，国内研究生对国外研究生如何做博士论文并不了解。作为一名教师，我想我有责任向学生介绍一些这方面的情况，为中国经济学与世界经济学接轨做点贡献。大致来说，国外经济学博士论文可以分为两类，一类是经验研究（empirical studies），另一类是理论研究（theoretical studies）。经验研究主要是使用统计数据和计量模型检验一种假说（hypothesis），这种假说可能是自己的，也可能是他人的；理论研究主要是用严格的数学方法证明一种假说，这种假说应该是自己的（一个例外是用一种新的方法证明别人已经证明过的东西）。经验研究因为涉及大量收集和处理数据的工作，耗费的时间要长一些，但成功的把握性大，因为你总可以收集到一些新的资料进行分析，比如说，别人做了美国的消费函数，你可以做中国的消费函数；有人做了中国的消费函数，你还可以做北京市的消费函数，如此等等，你总可以做出一些东西来。理论研究是在书斋里做文章，一般来说要快些，但难度大风险也大，因为你必须做别人不曾做过的东西，创造一种新理论模型，比如说，对某种观测到的现象提供一种新的解释，证明一个新的定理，数学推导是绝对马虎不得的。这是为什么绝大多数研究生选择做经验研究而不是理论研究的主要原因。当然，无论是经验研究还是理论研究，你必须在你所选择的领域里作出自己的贡献（尽管对什么叫"贡献"并没

企业的企业家—契约理论

有严格的定义），所以，你必须对自己研究领域的现有文献非常熟悉。事实上，熟悉文献是每个博士生要过的第一关。如果连别人干了些什么都不熟悉，你怎么能知道自己是否在做贡献呢？当然，写出别人已经做了些什么（或许夹杂些自己的评论）仅仅是研究的起点，你必须做出别人没有做过的东西。经验研究的一个例子是，普林斯顿大学的一位研究生的博士论文研究曼哈顿鱼市上是否存在种族之间的价格歧视。我的博士论文属于理论一类。但是，与大部分理论性论文不同的是，我论文的选题比较"大"（这确实是不寻常的）。另外，我的论文的不同部分之间具有逻辑上的连贯性（coherence），论文的结构类似一本书的结构，而大部分博士论文更像论文集。（顺便说一下，在大部分学校，几篇独立的文章[essays]就可以构成一篇博士论文。）但是，就研究方法而言，我的论文是一篇典型的博士论文。读了这篇论文，读者大致可以了解，国外经济学的理论性博士论文是怎样做的。我的导师曾告诉我，这篇论文将是他们未来的研究生的一个范本。

　　如大多数理论文章一样，这篇论文也不得不使用一些数学。但是，坦率地讲，这里用到的数学知识是非常一般的，基本上没有超出微积分和概率论，比许多学术杂志上的文章用到的数学要简单得多。对受过中级以上微观经济学训练的读者来说，读这本书是不应该有什么困难的。或许，读者可以用这本书来检查一下自己的微观经济学基础。如果你觉得读这本书还有些困难，那么，我建议你再回炉一下自己的微观经济学。我并不期待这本书受到所有经济学学生的喜爱，但我相信，对那些有志于经济学研究，特别是企业理论研究的读者来说，认真读一读这本书是值得的。现在在校的经济学学生是 10 年后中国经济学界的主力军。就目前中国经济学界的情况而言，一个中等以上水平的研究生要发表几篇文章也许并不难，但要使自己在 10 年以后也能发表有一定学术价值的文章，现在进行一些基础性投资是非常必要的。当然，对那些只对观点感兴趣的读者来说，读一读本书的文字也就够了。

与本书的主体部分不同，本书中的四个附录是有关中国经济的。它们可以看作是现代企业理论（包括我本人的理论观点）在分析中国经济中的应用，已分别在杂志上发表。我将它们收集在此，是想为理论的应用提供一个范例。[*]

我要感谢余晖、刘世锦、张春霖、李仁贵、周慈敖、吴有昌、马捷、王中华、阎伟等为本书做的翻译工作，感谢我在北大和社科院的学生以及其他读者对我的研究成果的兴趣，感谢上海人民出版社陈昕先生为本书的出版所做的辛勤工作。

1995 年 5 月 10 日北大燕北园

---

[*] 应作者要求，"附录"部分已删除，见"第二版序言"。——编者注

1

导论：为什么资本雇佣劳动？

1.1 本书内容提要

企业是市场经济的一种典型的组织形式。企业内不同的参与者（要素所有人）之间，在收入分配和控制权上的不对称的合约安排，是企业的最显著特征。在企业内，某些参与者被称为"雇主"（employer），而另一些则被称为"雇员"（employee）。雇主对雇员拥有权威，并有权索取剩余收入；而雇员在一定的限度内有服从雇主权威的义务，并挣得固定的薪水。按照委托—代理理论（principal-agent theory）的术语，雇主即是委托人（principal），雇员则是代理人（agent）。雇主与雇员之间的这种"微观"层次上的不对称，直接决定着一种"宏观"层次上的不对称。在社会上，雇主属于上流阶层，而雇员属于下流阶层。正因为此，关于企业的这个话题，不仅仅引起了经济学家们的注意，也成为社会学家、政治学家、政治家尤其是社会改革家们关注的对象。

雇佣关系发生在资本与劳动之间。一个长期困扰经济学家及其他学者的重要问题是：为什么是资本雇佣劳动而不是劳动雇佣资本？这个问题特别与今天相关有两个原因。第一，几乎所有的社会主义国家都已经历过了社会主义计划经济的失败，并且陆续开始了市场导向的改革计划。虽然前南斯拉夫的实验已经证明劳动者管理型（labour-managed）经济不会是一种有效的选择，但这并不能保证其他一些社会主义国家在开始脱离传统计划经济时，不被劳动雇佣资本体制所吸引。特别是，由于意识形态的原因，对某些社会主义国家来说，劳动雇佣资本型经济或许是唯一可以接受的选择。第二，在股份公司中，所有权与管理相分离，而雇佣关系的传统概念亦不再与业主管理型企业相一致。取而代之的是，持股人雇佣管理者，管理者又转而雇佣工人。即是说，资本家兼企业家与工人之间传统的单一型代理关系，已经被资本家与管理者以及管理者与工人之间的一种代理链（agency chain）所取代。作为委托人的资本家如何建立一种最适当的激励机制，以诱使管理者（代理人）为他们的最大利益而行动，或者说管理者的行为是如何与持股人的利益相消长，这些都已成为许多经济学家关注的焦点。但最根本的问题在于，为什么从一开始，是资本家而不是管理者被授予委托人资格（principalship）。如果企业的产出不直接依赖于资本家的所作所为，则该问题背后的逻辑是，与所有权和经营管理分离相关的激励问题，为什么不能通过将委托人资格指定给管理者从而让其为自己工作的方法加以解决？或者更概括地说，为什么我们需要资本家呢？

企业的企业家—契约理论

本书打算对那些决定企业内部委托制的诸种因素加以探究，例如，为什么是资本雇佣劳动而不是劳动雇佣资本？为什么是企业家监督工人而不是工人监督企业家？为什么是资本家而非工人对企业的管理者加以挑选？决定谁将成为企业家的因素有哪些？我们所讨论的是这样一种经济，在这种经济中，所有的经济活动被分为经营和生产两类。这里，"经营活动"（marketing）指的是那些如科斯（Coase）1937 年提出的"发现相关价格"的活动，包括搜寻可获利机会，预测市场需求以及奈特（Frank Knight）1921 年提出的"决定做什么以及如何去做"和卡森（Casson）提出的"判断性决策"等。用熊彼特的话来说，即是建立一种生产函数。"生产活动"（producing）指的是在给定的生产函数之下按照经营决策将投入转化为物质产品的所有活动。

在这种经济中，个人被假定在以下三方面存在有差异，（1）经营能力（企业家能力），以 θ 表示；（2）个人资产，以 W_0 表示；（3）风险态度，以 R 表示。因为个人在经营能力上存在差异，通过建立一个企业而相互合作对他们也许是件有利可图的事。这是由于在企业中，那些在经营方面具备优势的人可专门从事经营决策，而那些不善经营的人则可专门从事生产活动（请注意，我们假定每个人在生产能力上毫无差别）。由于奈特提出的"不确定性"和阿尔钦（Alchian）与德姆塞茨（Demsetz）于 1972 年提出的"团队生产"，企业面临的第一个问题是激励问题，即某些成员可能会采取损人利己的行为（如偷懒）。企业组织制度设计的一个重要功能即是要在不同的参与者之间设计一种合约安排，以使每个成员尽可能地各尽其职。我们将要证明，那些从事经营活动的成员应该被指定为委托人并有权索取剩余收入，以及监督其他成员，这不仅仅因为他是主要的"风险制造者"，更主要的是因为他的行动最难监督。因此，他成为企业家，而那些从事生产活动的人则成为工人。

企业涉及的第二个问题是经营者的选择问题。有能力的人应当是经营者，但谁是有能力的人呢？我们假定，对所有个体来说，每个人的资产 W_0 是易于观测到的公共信息；而经营能力 θ 则属于私人信息（或必须支付成本方能观测得到）。在这个假定条件下，我们将证明，在自由选择成为企业家的竞争中，具备更高经营能力的资本所有者将会是赢家。这是因为，他们的易于观测的股本（capital stock）可作为一种信号手段标示出有关他们经营能力的信息；而这种安排因此可节约交易成本。换句话说，当局内人与局外人之间关于经营能力的信息是不对称的时候，只有那些愿意充当企业家而同时又拥有足量个人资产的人才能被信赖为合格的企业家。一个资本所有者，当他想成为一名企业家时，会更加诚实、可信、尽职和勤奋。他没有积极性夸大（谎报）自己的经营能力，也没有兴趣从事过滥的投资活动。相对而言，一个一无所有的人却更有积极性谎报自己的经营才能并从事过度投资。这里的原因是，在个人消费不可能为负的约束条件下，一个人当企业家的个人机会成本与其个人财产是正相关的。对一个一无所有，只能靠借入资本当企业家的人而言，成功的收益归己，而失败的损失却可推给他人，因而，即使在经营能力很低时，他也有兴趣碰碰当企业家的运气。相反，对一个完全用自有资产当企业家的人而言，他必须为自己的企业家行为负完全的责任，这样，除非他确实具有经营才能，否则他不会拿自己的财产去冒险。具有理性预期的外部人知道，平均而言，在所有想成为企业家的人（would-be entrepreneurs）中，有个人资产的人比没有个人财产的人具有更高的经营能力，且个人财产越多，（预期的）经营才能越高。一个资本所有者企业家的资本能够赚取"纯粹"的利润，是因为资本可以传递有关经营能力的信息（signaling information）[1]。简言之，我们证明，资本雇佣劳动是一种能够保证只有合格的人才会被选做企业家（／经营者）的机制；相反，如果是劳动雇佣资本，则企业家（／经营者）市场上将会被南郭先生所充斥（即是说，太多的无能之辈将从事经营活动）。

最后，我们建立一个企业的一般均衡的企业家模型。在此模型中，决定某人为企业家或工人，或管理者或纯粹资本所有者的三个关键因素分别是经营能力 θ，个人资产 W_0 及风险态度 R。我们将证明存在一个一般均衡，在其中，每个人都有他们自己（受约束）的最佳选择，企业的不同形式也可被选择。如此，劳动市场和资本市场都处在均衡中（商品市场的均衡可以理解为劳动市场均衡与资本市场均衡的一种副产品）。更为特别地，我们将证明企业内成员间的均衡关系（金钱的或非金钱的）取决于人口中经营能力、个人财富及风险态度的联合分布（joint distribution）。给定企业家能力、个人财富分布的

---

[1] 熟悉信号模型的读者也许会发现这里所使用的"信号"（signaling）一词有些误导的成分。因为（初始的）个人资产并不是一个选择变量，与文献中"信号"（signal）一词所含的意思不一样。关于"信号"（signaling），我的真正含义是：富有（而非贫寒）的企业家的选择包含更有效的信息。

不对称，如果寻求高才能人员的费用不至于高得吓人，则股份公司作为资本与能力之间的一种合作方式即将出现。而允许资本家去选择管理者也是一种社会最优模式，这是因为一个人拥有的资产越多，他寻求高能力人才的积极性就越高。我们认为，持股人的主要功能在于挑选一个高能力的管理者，而不是去监督一个在职的管理者。

我们的假说有如下一种暗示：因为资本对劳动的优势与信息成本的节省有关，我们预言，当其他信号可资利用时，这些优势将会逐渐缩小。教育即是此种信号之一，它可显示出经营能力的部分信息，因此有助于工商管理硕士成为管理者。在极端的情况下，如果信息是完全的，资本则变成一种纯粹的生产要素并丧失掉它对劳动的所有优势。实际上，在这种情况下，任何人在经营上都不比其他人占任何优势，而企业则成为科斯意义上的多余物。然而，如果我们相信，经营能力至少部分地是天赋的，无法全靠后天培育，在表示某人经营能力的信息时，资本将依然享有对劳动的优势。

有几个术语方面的问题必须强调一下。在本书中，有两类术语替换使用，一类从传统企业家理论中借用而来，另一类则来源于现代代理理论。按照弗兰克·奈特（1921）的意思，"企业家"与两种功能相关：商业决策（经营）及承担商业风险（剩余索取权）。在我们的分析中，这两类功能只有轻微的区别。如果一个资本所有者选择亲自从事经营活动，他即成为一个企业家；如果换一种方式，他挑选另外一个代理人去经营，后者成为一名管理者，而他则成为一名证券持有人。在后一种情况下，他们成为联体企业家（joint-entrepreneurs）。因为这个原因，我们说一个股份公司的特征是企业家身份的分解，而非所有权和控制权的分离。"经营能力"可理解为传统意义上的"企业家能力"。我们用"经营能力"代替"企业家能力"，是因为在本书中，经营（marketing）是先入为主的，而企业家资格（entrepreneurship）是经推论而非假定得来。即是说，当我们谈及经营时，我们还不知道谁将成为剩余权益索取者。一个"纯粹的资本家"只是一个证券持有者，他向企业提供资本而不参加企业经营（在本书中，我们在股票持有者 [shareholders] 与债券持有人 [bond-holders] 之间不作区分）。

在代理理论里，对他方的行为承担一定的风险因而获得监督他方的权力的一方，被定义为"委托方"，相对应地，"代理方"则是指不一定非为自己行为负责的一方。换句话说，在一种委托—代理关系中，"风险承担者"（委托人）不一定即是"风险的制造者"（代理人）。只要合约不可能是完全的，代理问题就会存在。然而，不像代理理论那样只假定后果仅取决于代理方的行为，我们所关心的是这样一种交易，其后果不仅取决于代理方行为，也同样可能取决于委托方本身。最关键的与代理问题相关的"激励方案"（incentive scheme）即是委托人资格的分配，即哪一方应是委托人。因为这个理由，代理人与委托人之间的区别必须谨慎对待。在许多情况下，这种区别只在一定程度上才有意义。例如，在一个古典型企业里，企业家承担了所有的风险，而工人们只挣取固定的报酬，因此我们把前者叫做委托人而后者则为代理人。然而，当我们假定工人的技术具有"企业特种性"（firm specific），他们在企业里所拿的薪水又高于市场水准，则他们就不得不承担部分由企业家的行为造成的风险。在这个意义上，工人反而是委托人而企业家则是代理人。[1]另外一个例子是"合伙制"：每一个合伙人都具有双重身份：既是代理人，同时又是委托人。

在许多文献中，"权威"（authority）与"指挥"（direction）被广泛互换使用。在本书里，二者则互有区别，后者与经营功能相关，前者则与委托权相关。经营功能要求生产者"服从"经营者的"指挥"，例如去做什么，又如何去做等。然而，这种指挥却不一定与委托权相一致，后者指委托人有资格去监督代理人的绩效，能决定对代理人的奖惩、聘退。我们将委托人的这种资格理解为"权威"（authority）。有一个很好的例子可说明两者的差异：在工人管理型企业里，总的说来工人有任命管理者的权威，而管理者却依然有权指挥工人去做什么或如何做。另外一个例子是病人与医生之间的关系：病人对医生拥有权威，但医生却可指挥病人。一个典型的资本主义企业里"指挥"与"权威"的一体化现象也许应该对那些忽视两者之间这种差异的许多经济学家负责。

本书的基本思想可以用一个将个体特征两分法的模型（我们省略风险态度这一向量）加以描述。

1　因为这个原因，在濒临"破产"的情况下，工人有可能提出分享部分对管理者的控制权的要求。参见菲茨罗伊与穆勒（FitzRoy，Mueller，1984）。

　　　　　　　　　　　　　　　　　　　企业的企业家—契约理论

表 1-1　　　　　　　　　　　　　个体特征的分类

	经营能力	
	θ_H	θ_L
个人资产　W_{OH}	E类：(θ_H, W_{OH}) 企业家	C类：(θ_L, W_{OH}) 资本家
W_{OL}	M类：(θ_H, W_{OL}) 管理者	Z类：(θ_L, W_{OL}) 工人

在表 1-1 中，为简便起见，我们假定经营能力与个人资产均为两点分布：对任何个体来说，θ 只在 θ_H（高）和 θ_L（低）中取其一，相似地，W_0 只在 W_{OH}（富有）和 W_{OL}（贫穷）中取其一。因此存在着四种个体类型，分别用 E、C、M 和 Z 来表示。E 类人既善经营又很富有（θ_H，W_{OH}）；C 类人虽富有但不善经营（θ_L，W_{OH}）；M 类人虽善经营却囊中羞涩（θ_H，W_{OL}）；Z 类人则既穷且不谙经营（θ_L，W_{OL}）。如果个体间的所有交易都在现货市场上发生，则每个人都不得不充当独立的个体户处理经营和生产的双重事务。以 Z 类人为参照物，C 类人在资本要素方面有优势；M 类人的优势体现在经营能力上，E 类人则同时在资本及经营能力两方面都占优势。显然，对各类个体来说，互相联合起来组成一个"企业"也许是件有利可图的事情。在企业里，某些人可专门致力于经营活动，而另一些人则可专门从事生产活动。与企业相关的有两个问题：第一，如何在不同的成员间分配经营功能和生产功能；第二，如何通过委托权安排解决代理问

题。我们所要阐述的是，当企业取代了现货市场时，（1）E 类人成为企业家，从事经营活动，监督生产工人并索取剩余；（2）M 类人成为管理者，从事经营活动，监督生产工人，但受 C 类人监督并与 C 类人分享部分风险；（3）C 类人成为纯粹资本所有者，挑选并监督管理者以及承担风险；C、M 两类人一道成为联体企业家；（4）Z 类人成为工人，专门于生产活动，挣取固定收入。我们还要证明，每类人的讨价还价的力量取决于人口中 θ 和 W_0 的联合分布。例如，人口中 C 类人比例的上升将不利于 C 类人，但却有利于 M 类人（管理者）甚至 Z 类人（工人）。

1.2　企业理论的批评性回顾

50 多年前，科斯在他的经典性论文（1937）中指出："很久以来，经济理论忍受着无力明确阐释它的假定的痛苦。经济学家在建立一个理论的时候，通常也忽视了去检验其理论所赖以建立的基础。"（P.386）。即使是在今天，经济学家似乎仍然在忍受着无力检验他们的理论赖以成立的某些重要假定的痛苦，虽然应该认识到这种状况自科斯以来已有了很大的改进。一个这样的假设即是资本对劳动的雇用。在新古典经济学里，企业充其量被看作是一个生产函数，而资本和劳动也只不过是生产要素而已。作为生产要素，资本和劳动都是对称的，它们各自的报酬取决于各自对生产的贡献。在均衡的情况下，工资等于劳动边际生产率，利润（利息）率则等于资本边际生产率。在克拉克（1899 年）的图解里，劳动边际产量图中的三角形面积与资本边际产量图中的长方形面积相等；反之亦然。虽然新古典经济学家将他们的理论建立在资本雇佣劳动的假定之上，但他们没有任何的理论说明为什么劳动不能雇佣资本。事实上，正如保尔·萨缪尔逊所指出的，资本雇佣劳动或劳动雇佣资本并无差别。也许我们从新古典经济学所能得到的最好推论是："之所以资本雇佣劳动，是因为资本比劳动更为稀缺。"毫不奇怪，使用新古典的框架，雅罗斯拉夫·文尼克（Yaroslav Vanek）证明出，从长远来看，劳动雇佣资本体制与资本雇佣劳动体制具有同等的效率。[1]

新古典经济学的企业理论受到许多经济学家的挑战。所有这些挑战可分为三个分支：(1) 企业的契约理论；(2) 企业的企业家理论；(3) 企业的管理者理论。下面我们对此将分别给予概述，但重点放在前两种理论上。[2]

1.2.1 企业的契约理论

企业的主流契约理论之先河由科斯（Coase，1937）开辟，之后又由阿尔钦和德姆塞茨（Alchian，Demsetz，1972）、威廉姆森（Williamson，1975、1980）、克莱因等（Klein et al，1978）、

1　对"劳动管理型企业的新古典理论"文献作出贡献的人中，包括 B. 沃德（Ward），E. 多马（Domar），J. 文尼克（Vanek），J. 米德（Mead）。这些文献可视为新古典企业理论的映像（Mirror image）。它告诉人们，在新古典的框架中，如果以劳动雇佣资本取代资本雇佣劳动将会发生什么。我们不打算概述这些文献。
2　关于企业理论的全面概述，请参见霍姆斯特姆与泰若勒（Holmstrom，Tirole，1989）。

詹森和麦克林（Jensen，Meckling，1976、1979）、利兰和派尔（Leland，Pyle，1977）、罗斯（Ross，1977）、张五常（Cheung，1983）、格罗斯曼和哈特（Grossman，Hart，1986）、霍姆斯特姆和泰若勒（Holmstrom，Tirole，1989）、哈特和莫尔（Hart，Moore，1990）、阿根亚和博尔腾（Aghion，Bolton，1992）以及其他学者加以拓展。最新的模型是由杨小凯和黄有光（Yang，Ng，1993）提出的。这一派理论的共旨是，企业乃"一系列合约的联结"（nexus of contracts）（文字的和口头的，明确的和隐含的）。然而，每个作者的侧重点各不相同，其中最具影响的是交易费用理论和代理理论。前者的重点仅限于研究企业与市场的关系（即企业的边界是什么？为什么会有企业存在？）；后者则侧重于企业的内部结构与企业中的代理关系。在下文中，我们将交易费用理论分为两类：一类为间接定价（indirect pricing）理论，另一类为资产专用性理论。同样，代理理论也被分为代理成本理论和委托—代理理论两类。[1]另外，我们还将就近几年迅速发展的有关证券设计问题的文献加以讨论。应当指出，这里的概述并非一览无余，而是有选择的。

交易费用经济学——（1）间接定价理论

在"间接定价理论"的标题下，对科斯、张五常及杨小凯和黄有光的论点加以概述是合适的。这一理论的要旨是：企业的功能在于节省市场中的直接定价成本（或市场交易费用）。

1　第二种分类是基于研究方法上的考虑。

企业的企业家—契约理论

科斯是第一个按照市场价格机制下交易费用的方法研究企业（以权威为特征）存在合理性的人。对他来说，市场和企业是资源配置的两种可互相替代的手段；它们之间的不同表现在：在市场上，资源的配置由非人格化的价格来调节，而在企业内，相同的工作则通过权威关系来完成。二者之间的选择依赖于市场定价的成本与企业内官僚组织的成本之间的平衡关系。企业之所以出现，是因为权威关系能大量减少需分散定价的交易数目，即按合约对投入物行使有限使用权的企业家或代理人可以不顾每项具体活动的价格而指挥生产。[1]

"权威"（authority）无疑是企业的一个很重要的特征。但是，科斯未能对与委托制（Principalship）相关的"权威"和与市场营销功能（marketing function）相关的"指挥"（directions）这两者作出区分。再者，他也未能告诉我们为什么企业的权威总是由资本家而不是由工人来掌握。实际上，在科斯的企业中，正如在一个新古典经济学的企业中一样，资本与劳动的关系依旧是对称的，与谁掌握权力并不重要。科斯正确地指出："通过价格机制'组织'生产的最明显的成本，是去发现相关价格是什么"，但他没有把这种成本与企业的内部结构联系起来。在我的研究中，通过着重分析个体间市场经营能力的差异，这一成本将被视为研究企业内不对称安

1　科斯写道：确实，在一个企业里，合约虽不是被完全废除，它们的数量却是大大减少了。一种生产要素（或它的所有者）没有必要与其他合作共事于同一企业的要素订立一系列的合同，而在市场交易中，这一系列的合同是必不可少的。这一系列合约是可以用一个签约来代替。

排的一把钥匙。

张五常提出了一个关于企业性质的更透彻的解释，从而改进和发展了科斯的企业理论。对张五常来说，企业与市场的不同只是一个程度的问题，是契约安排的两种不同形式而已。企业是在下述情况下出现的：私有要素的所有者按合约将要素使用权转让给代理者以获取收入；在此合约中，要素所有者必须遵守某些外来的指挥，而不再靠频频计较他也参与其间的多种活动的市场价格来决定自己的行为。企业并非为取代"市场"而设立，而仅仅是用要素市场取代产品市场，或者说是"一种合约取代另一种合约"。市场的交易对象是产品或商品，而"企业交易"的对象则是生产要素。由于估价某产品或获得某产品的有关信息通常需支付成本，通过对某些投入品代替物（proxies for inputs）进行估价的定价方式，其成本通常小于对产出物的直接定价。然而对代替物的定价并不能获得像对产品定价那样充分的信息。因此，对这两种合约安排的选择取决于，由对代替物定价所节约的交易费用是否能弥补由相应的信息不足而造成的损失。

张五常关于企业的本质是用要素市场取代产品市场的观点是深刻的。它意味着，企业能消除机会主义的论点不是决定性的，因为企业可能把机会主义从商品市场带到要素市场上来。[1] 按逻辑推理，下一步应对要素交易的合约（例如劳动合约和资本合约）进行考查，由

1　参见后面对威廉姆森纵向一体化的讨论。

此将导向阿尔钦和德姆塞茨关于企业的内部结构系由激励—监督问题决定的论式。遗憾的是，张五常没能继续深入。他断言，当定价成本为零时将不会发生偷懒行为（shirking behaviour），因此他轻易地忽略了这一问题。

基于科斯和张五常的原旨，借助消费者—生产者、专业化经济和交易成本这三方面因素，杨小凯和黄有光（1993）建立了一个关于企业的一般均衡的契约模式。该模型的突出之处是，作者把企业所有权的内部结构与定价成本相联系，同时把企业的均衡组织形式与交易效率相联系。在他们的模型里，选择不存在于市场和企业之间，而存在于自给经济（autarky）、市场与企业三者之间。他们认为，企业作为促进劳动分工的一种形式，与自给经济相比，也许会使交易费用上升，但只要劳动分工经济收益的增加超过交易费用的增加，企业就会出现。在企业存在的情况下，所有权结构就变得重要，因为不同的结构会导致不同的交易效率。一种非对称的剩余索取权（residual claims）结构能够用以改进交易的效率，并且通过排除直接定价和贸易中交易效率最低的活动，促进劳动的分工。管理者剩余索取权结构之所以出现，是因为用于提供管理服务的劳动的交易效率远远比用于生产最终产品的劳动的交易效率为低，在后一场合，管理服务只是作为一种中间投入。这是因为，度量从事难以捉摸的管理活动所付出的努力及其产出水平，要花费极高的成本。管理者对剩余的索取权体现了管理服务的间接价格。[1]

　　科斯与杨小凯和黄有光间一个重要区别是：按照科斯的理论，交易费用的增加将缩小市场的范围因而加大企业规模；而按杨小凯和黄有光的理论，如果经济个体之间的交易效率存在差异，交易费用的增加将同时减少市场的交易及企业形态的交易。[2] 从历史的观点看，杨小凯和黄有光的论点更为有力。200 多年前，亚当·斯密即指出劳动

1　他们把自己的理论称为"间接定价理论"。他们的故事是这样的：在一种经济中有许多被事先看作相同的消费—生产者，每一个体作为一个消费者必须消费一种最终商品，如衣服，他的生产又需要一种中间产品，如管理服务作为生产投入，每一个体作为一名生产者选择生产衣服，或提供管理服务。然而，由于专业化经济，每一个体的最优选择是一个角点解。他也许可选择自给经济，为自己提供衣服并亲自管理生产，或选择专门生产两者中之一种。自给经济造成生产力的低下，但无须承担交易成本，专业化生产则造就高的生产率但需承担交易成本。因此，在专业化经济与交易成本之间存在一种此消彼长的关系。如果交易效率高，由于专业化经济高于劳动分工带来的交易成本，则劳动的分工将作为均衡结果出现；否则自给经济将作为均衡结果出现。假定交易效率足够高，大家都宁愿选择劳动分工而非自给经济。那么有三种不同的剩余权力结构可用以组织劳动分工所需要的交易活动。第一种，称为结构 1，存在衣服和管理服务两个产品市场、专门生产衣服的生产者与专门生产管理服务的生产者在两个市场上相交易。在这种市场结构里，剩余索取权及权威在交换者之间对称地分配，既不存在企业也不存在劳动市场。第二种，称为结构 2，有衣服市场及劳动（雇佣到企业提供管理服务）市场，衣服的生产者是企业的所有者，而专门生产管理服务的则是被雇佣者。剩余索取权与权威在雇佣及被雇佣者之间不对称地分配。第三种，称为结构 3，有衣服市场、劳动（被雇佣到企业生产衣服）市场；职业化管理者是企业的所有者，而专门的生产者则是被雇佣者。对这三种结构的选择系由每种结构的相关交易效率所决定。假定管理服务的交易效率低于劳动的交易效率许多，则企业制度可以更有效地组织劳动的分工，因为它可避免管理服务的市场交换。再进一步假定，被雇佣以生产管理服务的劳动的交易效率比被雇佣生产衣服的劳动的交易效率低许多（因为要测定无形的管理服务是件困难的事），则与结构 2 相比，在结构 3 中，劳动的分工能够被更有效地组织。管理者对企业剩余的索取即是对管理服务的间接价格。

2　这种表述是我本人的推论，杨—黄并没有探讨这一点。

的分工受到市场范围的限制。交易费用的下降可以扩大市场的范围，同时鼓励劳动的分工，并使企业扩张。我的观点是，在微观层次上市场和企业可以相互替代，而在宏观层次上二者则是互补关系。我们从历史中已经看到，市场交易和企业式交易一直在同步扩张。这种正相关现象不可能是一种偶发事件。企业组织可以从多方面降低使用市场的交易费用。这一点，有必要在杨—黄框架中作进一步的探讨。[1]

　　由于对管理服务直接定价的成本过高，使得企业的剩余索取权最好由管理者获得。杨小凯和黄有光的这个主题观点可由我们的模型加以证实，[2] 虽然我们结论的来源不同。[3] 他们与我们的模型之间的主要区别如下：第一，在他们的模型中，经济个体被事先看作相同的，劳动的分工基于专业化经济；而在我们的模型中，经济个体因事前的市场经营（marketing）能力不同而相互有异，劳动的分工基于不同的个体具有不同的比较优势。[4] 虽然我们同意，以专业化为基础的内生的比较优势在解释市场和企业的共存现象时是重要的，但我们认为，有了企业家精神的介入，外生的比较优势则更为根本和实际。历史地看，企业是由那些对行为和机会具有很高判断能力的企业家建立起来的。正是这种外生的优势使得这些人获得了享有很高声望的地

1　由于科斯是在他作为青年社会主义者时发表了他的论文，他以企业来取代市场的思想是可以理解的。毫不奇怪，科斯与威廉姆森的观点曾被一些中国经济学家用于反对市场。

2　见第二章。

3　在读杨—黄的论文之前，我的论文已经完全定型（Zhang, 1992）。

4　杨—黄认为，当用建立在不变规模收益基础上的李嘉图的外生比较优势概念解释贸易时，企业制度的生产力含义就不能被深究。这一观点是不正确的。

位。相反，如果个体事先即被认为是等同的、对称的，那么，所有的个体在作为一个工人和一个管理者之间则没有什么两样，没有谁能比其他人优越。这显然是不真实的。[1]第二，杨小凯和黄有光只考察了有关所有权均衡结构问题的一个方面，即对管理服务作出估价；我们却考虑了问题的两个方面，即个人在生产和监督效果中的相对重要性。我们将会看到，不考虑每个成员的相对重要性，估价（相当于监督）的效果是不确定的。第三，在他们的论文里，企业的内在结构是从外部的角度（即市场交易的效率）被考察的，而我们则从企业内部的角度（即企业中不同成员之间的关系）分析这一问题。其实，他们遵从的是张五常（1983）的观点，即企业是一种用要素市场取代商品市场的合约方式，而我们处理的却是阿尔钦和德姆塞茨式的问题。我相信，我们的方法能够对企业内不同成员间的关系提供更透彻的解释。第四，杨小凯和黄有光仅考察了资本主义企业这台戏中的一个场景（例如，他们没有探究为什么资本家在管理服务专业化上占据优势地位的问题），然而我们却试图揭示所有的内幕。

交易费用经济学——（2）资产专用性理论，不完全合约与纵向一体化

科斯企业理论的另一个部分由威廉姆森（1975，1979，1980）和克莱因等（1978）作了开拓性的研究，又在泰若勒（1986）、格罗斯曼和哈特（1986）、哈特和莫尔（1990）、瑞奥登

---

[1] 在一次私人交流中，杨承认也许有可能建立一个把外生的及内生的比较优势结合起来的模型。

（Riordan，1990）及道（Dow，1993）那里取得了进一步的发展。这一派理论将企业看成是连续生产过程之间不完全合约所导致的纵向一体化实体，认为企业之所以会出现，是因为当合约不可能完全时，纵向一体化能够消除或至少减少资产专用性所产生的机会主义问题。

威廉姆森（1975，1979，1980）和克莱因等（1978）与科斯持相同的观点，即认为企业是用以节约交易费用的一种交易模式。然而，与企业何以产生的理由相比，他们似乎更关心一个企业是应该"买"进还是"制造"出一种特殊的投入，或企业究竟应该有多大。他们把"资产专用性"及其相关的机会主义作为决定交易费用的主要因素。其思路大致如下：如果交易中包含一种关系的专用性投资（relationship-specific investment），则事先的竞争将被事后的垄断或买方独家垄断（monopsony）所取代，从而导致将专用性资产的准租金攫为己有的"机会主义"行为。这种机会主义行为在一定意义上使合约双方相关的专用性投资不能达到最优，并且使合约的谈判和执行变得更加困难，因而造成现货市场交易的高成本，当关系的专用性投资变得更为重要时，用传统现货市场去处理纵向关系的交易费用就会上升。因此，纵向一体化（vertical integration）可用以替换现货市场。因为在纵向一体化组织内，机会主义要受到权威的督查。在威廉姆森的早期文献中，他很强调在现货市场和纵向一体化之间的选择。然而，在他晚近的著作以及克莱因等的许多著作中，却考虑用长期合约去代替纵向一体化，因为即使在一个纵向一体化企业的内部，交易费用也并非无足轻重。如果由于内部生产的不经济造成纵向一体化的不经济，协调独立交易者之间的交易活动的长期合约安排将会出现，以节约交易费用。[1]

必须指出的是，当企业决定自己制造而不是从现货市场上购买一种投入时，它必须购买生产要素（劳动及资本）。这正是张五常谈到用要素市场代替商品市场时所说的意思。因此，纵向一体化可能将机会主义从市场带入企业，对市场和纵向一体化的选择实际上是对市场机会主义和企业机会主义的选择。

企业内部的机会主义来自"特异性"（idiosyncrasies）和"不可分性"（non-separability）（参见阿尔钦和德姆塞茨，1972）两方面，两者与企业的内部结构很有关系。在分析企业内部结构时，威廉姆森采用了他在分析市场和纵向一体化时的风格。他强调（资本主义）企业中资本家和工人之间以等级结构为基础的"权威关系"；[2] 他同时强调，在考察雇佣关系时，"特异性"是比"不可分性"更关键的因素，在逐渐掌握了企业生产特殊技能的工人与可能拒绝重订工作合约的雇主之间，特异性造成一种双边的垄断，从而必然使技能培训的投资无利可图。通过将工资与明确规定的工作岗位（而不是个人）相联系，通过内部提拔和以长期表现而不以短期评价为依据的

1　泰若勒在 1986 年分析采购行为的关系中，将威廉姆森的"机会主义"导致投资不足的思想形式化。他证明，威廉姆森的假说在更一般的假设也是成立的。这就是，出资者（买主）无法观察到企业（卖者）的投资，讨价还价及事后的信息不对称。如果投资能被买者观察到并因此可能成为一个联合决策变量，则买卖双方可能选择投资不足或投资过度。他认为缺乏承诺和信息的不对称是威廉姆森见解中的要点所在。也请参见勒奋特（Laffont）及泰若勒的有关著作。
2　他列出的另一类资本主义企业组织模式是"内部合约"（inside contraction）。

　　　　　　　　　　　　　企业的企业家—契约理论

自动晋级，长期的雇佣关系能弱化这一问题。特别地，在1980年的一篇明确答复对科层组织激烈批判的论文中，威廉姆森按照效率原则比较了六种模型，结论为，资本主义的雇佣关系是最有效率的模型。

虽然威廉姆森的实证分析对理解企业的内部结构有着显著的贡献，但从现代文献的观点看，他几乎从未涉及为什么是资本雇佣劳动而不是劳动雇佣资本的问题。[1]实际上，他甚至从来就不想这样去做。在他的分析中，在等级组织被证明为合理前，资本家就已经是雇佣者了。他更关心的是为什么雇佣关系会以等级组织为特征，而不是为什么一开始资本家就扮演了雇佣者的角色。但是，等级组织并不一定就与劳动雇佣资本相矛盾。据此，本书作者的研究把重点放在雇佣双方关系的"横向"不对称性上，而不是放在纵向的等级组织上。

在威廉姆森和克莱因等之后，格罗斯曼和哈特（1986）以及哈特和莫尔（1990）发展了一个所有权结构的模型。他们认为，当由于明晰所有的特殊权力的成本过高而使合约不能完备时，所有权即

---

1 克莱因等在资产专用性的基础上，将他们的纵向一体化的观点扩展到为什么一个企业的所有者（剩余权益索取者）一般说来又都是企业的主要资本家。他们写道：企业所有者也许租用更通用化的资本，但却会自己拥有特殊资本，这种观察对近来"产业民主"的讨论有意义，后者没有能认识到被雇佣者虽然也许拥有并管理企业（即，通过他们的团体），他们也将不得不成为资本家并拥有特殊资本，一般说来，比如，让工人—所有者去租用一个工厂将支付太多的成本，这是因为从所有者的角度看，如此一项特殊投资在建成以后是很容易被不当使用的。也请参见汉斯曼（Hansmann，1988）及道（1993）。

具重要意义。[1]他们在剩余索取权与剩余控制权（residual rights of control）（即在合约中未能明晰的部分）之间作了区分，同时又将所有权与剩余权利的购买（purchase）等同起来。他们认为，当两个参与者进入一种交易关系，在这种关系中，财产被用来创造收入，而要在合约中列示所有关于财产的特殊权利又费用颇高时，最合适的做法也许是其中一方将所有的剩余权利都购买过去。剩余权利对购买方来说是一种收益，对另一方却是一种损失，这就不可避免地造成激励机制的扭曲。因此，一种有效率的剩余权利的配置必须是购买者激励上所获得的收益能够充分弥补售出者激励上的损失，投资行动最重要的一方似乎更应该取得对剩余权利的所有权。

　　格罗斯曼—哈特—莫尔对企业的契约理论作出了重要的贡献。正如他们所指出的，在他们以前，讨论交易费用的文献强调不完全合约会导致一种非一体化关系（即市场交易），从而产生一种劣于完全合约之下的交易效果。这就暗含着一个假定，即一体化能够产生只有在完全合约下才能有的交易效果。他们的模型超越了这一点。按照他们的理论，有意义的比较不应存在于非一体化交易和一体化交易之间，而应存在于一种一体化与另一种一体化之间；问题不仅仅是一体化是否应出现，更重要的是谁将一体化谁。因为剩余权利被一方购买，实际上构成了第二方的损失，所以一体化虽然能改变机

1　注意，在他们的模型中，所有权之所以重要，不是因为权威能消除威廉姆森所说的事后的讨价还价问题，而是因为控制权决定现状，后者会影响讨价还价的均衡结果，而该结果又反过来影响事先的投资积极性。

会主义者的动机和扭曲的行为，但它并不能消除这些激励问题。最优的一体化应该能将控制权让渡给这样的主体，他们的投资决策相对于其他方更为重要。而在投资决策同样重要的场合，非一体化也许更为有效。[1]

我们不满意格罗斯曼—哈特—莫尔的地方是，他们混淆了企业的所有权与财产的所有权。他们将企业定义为由企业自己所有的财产构成，这是很有问题的。实际上，契约理论的一个主要进步就在于指出了企业是一组合约的联结，而不仅仅是物质财产的简单聚集。财产所有权不能代表企业的所有权。[2] 他们用财产的剩余权利而不是用剩

1　在此，将杨—黄模型与格罗斯曼—哈特—莫尔模型作一对比是件有趣的事。如果说可以将科斯（1937）的企业理论分为两支——一支由张五常（1983）发展，另一支由威廉姆森（1975、1979）发展，则杨—黄及格—哈—莫的模型分别是两个分支的所有权理论。杨—黄将定价成本与剩余权益相联系，发展了张五常的要素市场取代商品市场的理论，而格—哈—莫则将机会主义与企业的剩余控制结构相联系，发展了威廉姆森的资产专用性理论。对杨—黄来说，相关比较不仅仅在商品市场与要素市场之间，而在于不同的剩余权益结构之间；类似地对格—哈—莫来说，相关比较不仅仅在非一体化与一体化之间，而是在于不同的控制权结构之间。这两种模型的差别在于他们对所有权的定义及他们的制度焦点不同：杨—黄用剩余权益来定义所有权，并把焦点放在哪个成员应为企业的所有者（剩余权益索取者）之上；格—哈—莫则用剩余控制权来定义所有权，其焦点为哪一个企业应为一体化的所有者（剩余权利的掌握者）。在他们的文章（1994）中，杨—黄把自己的模型称为"间接定价理论"，把格—哈—莫的模型称为"资产专用性理论"。他们说，在现实中出现的企业的完整故事也许可由间接定价理论和资产专用性理论相结合演绎出来。本论文所发展的理论，在我们同样更关心哪个成员应为剩余索取者而非哪个企业应掌握控制权的意义上说，更接近于杨—黄而非格—哈—莫的理论。但我们强调企业成员相对重要性在决定企业所有权安排上的作用，这一点又类似格—哈—莫模型。

2　股份公司的所有权分散于其持股者手中。但每一个持股者实际掌握的是剩余权益的份额，而不是资产的份额，因为相当一部分资产是由债权人拥有的。

余索取权来定义企业的所有权，但却无法解释剩余权利是如何与剩余索取权相联系的。他们的定义导致他们将重点放在对财产的支配而不是对"行为"的支配上，放在"企业1"和"企业2"之间的关系而不是资本家与工人的关系上。[1] 然而，[2] 对一种企业理论来说，更基本的是企业内不同成员之间的横向关系而不是不同企业之间的纵向关系。[3] 要想充分了解与企业相关的雇佣关系，剩余权利和剩余收益（return）都很重要。历史地看，这二者是完全合二为一的，很难想象能够将剩余权利从剩余收益中分解出来。也许最有趣的问题是弄清它们之间的组合是如何演化的。在这篇论文中，我们用委托权代替所有权来表示企业内不同成员之间的内部合约安排。这里，委托权同时指剩余收入与剩余权利。然而，我们使用监督权或执行权威的说法而不使用剩余权利，是因为在企业的范围里，剩余权利不是个很好定义的概念。[4]

---

1 我猜想，其因果关系是倒过来的：他们选择该定义是为了他们的分析的目的。

2 杨小凯曾经向我指出过，格—哈—莫的模型是一种最优所有权理论而非企业理论，因为他们得出的结论即使没有企业也可以成立。杨的批评与我们的意见相一致。他们用资产的所有权定义企业的所有权，因而在企业理论的内容里，发展了一种最优的资产所有权理论。

3 在哈特与莫尔虚构的例子中，资产的所有权是由一个"大工人"（big-worker）而非"小工人"所掌握。按照这个逻辑，也许可以认为，资本之所以雇佣劳动是因为资本是"大工人"而劳动是"小工人"。但他们的焦点依然在对资产的权威而非对人的权威之上。必要阐述的是为什么资本是"大工人"而劳动是"小工人"。实际上，他们竭力想要解释的是类似于为什么一个发电公司可能拥有一个煤矿，而非为什么一个资本家可能"拥有"一个企业的问题。

4 是对经营抉择的权力（在科斯的意义上）还是对管理者本身的权力？

企业的企业家—契约理论

虽然格罗斯曼—哈特—莫尔关于所有权的定义是有问题的，但他们的分析框架却是强有力的。通过明确地将财产约束引入分析框架，阿根亚和博尔腾（1992）在交易费用和合约不完全性的基础上发展出一种资本结构的理论。[1] 在他们的论文中，一个缺乏起家资本的企业家与一个富有的投资者之间的不完全长期合约被模拟成"纵向一体化"；由于企业家对项目的金钱和非金钱报酬都感兴趣，而投资者只关心项目的金钱收益，因此，双方的目标含有潜在的冲突。他们考虑的是：（1）初始的合约结构能否以及如何使当事者的目标达到完满一致；（2）当初始合约不能达到这种一致时，控制权应如何配置以取得效率。他们指出，一旦某些重要的未来变量因很难或不可能被初始描述而在合约中遗漏时，控制权的分配就至关重要了；不同的控制权安排会带来不同的资金收益和私人好处。[2] 尤其是，（1）当企业家个人利益与总利益（包括货币的和非货币的）一同增长时，企业家单方面的控制是有效率的；[3]（2）当投资者的货币利润与总收益一同增长时，投资者单方面的控制也是有效率的；（3）而当上述双方的收益都不随总收益同时增长时，随机状态控制则是有效率

---

1 实质上，阿根亚和博尔腾的模型是一种证券设计模型，我们在此谈及是为了追溯威廉姆森理论的发展。
2 控制权是指当一个信号被显示时决定选择什么行为的权威。
3 所谓"一同增长"（comonotonic），他们指的是一种既产生最高总收益又带来最高个人利益（金钱利益）的行动。

的。[1] 阿根亚和博尔腾把随机状态控制（contingent control）解释为一种举债筹资条件下的控制权配置。如果基期信号（first-period signal）表示一种违约或不违约的情景（default-no default event），只要履行偿债义务，企业家即拥有控制权；而投资者则往往是在企业家拖欠债务的情况下才获得控制权。阿根亚和博尔腾的模型非常接近资本雇佣劳动的模型。在这篇论文中，我们采用不同的思路来表述该问题。[2]

资产专用性的实质是一种"套住"（lock in）效应。费茨罗和穆勒（FitzRoy，Mueller，1984）为了论述企业的内部结构问题，建立了一种与威廉姆森资产专用性理论略有不同的模型。在他们的模型中，"非流动性"是企业内部结构的主要决定因素。企业是一种合作契约。即使所有的成员在加入企业时是可流动的，他们也可能因进入和退出企业的交易费用或者不可转换的人力资本的积累而变得难以流动。一种要素的流动程度由以下两种因素来衡量：一是现有职业与

1　论点（1）和（2）是显然的，因为在这两种情况下，无需通过事后重新谈判，最优（first-best）即能借助控制者的自我激励而得以实现。第（3）种情况的直观意义是这样的：当企业家的个人利益与总利益不同步增加时，不通过重新谈判，最优均衡行动计划（在企业家控制下）就不易实现；而在当企业家控制时重新谈判很难进行，这是因为，投资者需要从项目的收益中拿出过大的部分去贿赂企业家，这就很难使投资者的参予约束得到满足。当货币收入不与总收入同步增长时，要实现最优行动，又必须对投资者控制展开重新谈判，但谈判又有可能告吹，因为企业家的财富约束使他不可能去贿赂投资者，以选择一项只产生较预期货币收入（及较高个人收入）的行动。随机控制可以说是企业家控制与投资者控制的混合物：在个人利益与总利益同步增长时，企业家拥有控制权，而在货币收入与总利益同步增长时，投资者拥有控制权。结果，在两种情况下，最优行动计划都能得到实现。

2　企业家的财富约束（wealth constraint）在他们的模型与我们的模型中有着类似的作用。

　　　　　　　　　　　　　　　　　　　　企业的企业家—契约理论

新职业之间的收入差异；二是变换职业的净交易费用。他们认为企业内权力的安排取决于非流动性在成员间的分布。当所有成员具有同等的非流动性，权力将被平等分享，而合作契约也具有高度忠实和自愿决策的特征；当成员间存在不对称的流动性时，权力就将集中于非流动性成员的手中。理由是，偷懒的动机因非流动性而减少，而监督的动机则因非流动性而增加。只要能够连续地取得与其机会成本相等的收入，易流动性成员并不会在乎其他成员的行为，而非流动性成员则不得不承担流动性成员的机会主义行为所带来的全部成本。因此，非流动性成员希望对流动性成员的职责有一个更明确的说明，以便于监督。流动性成员通过退出企业的威胁对其他成员施行控制，而非流动性成员只能依赖于他们的呼声（voice）。因此，管理—监督的权力归之于资本家的事实，可以用资本的非流动性来解释。[1] 虽然费茨罗和穆勒认为他们采用的是威廉姆森的交易费用的方法，但他们更关心的是企业内权力的横向不对称分布，而不是纵向的等级组织。我们确实认为，"非流动性"在理解企业内部的权力结构时是一个很有用的范畴。尤其是他们关于监督权与高流动性之间可替代的观点，对控制管理者行为时"声音"与"退出"两种功能之间关系的说明，是颇有见地的。然而，我们对阿尔钦—德姆塞茨关于监督资本费用观点的批评

---

[1] 费茨罗和穆勒在1984年的一著作中曾论述过，"这里所发展的理论，使我们能够从另一个方面解释被广泛观察到的借助物质资本所有权实现的'至高无上'的管理—监督权威。正如所指出的，物质资本很容易在短期内被搭便车者及短期工人所侵蚀甚至毁坏，这些人对损失及未来服务不承担合约上的义务。对这种工人通过延续雇佣关系所给予的利益，具有一种相当长期性及不确定性，而且在适当的环境下，可能被搭便车行为带来的直接所得所超出。我们认为，这是资本家要求监督雇佣合约的基本经济理由。"

也可用到他们的资本非流动性观点上。[1]只要考虑到资本的金融形式，就没有理由相信资本比劳动力更不易流动。我们认为，把监督权授予经营成员（marketing member）不是因为他们更不易流动，而是因为他们更难以监督；委托权与资本家相匹配不是因为资本的更不易流动，而是因为资本是一种信号（signals）。

瑞奥登（1990）模型也许是第一个明确论述了受损于信息问题的市场交易与受损于激励问题的纵向一体化之间的替代关系。[2]在他们的模型里，一个下游企业（委托者）需要在如下方案中作出选择：是在市场上从上游企业购买一个非标准部件（或一个标准部件），还是在自己企业的内部将其制造出来。但是当他决定制造而非购买时，他不得不雇佣一个负责该项生产的管理者（这种纵向一体化即将前述"所有者—管理者"转化为"雇佣者—管理者"）。[3]在购买的情况下，委托者不掌握关于生产成本的信息，但所有者—管理者却有积极性去降低成本；另一方面，如果是决定自己制造，委托者虽能了解成本信息，但由于难以监督，雇佣者—管理者缺乏降低成本的动机。[4]当委托人能够观测到成本，事后的生产决策就会比他不能观测到成本时更为有效。结果，纵向一体化虽然能够传递更好的成本信息并产生更有效的定量决策，但却不自觉地损坏了管理者降低生产成本的积极性。

---

1 参见下一小节"团队生产理论，道德风险与代理成本"。
2 参见刘易斯（Lewis）与萨平顿（Sappington）的模型，该模型讨论了技术变化对采购与自己生产之间替代关系的效果。
3 虽然瑞奥登没有援引张五常（1983）的论文，但它的模型却图解了张五常的思想，即企业是用要素市场取代产品市场。
4 在格罗斯曼与哈特（1986）看来，纵向一体化不改变信息结构。

企业的企业家—契约理论

非一体化与一体化之间的转换其实就是扭曲的生产决策与扭曲的管理者激励之间的转换，一种满意的组织方式的选择取于哪种效果更重要，这又依次取决于委托者对某一部件价值如何评价，取决于成本函数对管理者激励的敏感性。纵向一体化似乎更多地在部件更有价值、成本函数不太敏感的场合才被采用。

道（1994）发展了一个关于资本为何雇佣劳动的讨价还价的模型。他的模型也建立在资产专用性及合约不完备性的基础上。然而，他的模型与上述诸模型有不同的地方，即在他的模型中，竞争性市场里各种可替代的企业组织形式的生存能力也许不依赖于其所能生产出的总盈余，而依赖于专用性资产的提供者占有准租金的可能性。他认为，当专用性投资不可能完全合约化时（也许是因为要将资产的所有技术性相关特征都记录下来，必须投入过多的成本），企业内的权威就能够影响沉淀资产的准租金的分配，从而影响可选择的组织形式的生存能力。[1]一种组织形式，如果能够满足专用性资产所有者的参与约束（participation constraint），哪怕它生产的总盈余比别种替代形式要少，它也能够在竞争性市场中维持下去。他因此认为，在资本比劳动更专门化的产业里，资本—管理型企业将是均衡的组织形式；而在劳动比资本更专门化的产业里，劳动—管理型企业则是均衡的组织形式。

道的模型更接近于阿根亚—博尔腾的模型。他们探讨的都是在什么条件下资本的提供者应该享有控制权。然而，道的论点太多依赖

---

[1] 在他的文章中，权威是指决定生产多少的权力。该模型的一个关键假设是，权威的掌握者不会将他的决策的效果完全内部化，除非其他成员的参与约束是起作用的（binding）。

于资本的物质形态。如果以金融性资本代替物质性资本，他的许多观点的根基将受到侵蚀，因为在金融性资本形态之下，资本—管理型企业只有在它能够生产出更多总盈余的条件下才能维持下去。如果劳动—管理型企业能够生产出更多的总盈余，则工人—所有者为何不能靠做一份债务合约去贿赂资本家的事实将无法解释。[1]

团队生产理论，道德风险与代理成本

当大部分交易费用理论把重点放在对市场和企业（纵向一体化）的选择上时，以阿尔钦和德姆塞茨为先导的理论却更关心企业内部结构（横向一体化）的问题。有关该理论的文献很丰富。这里我们选择一些有代表性的研究成果加以介绍。

阿尔钦和德姆塞茨（1972）将重点从使用市场的交易费用转移到解释企业内部结构的激励问题（监督成本）上。在他们看来，企业实质上是一种"团队生产"方式。团队生产指的是，一种产品是由若干个集体内成员协同生产出来的，而且任何一个成员的行为都将影响其他成员的生产率。由于最终产出物是一种共同努力的结果，每个成员的个人贡献不可能精确地进行分解和观测，因此不可能按照每个人的真实贡献去支付报酬。这就导致一个偷懒问题（shirking problem）：团队成员缺乏努力工作的积极性。为了减少这种规避行为，就必须让部分成员专门从事监督其他成员的工作。而监督者必须能够占有剩余权益，否则他也缺乏监督的积极性。为了使监督有效率，监督者还必须掌握修改合约条款及指挥其他成员的权力，否则他

---

1 在道的模型里，工人—所有者之所以能剥削资本家，是因为他们能够躲避对机器折旧的补偿。

就不能有效地履行他的职能。[1]另外，监督者还必须是团队固定投入的所有者，因为由非所有者的监督者监督投入品的使用成本过高。由此，经典意义上的资本主义企业就应运而生了。

虽然我们采用了阿尔钦和德姆塞茨的某些观点，甚至动机都可以追溯到阿尔钦和德姆塞茨的观点，但无论在假设还是前提上都与他们存在着根本的差异。首先，在阿尔钦和德姆塞茨那里，所有的团队成员从一开始就都是同质的（至少从监督成本来看是这样），因此，监督者可以随意地从成员中挑选出来，唯一重要的是必须赋予监督者剩余索取权，以使他们有监督的积极性。相反，我们假定团队成员从一开始在市场开拓能力和管理企业等方面是异质的，并且正是这种异质性决定着监督者的选拔。其次，在阿尔钦和德姆塞茨那里，监督者

1　尽管让剩余索取者掌握如许权力，阿尔钦和德姆塞茨还是明确批判了科斯将企业等同于权威的论点。科斯认为，雇佣者与被雇佣者之间和独立签约人之间这两种关系间的主要差别是，一个雇佣者能够命令一个被雇佣者去做什么，而一个独立签约人则必须通过价格的使用诱使另一个独立签约人去做他想做的事。阿尔钦与德姆塞茨指出，一个典型的雇佣者不能强迫一个被雇佣者去做其所想的事：他只能请求后者去做或者在后者拒绝时雇掉后者。然而，这与一个独立签约人解雇另一独立签约人（即终止两者之间的关系，如果前者不喜欢后者的表现）并无差别。我试提出两个可能误导阿尔钦和德姆塞茨的原因：一个是，在与经营决策（做什么及如何去做）相关的"指挥"及与委托权相关的"权威"之间，科斯没能作出区分；另一个是，阿尔钦与德姆塞茨没能认识到，对权威的服从，是一个薪水—工人在签约中必须支付的价格的一部分。（莫尔和哈特［1990］在科斯与阿—德之间提出一个调停方案：虽然我们遵循阿—德的在合约形式与交易性质之间不作区别的观点，我们的方法所捕捉到的思想是，一个代理人在处于一种雇佣关系中而非独立签约人时，他更愿意按照另一个代理人的要求去做。当阿—德是老板而非顾客时，阿—德零售商店的管理者更愿意遵循他们的意志，理由是在前一种情况下，管理者的未来生计必须仰仗于他们［他们控制着管理者将与之一起工作的资产］，而在后一种情况下则不是这样。）

是专门从事监督工作的，而现代理论则认为，监督只不过是那些专门从事市场开拓活动并承担风险的企业家或合伙企业家们的功能之一而已。由于企业家不单靠监督为生，他可以将此职能授权给他人，而他自己专心于市场开拓活动。最后，阿尔钦和德姆塞茨将可观察到的资本监督劳动的现象归结为资本使用的监督成本问题，而我们在解释这种雇佣关系时，更强调资本家在选择合格的企业家和（或）管理者时应负的责任。监督成本初看起来似乎是一种可信的解释，但却经不住仔细推敲。一个驾驶员应该拥有而不是去租用一辆卡车，因为后者存在监督成本的问题，但这并不必然意味着必须要用自己的钱去购买那辆卡车。

如果监督者的剩余权益来源于团队生产中每个成员贡献的不可分性，那么，一个合乎逻辑的推论是，在度量每个人贡献时所遇到的困难也将影响到让谁作为监督者的决策过程。在一篇有关企业理论的综述文章中，霍姆斯特姆和泰若勒（1989）强调了这一点。他们认为，所有权在解决企业激励问题时是重要的。尤其是，所有权（用我们的话来说是委托权）应当与那些边际贡献最难估价的投入要素相联系。资本之所以雇佣劳动，是因为资本的贡献最难度量，容易被错估。[1]需要指出的是，这里所隐含的假设虽有启发性，但尚待深究。

---

1 霍姆斯特姆和泰若勒（1989）指出："由于不完全合约的存在，所有权的变化必然意味着收入流的转变。因此，所有权可能是唯一能使金钱鼓励发挥作用的手段。所有权应该归到那些边际贡献最难评估的投入要素……按照这一方法重新解释，阿尔钦—德姆塞茨的理论可以理解成这样一种观点：监督者是所有者，因为他的产品重要但分散。我们相信，资本的贡献最难度量，因为资本容易被错估。从而资本应该有权获得剩余收入。这一观点值得进一步推敲。我们的主要观点是：通过所有权安排分配收入流是决定哪些要素将成为所有者的一个重要因素。"

在都认为最难监督其行为的要素应获得委托权这一点上，他们的观点与我们的观点确有表面上的相似之处，但这并不意味着资本的贡献是最难估价的。我们认为，资本的所有者之所以成为委托者，并不是因为资本的贡献比管理者的贡献更难估价，而是因为资本是一种能提供信号、能表示有关企业家能力的信息，否则，要获取这种信息必须付出更大的成本。

詹森和麦克林（1976）可以看作是阿尔钦和德姆塞茨（1972）理论的一个"管理者论"翻版。他们认为"代理成本"是企业所有权结构的决定因素。代理成本来源于管理人员不是企业的完全所有者这样一个事实。在部分所有的情况下，一方面，当管理者对工作尽了努力，他可能承担全部成本而仅获取一小部分利润；另一方面，当他消费额外收益时，他得到全部好处但只承担一小部分成本。结果，他的工作积极性不高，却热衷于追求额外消费。于是，企业的价值也就小于他是企业完全所有者时的价值。这两者之间的差异即被称做"代理成本"，它是在外部所有者理性预期之内必须要由管理者自己承担的成本。[1] 让管理者成为完全的剩余权益拥有者，可消除或起码减少代理成本。不过，管理者成为完全剩余权益拥有者的能力又受到他自身财富的限制。举债筹资也许有所帮助，因为在投资及他本人财产给定的情况下，管理者的剩余份额会随着举债投资部分的增加而增加。然

1　广义地讲，代理成本包括那些利益互相冲突的代理者之间在构造、监督及保证一系列合约时发生的成本。代理成本也包括因完全执行合约的成本超出所得利润而造成的产出价值的损失。在均衡时，企业的价值是在扣除所有这些代理成本之后才被决定的。

而，举债筹资可能导致另外一种代理成本。在举债筹资下，管理者作为剩余权益获取者，他有更大的积极性去从事有较大风险的项目，因为他能够获得成功后的利润，并借助有限责任制度，把失败导致的损失留给债权人去承受。当然，这些代理成本也得由管理者（及其他股东）来承担，因为债权人也有其理性预期。因此，均衡的企业所有权结构是由股权代理成本和债权代理成本之间的平衡关系来决定的。

我们从詹森和麦克林的观点中获益匪浅，特别是本书第三章的阐述受到了他们关于破产成本的观点的启发。但也有必要指出一些不同之处。首先，詹森和麦克林未能就为什么剩余权益应依附于资本的问题作出明确的陈述。第二，他们将重点放在因所有权与管理相分离而导致的代理问题上，而我们更关心与企业相关的更一般的代理问题。第三，也是最重要的一点，在我看来，以合格管理者（即对个人能力的重视）的选择是决定资本雇佣劳动关系的主要因素，而在他们的论文中，重要的仅仅是项目（风险程度）的选择。[1]

通过回答来自"新古典自我管理理论"的挑战，詹森和麦克林（1979）更明确地讨论了资本—雇佣—劳动的效率。他们有两个与本论文有关的观点需要在此提示一下。第一，他们指出，劳动管理的理论最优性所赖以成立的"纯粹租赁资本"假定并不有力，这是因为：（1）诸如 R&D（研究与开发）之类的无形投资不能仅采用租赁物质资产的形式；（2）给定与资产使用有关的监督成本，即使就物质资本

1　在本文的硕士论文版本中，我模型化了詹—麦的如下观点：由企业家所选择的项目的风险与企业家本人的赌注成正比。

而论，通常所有权也是比租赁更为有效的决策。第二，他们认为，没有股票市场，及可交换的企业权益，就不存在对企业的职业化的公共评价的积极性，因此对经营者行为的监督也是不充分的。[1]我们的观点是，虽然他们的观点在批评工人—管理型企业理论时是有效的，但总的说来，他们的观点也有漏洞。[2]第一，正如他们已经指出的，原则上任何资本投资都可通过金融资本来筹资，正是这一观点使得物质资产的监督成本不再成为金融资产所有权的一个理由。第二，工人—所有型企业不是资本家—所有型企业的唯一取代形式；另一种取代形式是管理者—所有型企业，在这种企业中，自我监督型的管理者既雇佣资本也雇佣其他工人。需要阐明的问题是，为什么管理—所有型企业在市场经济中不多见。

在詹森和麦克林（1976）之后，利兰和派尔建立了一个正式的模型，在其中，由资本家掌握的资本赌注（stake）起了一个用于解决代理问题信号的作用。[3]根据企业家与外部投资者（outsiders）之间就项目平均收益持有不对称信息的假定，他们证明，企业家自己投入到项目中的赌注能完全表明他对项目资产回收的信心，而企业家的

1　詹森和麦克林（1979）指出，纯粹—租赁型企业里的被雇佣者也会有监督管理者绩效的积极性，但是在纯粹—租赁型经济里，不会有人像在公司经济中那样，有专注于评价（监督）绩效的积极性，这是因为没有任何方式，能使得任何单独的被雇佣者个人通过该类活动可以获取哪怕更多一点潜在收益。因此，下面的一种想法是天真的，即纯粹—租赁型企业的经营者会像公司里的高级雇员一样辛劳地工作，以寻求新的高回报的项目、淘汰负收益的项目及控制浪费和偷懒等。
2　然而，某些批评者已经指出，劳动—管理型企业里投资不足的问题，可以通过将社员（指企业成员）权力市场化的方式得到解决。（参见道 1993a）。
3　另一个著名的资本结构信号模型是罗斯（1977）提出的。

股份越高，则表明项目的价值越高。利兰和派尔的信号模型对我们的影响不必细说，但我们认为，股东掌握剩余权益是因为他们的股份是一个信号，而在利兰和派尔看来，股份之所以是一个信号，是因为股东们是剩余权益的索取人；另外，在我们看来，由（自诩的）企业家掌握的赌注是一种能力的表示，而利兰和派尔则认为，它表示的是项目的质量。

斯蒂格利茨和威斯（Stiglitz，Weiss，1981）首先提出了信贷配给（credit-rationing）模型。虽然他们在一个相当不同的背景下分析这一问题，但他们的观点与我们探讨的问题有关，因为信贷配给是资本雇佣劳动的一种现象。他们的模型建立的基础是，借贷双方之间关于投资项目的风险信息是不对称的。他们认为，因为存在逆向选择和道德危害问题，由贷方控制的利率上升将导致投资项目面临更大风险，所以利率上升可能降低而不是增加贷方预期总收益。因此，当对可贷资金有过度需求时，贷方更愿意使用信贷配给，而不是提高利率。[1]

我们赞同斯蒂格利茨和威斯的观点，但他们不重视抵押财产的

---

1 这是因为利率的变化可能会反过来影响到贷款资金的风险，其机理是这样的：假定所有的项目都有同样的平均回报率，但项目成功的可能性却不一样。因此，不同的借款人其偿还贷款的可能性也不同。贷款人不能将"好借款人"与"坏借款人"区分开来。但利率却能起到一个甄别的作用。一般讲来，那些愿意支付较高利率的借款人也即有较大的风险：他们之所以愿意举借高利率的贷款，是因为他们感觉到自己偿还贷款的可能性很低。结果，当利率上升时，低风险的借款人被迫退出举债行列，而剩余的借款人的平均风险上升，由此可能降低贷款人的获利。利率的变化也可能改变借款人的行为。特别是，当利率上升时，借款人一般倾向于投资更具风险的项目，因为他们这样做能够降低还款的可能性。

　　　　　　　　　　　　企业的企业家—契约理论

作用却是有问题的。问题出在贷方不能详细了解借方财产状况这一奇怪假设上。抵押资本的作用能够将贫困的借贷者排除出去，但他们的假设却实际上排除了利用抵押贷款的任何可能性。[1]

埃斯瓦瑞和克特威（Eswaran，Kotwal，1989）建立了一个有关激励的模型，以对传统资本主义企业里资本雇佣劳动的问题作出明确解释。他们认为，因为有限责任的存在，资本市场上的道德危害问题可能迫使资本所有者对自己资本的使用进行直接监督，而不是通过市场将资本一贷了事。其观点可概括如下：一种典型的生产活动需要两种必备的投入：企业家的努力和租用投入物，后者可以被定为一种劳动和物质资本的组合。资本用以筹集租用投入物，一定量的投入所产生的产出量是不确定的，这是因为在企业家的控制之外还存在些随机（stochastic）的因素。因此，便存在一种有限的可能性，即借款人不履行还款义务。由于有限责任，企业家事实上面对着一个价格更低的资本（与他承担完全责任时相比）。由于他的努力水平是不可观测的，他可以用租用投入物代替他的努力，并且（与他处于完全责任时相比）花费相当多的时间于闲暇之中。从债权人的观点来看，这种由有限责任引致的投入组合扭曲带来的破产可能性比本来要大。这又激发起资本家亲自从事生产活动的动机。因此，资本主义企业的出现

1　即使不考虑这一点，我还发现，只要贷款利率大于安全投资回报率，抵押贷款大于投资额，他们的第 9 条定理就不能成立（用他们的符号表示，即，$(1+\hat{\gamma}) \geq \rho^{*}$，$c \geq 1$；前者明显是正确的，后者在他们的前提下也应正确，因为他们假定 $W_0 \geq 1$）。在这种情况下，用自己的资产投资所带来的预期效益通常比用举债投资的效益大（对比他们论文中的方程式 [17] 与 [21]）。用他们的符号表示，即，$\hat{w}$ 不可能大于 $\tilde{w}$。

是资本家对债务人道德危害行为自然反应的结果。

埃斯瓦瑞和克特威的观点是颇具洞察力的。在资本雇佣劳动的问题上，他们的观点与我们的观点是互补而非对立的。然而我们相信，我们关于财富（wealth）在表示自诩的企业家的经营能力方面有提供情报的功能的观点，在解释资本雇佣劳动问题时更具根本意义。使企业家伯仲相分的是他们的天赋才能。谁都能努力工作，但只有少数人才能管理好企业。某些资本家之所以租出他们的资本而不愿亲自从事经营活动，不是因为他们相信借债人会比他们更卖命工作，而是因为他们相信后者比他们更能干。借款人道德危害的问题也许能解释为什么某些"边缘贷款人"会亲自过问生产活动，但一点也无法解释为什么会有纯粹的贷款人。[1]另外，他们的模型不能解释股份公司的组织形式，而我们的模型却可以。

委托—代理理论

委托—代理理论（the principal-agent theory）是过去20年中契约理论最重要的发展。[2]它与前面介绍过的代理理论相区别的是，它的所有结论都来源于正式的模型，同时，它的主要发展又受到理论预测合约和实际观察到的合约之间差异的促进。这一理论大大改进了经济学家对资本所有者、管理者、工人之间内在关系以及更一般的市

---

1 按照埃斯瓦瑞和克特威的模型，一个资本家只有在他的总资本超过他自己的投资时才会借给别人钱；并且他的投资规模通常比借债—企业家的要大。

2 对委托—代理理论有开拓性贡献的人中有威尔森（Wilson 1969），斯宾塞和泽克梅森（Spence and Zeckhauser，1971），罗斯（1973），莫里斯（Mirrlees，1974、1975、1976），霍姆斯特姆（1979），格罗斯曼和哈特（1983）等。

企业的企业家—契约理论

场交易关系的理解。但是在此文献中，资本与劳动之间的主要的契约安排（即委托权的分配）完全是外生的：资本家是委托者，劳动力是代理者。所要讨论的是如何解释委托者（股东／管理者）通过设计一项有激励意义的合约达到控制代理者（管理者／工人）的目的，而不是去解释为什么资本家是委托人而劳动者是代理人。[1] 从某种意义上说，正是委托—代理理论的这种"不完善性"激发了我们对委托权内生性的研究。

标准的委托—代理理论建立在两个基本假设上：（A_1）委托人对有随机的产出没有（直接的）贡献（即在一个参数化模型中，对产出的分布函数不起作用）；（A_2）代理人的行为不易直接地被委托人观察到（虽然有些间接的信号可以利用）。在这两项假设下，这一理论给出了两个基本观点：（P_1）在任何满足代理者参与约束及激励相容（incentive compatibility）约束人而使委托人预期效用最大化的激励合约中，代理人都必须承受部分风险；（P_2）如果代理人是一个风险中性者（risk-neutral），那么，即可以通过使代理人承受完全风险（即使他成为唯一的剩余索取者）的办法以达到最优结果。[2] 一旦我们放宽前两个假设条件，则后两个观点将露出破绽。首先，一旦委托人也对产出作出自己的贡献，代理人的风险中立性就不再保证带来最优结果，因为在这种情况下，代理人的完全剩余索取权将不可避免地导

1　实际上，所有的代理模型都预言，如果代理人是一个风险中性者，而委托人是风险厌恶（risk-averse）者，则最佳合约可能是让代理人承受所有的风险，而委托人得到固定收入。这个命题可以被解释为，委托权的安排是由风险态度来决定的。

2　实际上，按照委托权的定义，如此一个最优合约事实上将代理人转变成了委托人。

致委托人积极性的扭曲。第二，如果花费一定量的督察成本，使代理人的行为能被观察到，则某些人积极性的挫伤（由于不能分享剩余权益），即可通过其他人的监督来弥补；结果，一项剩余分享的合约可能劣于一方单独索取剩余的合约。因此，最根本的问题是，谁将是委托人或代理人。这是我们所关心的问题。

证券设计理论

证券设计（security design）理论采用了一种不同于传统分析的视角，但它还是对理解委托权的安排有所帮助。以格罗斯曼和哈特（1988）、哈里斯和雷维夫（Harris，Raviv，1988）的工作为基础，哈里斯和雷维夫（1989）建立了一个有关投票和剩余所有权匹配的模型。在他们看来，证券是一种控制手段，用以保证一个优秀的候选人（指经营者）（而不是蹩脚的候选人）获得对公司法人的控制。其主要论点是，投票权应该与剩余索取权正相关，而无风险的（risk-free）"廉价选票"从不应该发行。换句话说，通过投票来选择管理者的权力必须由那些承受商业风险的人掌握。按这种方法重新解释，我们的理论可以被看成持有如下主张：假如劳动者发现他们比资本家更容易躲避风险（这一点可以用非负的消费约束及对资本财务成本的可观察性来说明），则劳动雇佣资本不是一种最优的方式，因为它是一种廉价的表决体系。在这种制度中，一个对控制有强烈偏好的蹩脚候选人可能赢得对企业的控制权。然而，这样说也许更合适，即哈里斯和雷维夫的模型更关心的是哪些资本家（证券投资者）将拥有更多的选择管理（者）的表决权，而不是为什么资本应雇佣劳动。

建立在代理成本（只注意了现金流量的配置）基础之上的证券设计模型包括汤森（Townsend，1979）；戴蒙德（Diamond，1984）；盖尔和赫尔维（Gale，Hellwig，1985）；张（Chang，1987）；哈特和穆尔（Hart，Moore，1989）；威廉斯（Williams，1989）；以及博尔顿和斯卡夫斯坦（Bolton，Scharfstein，1990）等。这些模型大都假定，一个企业的收益，局内人（管理者）和局外人（投资者）之间存在着信息的不对称，前者可以占有不支付给后者的所有收入。[1]在这一假设下，可以下结论说，负债（debt）是一种最好的合约方式。在我们看来，重要的不是对已有收益的信息不对称，而是管理者能力的信息不对称。我们猜想某些资本家愿意购买债务，仅仅是因为其他一些资本家（也许包括管理者本人）——股票持有人也许知道更多的信息。这大概是因为后者在了解管理者能力上具有不付成本的信息优势（例如他是管理者的亲近之人），或是因为他们为取得这样的信息已支付了成本。[2]

1.2.2 企业的企业家理论

虽然企业研究的契约方法为当今的经济学家们所熟悉，然而首先对新古典企业理论提出挑战的却是"企业家"方法，对新古典经济学家们来说，企业是一种生产函数，对契约理论者来说，企业是一系

---

1 张春和威廉斯（Chang，Williams，1989）假定部分收益和资产不能被管理者占有，因此，他们解释了外部股东的存在。
2 关于融资的契约理论的综述，参见哈里斯和拉维夫 1991 年的有关著作。

列的合约，而企业家理论将企业看作一种人格化的装置。如果说契约理论关心的是对企业的"需求"，企业家理论则偏重于企业的"供给"。在我们看来，没有企业家（精神），企业就不能存在。[1]

奈特（Frank Knight，1921）根据不确定性和企业家精神对企业的存在进行过讨论。他指出，在不确定性下，"实施某种具体的经济活动成了生活的次要部分；首要的问题或功能是决定干什么以及如何去干"。这"首要的功能"即指企业家的功能。因为不确定性是无法保险的，企业家不得不承受不确定性。按照奈特的观点，企业不是别的东西，而仅仅是一种装置，通过它，"自信或勇于冒险者承担起风险，并保证犹豫不决者或怯懦者能得到一笔既定的收入"。他将企业内企业家对工人的权威视为前者对后者提供保障的一种补偿。企业家是一个雇佣者（掌握着指挥工人的权力），因为他承担着不确定性。

必须指出的是，人们不应该将奈特的"承担不确定性"与所谓的"分担风险"混淆起来，虽然这两种现象之间有表面相似之处。后者的意思是，"也许是因为雇佣者和被雇佣者之间对风险的态度（risk-attitude）不对称，促使他们同意保持长期雇佣合约而非使用现货市场"（Aoki，1984）。[2] 对奈特来说，企业家之承担风险并不一定是因为他是一名"风险中立者"，或他不嫌恶风险，而是因为他更有

---

1 以下的评论仅局限于"传统的"企业家理论。有关企业家理论的数学模型将在第 4 章中加以评论。
2 这一观点也为科斯所赞同，他注意到，"当事人的风险态度"是长期合约出现的一个原因，在雇佣关系上更是如此。

企业的企业家—契约理论

自信心，更有判断力以及掌握更完备的知识，还因为他的决策带来的风险与道德危害问题有着非常敏感的联系。[1]当然，一个风险中立者似乎比一个风险厌恶者更容易成为企业家，但是奈特对风险和不确定性的区分告诫我们不应过分强调这一点。[2]

与科斯相比较，奈特直接触及企业的关键特征——权力的分配。在这个意义上，我们的理论是颇为奈特主义的。经营和生产活动之间的区别可以追溯到奈特对"首要功能"（即决定干什么和怎样去干）和"操作活动"的区分，经营能力可以被想象为企业家的天赋才能。这一见解来源于我们对"不可保险的不确定性"的理解。然而，奈特的企业家理论却因两个概念上的含混而显美中不足。首先，他没有把"首要功能"从对不可保险的风险的承担中分离出来；第二，他未能将企业家和资本家明确区分开来。他认为，企业家的首要功能即是承担风险，因此自然而然他也就是资本家了。[3]正是这两种概念上的含混使他受到熊彼特（Schumpeter）等经济学家的批评。熊彼特认为，不确定性是由资本家而非企业家承担的，企业家也可以承担不确定性，但必须等到他也成为资本家之后。奈特的这一缺陷完全暴露于公司制企业（corporate firm）中，在这类企业中，决策人不一

1　关于此观点更详尽的讨论，参见勒鲁瓦（Leroy）和辛格（Singell）于1987年的有关著作。

2　布兰克弗劳尔和奥斯瓦尔德（Blanch flower-Osward, 1990）正确地指出，对奈特来说，风险态度并不是决定谁将成为企业家的主要特征。

3　但是在另外一个场合，奈特将资本置于一个次要的位置，指出："在实际社会里，在雇佣者与被雇佣者身份之间作选择的自由，一般取决于对最小量资本的占有情况。然而，表现出来的能力（demonerated ability）总是能为经营活动筹到款项。一个少财的雇佣者，能借助保险保证合约报酬的安全性。"

定就是风险承担者。奈特为了修正这一缺陷，提出了以下观点，公司制企业最重要的决策即是对能做出决策的人的选择，而其他任何一种决策或意见的实施自然归结为日常功能。因此，在一个公司制企业中，至高无上的企业家理应是股东而非管理者，除非管理者也是股东。这一观点只能被部分接受。在本文中，通过对经营和风险承担之间、企业家和资本家之间的概念的区分，它们之间的关系也得以明确认定。尤其是，我们还从企业家职能的分解（decomposition of entrepreneurship）而不是从所有权和控制权的分离来认识公司制企业的特征。

其他对企业家理论作出主要贡献的还有柯斯纳（Kirzner）、熊彼特、沙科（Shackle）及卡森（Casson）等。限于篇幅，只从以下两个方面介绍他们的主要思想：第一，什么是企业家的功能；第二，企业家与资本家之间的关系如何。首先说第一个方面。柯斯纳（1979）视企业家为"经纪人"（middleman），他们不但能感觉到机会，还能捕捉住机会并创造利润。他还强调，使企业家与旁人相区别的是他的"悟性"和他特殊的"知识"。熊彼特（1934）则视企业家为创新者，能够"改革和革新生产的方式"。要想成为一名创新者，一个人必须具有致敌手于死地的残酷性格。沙科的企业家在作出抉择时具有非凡创造性的想象力。卡森（1982）则把这些企业家的概念（显然也包括奈特的）给予综合和扩展。他的定义是："企业家是擅长于对稀缺资源的协调利用作出明智决断的人。"他强调说，企业家是一个"市场的制造者"。像奈特一样，他们都同意企业家的报酬是一种剩余收益而非合约收入。在我们看来，企业家可以被理解为上述诸种定义的

企业的企业家—契约理论

综合。[1]第二个方面，柯斯纳否认资本是一个人成为企业家的必需条件。他认为，企业家的天赋才能能够使他找到获取资源控制权的方法，虽然个人资本的缺乏也许会带来一些意外的交易困难。[2]熊彼特（1934）也不看重资本对企业家的重要性，并且认为，现代的资本市场一般能够使一个企业家去发现肯为他承担风险的资本家。但卡森持相反的观点，他强调，一个企业家如果要使他的判断得到支持就必须能够调动资源，这似乎意味着要有个人财富。他把具有企业家才干却不能接近资本的人称做"不合格"的企业家。我们同意这一观点。

1.2.3 企业的管理者理论

企业的管理者理论的前身是伯利和米恩斯（Berle，Means，1932）在他们的创造性的实证研究中提出的，被称为"控制权与所有权分离"的命题。其假说是，由于股份公司中股权的广泛分散，企业的控制权已转入管理者的手中，而企业的"所有者"也已被贬到仅是资金提供者的地位。[3]虽然其观点在发表时几乎被无条件地接受，然而其作品发表时对职业经济学家的影响并不很大。直到 50 年代后

---

1 表面上看，奈特意义的企业家与熊彼特意义的企业家相去甚远。但正如费茨罗和穆勒（1984）所指出的，从某些方面看，奈特意义的企业家是熊彼特意义企业家的一般化。在一个不确定的环境中，对开拓获利机会的决策离不开创新。
2 柯斯纳（1979）指出，业主不可能因为其身份而获得企业家利润，只有那些秉承了纯粹企业家精神的人才能获得利润，而就企业家精神来说，所有权从来就不是一个前提条件。
3 伯利和米恩斯于 1932 年指出："事实上，从所有权中分离出来的经济权力（economic power）的集中，已创造出许多经济帝国，并将这些帝国送到新式的专制主义者手中，而将'所有者'贬到单纯出资人的地位。"

期和 60 年代，关于企业的管理者理论模型才流行起来。最有名的模型是由鲍莫（Baumol，1959）、玛瑞斯（Marris，1964）和威廉姆森（1964）提出的。所有这些模型都保持了伯利和米恩斯的管理者主导企业的假说。各自的主要特征在于有关管理者目标及股东约束的不同假设。鲍莫认为，管理者是在最小利润约束条件下追求销售收入的最大化；玛瑞斯认为管理者是在最小股票价值约束的条件下谋求增长的最大化；威廉姆森则认为，管理者是在最小利润约束条件下谋求效用函数（包括雇佣职员、获取报酬等）的最大化。[1]

从模型提出的假设的观点看，以上三个管理者模型都是反新古典理论的，而从方法论来说，它们却又是相当新古典的。实际上，如果我们假定"所有者—企业家"同样有追求权力、声望以及非金钱消费的偏好，谁都不纯粹为金钱收入而活着，那么，管理者模型将失去其独特性。这一点可以从詹森和麦克林（1976）那里得到验证。在他们看来，即使"所有者—企业家"也不见得是个"价值最大化者"。在这个意义上，可观察到的股东与管理者之间的冲突只不过是人类偏好内部冲突的外部化。即是说，一个股东的效用之所以仅仅是股票价值或利润的函数，只是因为他不是一名管理者。一旦他成为一名"所有者—管理者"，其他一些变量（如增长、雇员等）将进入他的效用函数，而他也将不再是一个价值最大化者。

1　在 70 年代，管理者理论被应用到其他领域。其中的一个运用就是尼斯凯能（Niskanen，1968）的官僚的政治模型。在这个模型中，官僚们被假定为最大化预算支出，以追求权力、地位和声望，他们面临的约束只是来自对他们所提供服务的需求曲线。

　　　　　　　　　　　　　　　　　企业的企业家—契约理论

从制度经济学的观点看，管理者模型提供给经济学家的是问题而不是答案。第一小节中所谈到的契约理论可以被理解为对管理者模型挑战的回答。这是在如下意义上说的：契约论者努力证明管理者的决策具有内生性（通过将管理者置于竞争的但不完全监督环境之下）。然而不论契约理论还是管理者理论，都未能给予"控制权与所有权的分离"现象和起源一个适当的解释。我们试图对这一起源作出探讨。我们将在经营能力和个人财富（以及风险态度）的分布中寻求一种均衡关系，在这种分析中，管理者将比在前述的管理者模型中更具有企业家的性质。

1.3 本书的结构安排

一个完整的企业理论至少要处理以下三个相互关联的问题：（1）企业为什么会存在？（2）在企业内不同成员间，委托权（剩余索取权和权威）是如何分派的？（3）委托人用以控制代理人的最佳合约是什么？大部分关于企业理论的文献都专注于第（1）和第（3）个问题。正如我们已经看到的那样，虽然有些经济学家已经关心第（2）个问题，但到目前为止，关于为什么是资本雇佣劳动的问题尚无令人信服的答案。本书打算通过将契约方法与传统企业家方法相结合的思路，对理解上述问题作出些许贡献。我们的证明由三个主要步骤组成。第一步，证明为什么企业的委托人资格要安排给经营成员，从而解释了从经营者到企业家的逻辑演变；第二步，证明为什么当企业家的优先权及选择管理者的权力给予资本家，从而阐述了为什么在古典企业中企业家与资本家合二为一即资本雇佣劳动的问题；第三步，分析职业经理的出现及企业内不同成员之间均衡关系的变化，证明这种变化是人口中个人财产及经营能力（和风险态度）分布变化的结果。本书的叙述程序如下。

在第二章中（第一步），我们用一个隐藏行为模型（hidden action model）证明为什么委托人资格必须分配给经营成员而非生产成员，从而使总福利最大化（换言之，使代理成本最小）。在论述中，我们将个人之间经营能力的差别作为企业之所以出现的初始原因；我们将经营活动视同为科斯的"发现相关价格"，但把焦点放在被科斯忽视的方面。我们在自我监督激励与被监督激励之间作了区分。我们认为，与委托权的分配相关，在这两种激励之间存在着替换关系；而最佳的分配是让经营成员作为委托人，因为这种合约安排能够保证总福利的最大化。在第三章（第二步）中，一个隐藏性信息模型（hidden information model）被用来证明为什么当企业家的优先权属于资本家。在论述中，我们将关注的焦点放在，一个想当企业家的人的资本实力何以能作为一种信号，显示其经营能力。特别是，我们要证明一个人选择当企业家的临界能力与他个人的资产成正比，除非他的个人资产超过了一定的限度。在经营能力不可观察（或观察成本很大）的假定下，我们将要证明，成为一名企业家（经营成员）的优先权和（或）选择经营人才的权力应该让给资本所有者，因为这样一种合约安排能够保证只有真正有才能的人才能获得企业家（或管理者）身份。这个结论意味着"不完全"的资本市场也许是社会最优的。在第四章（第三步）中，以第二、三章的观点为基础，我们将建立一个企业的一般均衡模型；该均衡的一些主要特性也将被推导出来；企业家、管理者、纯粹资本家及工人从人口中分离出来的过程也将得到阐明。我们的分析表明，在这一均衡中，（a）既有能力又有财产且低风险规避态度的人将成为企业家；（b）既无能力又无财产且高风险规避态度的人将成为工人；（c）有能力但缺乏财产的人将被资本所有者雇佣为管理者；（d）无能力但有财富的人将成为雇佣管理者的"纯粹"资本所有者。第五章是本书的结论部分，我们将提出一些需要进一步研究的问题。

2

经营决策，生产活动，监督与委托人资格的安排

2.1　引言：企业作为一合作组织及其代理问题

市场经济的主要标志是，生产者生产商品，不是直接为他自己的需要，而是为了市场，他通过市场买进投入并出售产出。因此，他的收入及其效用，并不仅仅取决于他从投入中生产了多少，而且还取决于他对他的产出能要价多少以及为其投入支付了多少。他所关心的是价格向量与净产品向量的乘积（即净收益），而不是产品向量本身。为了得到期望效用的最大值，他的最重要的任务是"决定做什么以及如何去做"（奈特，1921，p.268）或者用科斯的话来说："发现相关价格"（relevant price）（科斯，1937，p.390）。我们把这一"首要功能"（primary function）定义为"经营决策"（marketing），而所有涉及贯彻这一决策的其他活动则定义为"生产活动"（producing）（主要在物质上把投入变为产出）。

当然，即使是一个自给自足的农民（或佃户），也不得不"做什么以及如何去做"的决策。但是，他的决策很少与"发现相关价格"有关，因此，可以理解为"生产活动"。原因是：一个自给自足的农民为决策所需要的所有信息，是他自己的偏好以及他自己的资源，这两者他都是十分清楚的。他不得不面对的唯一不确定的是关于天气（例如，下雨还是不下雨），这是他完全无法控制的。用奈特的话说，这是"风险"（risk），而不是"不确定性"（uncertainty）。相反地，在市场经济中，一个人为作决策所需要的最重要信息，是有关他人的偏好和他人的资源，这两者都是不确定的。为了决定做什么以及如何去做，他必须获得其他人将如何评价他能选择生产的各种产品（即相关价格）的某种信息。他必须具有关于与不同"生产函数"相关的相对效率的某种知识，以及必须发现哪里市场"不均衡"（机会）。因为完全信息的费用太大，他不得不面对某些风险。由于这些风险与他的决策相关，同时在某种意义上是他的行动所内生的，它们是不能被保险的（奈特，1921）。[1] 他的收益波动，受他经营决策行动的支配，要比受他生产活动的控制程度大得多。一个企业家多半是当他用最少的费用生产了"错误"的产品，而不是在他是"低效率"地生产了

1　黄（1973）区别了两种风险。一种是和作决策相关的风险，另一种是参与者无法控制的外生的或自然的风险。根据我的理解，黄的区别与奈特（1921）关于风险与不确定性的区分的经典解释是一致的。粗略地说，黄的"外生的、或自然的风险"是奈特的风险；黄的"与作决策相关的风险"就是奈特的"不确定性"。为了简化，在本文中我们把第一类风险叫"自然的风险"，而第二类风险为"实业家风险"。

"正确"产品时破产的。[1]

经营决策能力可以定义为决定生产什么和如何生产的能力（或者发现相关价格的能力）。尽管每一个人都可能掌握某些经营决策能力，但观察表明，各个人的经营决策能力是不同的。这不仅仅是因为不同的人，面对不同的搜集与加工信息的费用，同时还由于经营决策能力很大程度上取决于各个人的"机灵"（柯斯纳）、"想象力"（沙科）和"判断力"（卡森）。所有这些个人特点，起码有部分是先天的、无法教育的。[2] 此外，尽管各个人在他们的生产活动能力上也有不同，但生产活动能力的分布并不需要与经营活动能力的分布相一致。为了简单起见，我们假设，个人之间在生产活动能力上是完全相同的，但是在经营决策能力上有差别，这种差别为人们创造了一个合作的机遇，这种合作导致"企业"的出现。在企业中，那些具有高经营决策能力的人负责经营决策，而那些并不擅长经营决策的人则负责生产活动，以此代替每个人都是既负责经营决策又负责生产活动的个体实业家。在这个意义上讲，企业是一个具有劳动分工特点的合作组织。[3]

但是，尽管建立企业有潜在利润，企业作为一合作组织仍面临两个问题。第一，因为不确定性，企业的收益是一个随机变量，经营

---

1 鲁滨逊在发现他花了 4 年时间建造的船只不能下水时非常失望。可是，如果他是位实业家，那他就会破产，而并不仅仅是失望。卡尔·马克思提到市场时说，市场是惊险的一跳，在市场中的失败，被毁坏的不仅仅是产品，而且是产品生产者本人。

2 有关企业家特性问题的详细讨论，见卡森（1982）第二章。

3 杨小凯与黄有光（1994）假设，个人的经营决策能力在事前（ex ante）是相同的，企业因专业化经济与交易成本而存在。但在我看来，经营能力事先不同的假定更符合事实。

风险是不可避免的。如何用分配剩余索取权的方法在企业成员中分配风险就是一个问题。第二，由于"团队生产"（team-production），每个成员对整个收益的贡献不是可以毫不费力地度量的。[1] 这就产生了一个激励问题：当事人可能有损人利己的行为（例如偷懒），问题是如何设计一种激励机制，以便使每一成员对他自己的行为尽可能地负责。由于经营风险是与每个成员的行为高度相关的，因此是不能被保险的，[2] 所以这两个问题不能独立地解决。这就是说，风险有多大，取决于风险是如何分配的。契约安排的主要目的就是要同时处理这两个问题。仿效阿尔钦与德姆塞茨（1972），我们可以把此问题与委托人资格（principalship，或译委托权）安排视为同一个问题：谁应该作为委托人（principal）监督其他人和拥有剩余索取权？契约安排的三种极端选择是：（i）经营成员作为委托人；（ii）生产成员作为委托人；（iii）他们作为合伙人相互监督并分享风险。

本章想要分析的是委托人资格（或委托权）在经营成员与生产成员之间的最优安排。我们将决定这种最优安排的决定因素分为两类，一类是风险费用；另一类是激励费用。根据有关不确定性的文献，风险费用是作为在既定不确定性条件下的预期收入与确定性等价收入（certainty equivalent income）之间的差额来定义的。给定

---

1 应该指出，尽管我们从阿尔钦和德姆塞茨（1972）处借用了"团队生产"（或译"协作生产"）这一名词，我们在这里所要强调的，是生产（经营）成员努力的边际贡献取决于经营（生产）成员的努力，而不是工人 A 的贡献取决于工人 B 的努力。
2 在阿尔钦及德姆塞茨（1972）那里，只有激励问题是重要的。在他们的模型中，虽然监督者要求剩余索取权，但在既定的监督努力下，监督收益是确定的。在这里，我们效仿奈特（1921），把激励问题与风险问题联系起来。

企业收益的分布函数及每个人的效用函数，总的风险费用是经营成员的风险费用加生产成员的风险费用，它是契约安排的函数。仿效詹森与麦克林（1976），激励费用[1]定义为"最优"（the first best）期望收益（即当每个成员对企业总收益的贡献能完全地、不费力地度量出来）与既定契约下的实际期望收益（包括由激励问题带来的所有损失，诸如委托人的监督费用，代理人的契约开支以及由詹森和麦克林所定义的"剩余损耗"）之间的差额。不管委托权如何安排，激励费用总是存在的。可是，不同的委托权安排产生不同的激励费用。我们的一个主要贡献，是证明这些激励费用是决定委托权安排本身的关键因素。相反，在大多数关于代理理论的现存文献中，激励费用只影响委托人如何设计对代理人的激励方案。特别是，鉴于经济学家对风险费用已有很成熟的研究，我们的注意力几乎完全集中在委托权安排如何与激励费用相关的问题上。

　　为了分析，我们作如下假设。第一，经营成员与生产成员两者都作为单一的个体。实际上，由于在经营决策上规模经济的作用，一个经营成员可能与许多生产成员相搭配。由于这些生产成员在功能上是同一的，把他们当作单一的个体，可以使我们集中研究经营决策与生产活动之间功能上的不对称对委托权安排的作用。[2]第二，在本章

1　我们用"激励费用"（incentive costs）代替"代理费用"（agency costs）。在论文中，"代理费用定义为风险费用与激励费用之和"。

2　生产成员（工人们）中在监督活动上的"囚犯困境"问题，可能使单个经营成员在获得委托权的竞争中具有优势。我们不强调这点的理由有二。第一，即使企业仅包括一个生产成员和一个经营性成员，我们的命题也应该成立。第二，前述论点意味着当生产成员的数量增加时，经营成员拥有的权威"深化"了。我们并无证据支持这一预言。

　　　　　　　　　　　　　　　　　　企业的企业家—契约理论

中，我们假设每个个体的经营决策能力是共同知识，其他人如他本人一样清楚，因此，经营决策功能和生产活动功能在企业成员中能正确地分配。第三，我们省略了下章要着重讨论的资本问题。在以上这些假设下，问题能确切地表示如下：企业由两类"工人"组成，一类是经营成员，另一类则为生产成员；企业的收益是由两类成员的活动及外生的"自然状态"（states of nature）共同决定；收益的分配与激励费用及风险费用相关；委托权的安排是要使风险费用与激励费用之和达到最小。在下一章，我们将在放松第二、第三个假设的条件下论述资本在委托权安排中的作用。我们分析的策略是首先说明委托权为什么应安排给经营成员，然后说明为什么资本家应有权选择经营成员。[1]

　　本章的主要论点是把委托权安排给经营成员是最优的，因为经营决策活动支配着不确定性，同时经营成员的行为最难监督。这给企业家与工人之间的不对称关系提供了基本依据。本章安排如下。在第 2 节中建立基本模型；第 3 节，在风险中性的假设下，我们将讨论生产的团队化（协作）程度、各成员的相对重要性及监督技术如何通过对激励问题的作用决定最优委托权安排；第 3 节第一部分讨论当监督在技术上不可能时最优安排是什么；第二部分讨论当监督在技术上可能时最优安排又是什么；第 4 节讨论两个现实存在的企业形式（经

---

[1]　另一种选择是首先说明资本家为什么必须拥有委托权，给定经营成员一方有权监督生产成员一方。然后说明为什么经营成员一方而不是生产成员一方应该是监督者。我们更喜欢我们的方法，因为这是更符合逻辑和历史的方法。

典的资本主义企业及合伙企业）及一个理论上创造的企业形式（阿尔钦—德姆塞茨企业）；第 5 节我们引入风险态度以讨论风险费用如何与委托权安排相联系，以及它带来何种效果；第 6 节是结束语。

2.2 模型

企业由两类成员组成，经营成员 M 与生产成员 P。两者都假设为期望效用最大化者。每个成员的任务是明确规定好的。企业的收入流取决于两个成员的共同努力，并依赖于外生的"自然状态"。令 A_i 是第 i 成员的行动集合，a_i 表示 A_i 的一个元素，即 $a_i \in A_i, i = M, P$。特别地，我们将 a_i 等同于一个连续的、一维的努力变量，称为 i 的"工作努力"（work effort），可以想象为 i 为完成其任务而采取的所有行动的加总度量。令 Y 为企业的总收益，则 Y 是 a_M 和 a_P 的随机函数。根据莫里斯（1974，1976）和霍姆斯特姆（1979），我们假设，对任何给定的 a_M 和 a_P，存在一个 Y 的条件分布函数，用 $\Phi(Y; a_M, a_P)$ 表示[1]。弗朗克·奈特所定义的不可保险的不确定性意味着 $\frac{\partial \Phi}{\partial a_M} \neq 0$ 和 $\frac{\partial \Phi}{\partial a_P} \neq 0$，我们对 $\Phi(Y; a_M, a_P)$ 做如下假设：

假设 1：（i）$\frac{\partial \Phi}{\partial a_i} \leq 0$，且至少对某些 Y，严格不等式成立；

(ii) $\frac{\partial^2 \Phi}{\partial a_i^2} \geq 0$；(iii) $\frac{\partial^2 \Phi}{\partial a_M^\partial a_P} \neq 0$。

---

[1] 使用这一所谓参数化分布形式的主要优点是，我们可以抓住弗朗克·奈特所讲的不确定性，即经营风险受个人行动的支配。

企业的企业家—契约理论

（i）意味着 $\Phi(Y;a_M,a_P)$ 满足对 a_M 与 a_P 的一阶随机控制条件（the first-order stochastic dominance condition）；（ii）意味着 $\Phi(Y;a_M,a_P)$ 满足对 a_M 与 a_P 的分布函数的凸性条件（CDFC），或者说规模（经济）随机递减条件（stochastic diminishing return to scale）；（iii）是不确定性情况下的团队生产假设。

假设1（iii）的主要意义之一是即使两个成员都是风险中性者（risk-neutral），要每个成员完全并且只对自己的行动的不确定后果负责是不可能的。[1] 因此，M 与 P 的关系不能用完全的契约来解决，必然存在两个成员之间的某种责任转移。这里，责任转移（transfer of responsibility）意思是指 i 的利益受到 j 行动的影响。

我们主要关心的是：什么是责任转移的最优安排？我们把这一问题等同于下述定义上的委托权（或委托人资格，principalship）的安排：

定义1：成员 i 是成员 j 的委托人，如果他不得不为 j 行动的不确定后果承担全部的或部分的责任。相应地，j 便叫代理人，式中 i，$j=M$，P；$i \neq j$。

上述定义看来与通常关于委托人和代理人的概念非常一致，它允许我们将两个成员（合伙）之间相互分担责任的安排考虑进去，在后一情况下，二者互为委托人和代理人（这也是法律上定义的合伙人

---

1 在简单的代理模型中，代理人在允许他获取剩余索取权时对自己的行动负全部责任，这总是可能的，因为产出的分布函数只是视代理人的行为而定。问题是，如果代理人坚决不乐意冒风险（不管委任人的风险态度如何），则这种完全负责制度不能有效实行。

的含义）。

值得指出的是，委托人是为代理人行动的不确定后果负责，而不是为代理人行动本身负责。因此，"承担风险"可能是更为恰当的术语。在代理人行动是完全可观察的情况下，一个"行动依从（action-contingent）支付契约"会使代理人为他自己的行动完全负责，而委托人却仍然是委托人，因为除非没有不确定性，否则，他不得不为代理人的行动承担风险。

委托权的实质是承担风险。作为承担风险的回报，委托人被授予"监督的权威"（authority to monitor），这种权威使他可以在规定的限度内要求（强制）代理人比在没有这种权威时工作得更多。[1] 因此，委托权安排是经营成员与生产成员之间的一个二维契约。它决定收益分配（承担风险）与监督权威（authority of monitoring）的分配。然而，我们将会看到，在某些关于效用函数的标准假设以及在关于监督权威极限的合理假设下，监督激励（incentive to monitor）是唯一地被收益（风险）分配所决定了。由此，除受被监督成员的认可外，我们将不再对监督权威的分配做进一步的限制。事实上，本模型的一个非常值得注意的特性是监督权威的分配是内生的；这就是说，任何人都有权监督别人，只要后者愿意接受他的监督。[2]

记住上述论点，我们用下列线性收益分配系统来特征化委托权

1　这里，我们引用弗朗克·奈特的话，他说："正如我们知道的，就人类本性来说，要一个人为另一个人的行动承担风险，保证后者获得确定收入而又不给前者指挥后者的权力是不现实的。另一方面，假如没有这样的保证，后者亦将不会把他自己放在前者的指挥之下。"

2　在后面，我们将讨论监督权威的取得是怎样受到被监督人接受程度的约束的。

　　　　　　　　　　　　　　　　　企业的企业家—契约理论

安排：[1]

$$Y_M = w_M + \beta\left(Y - w_M - w_P\right)$$
$$Y_P = w_P + (1-\beta)\left(Y - w_M - w_P\right)$$

(2.1)

式中 Y_M 是分配给经营成员的全部收益，而 Y_P 是分配给生产成员的全部收益，$Y_M + Y_P = Y$；w_M 是对 M 的固定契约支付，而 w_P 则是对 P 的固定契约支付。这里，"固定"一词，是指它们不取决于实现的收益 Y，但是它们可能取决于某些其他可观察的变量（见后面）。为了保证固定支付是没有风险的，我们将假设 $w_M + w_P \le \underline{Y}$，这里 $\underline{Y}$ 是 Y 的下限。最重要的参数是 β（$0 \le \beta \le 1$）：β 是经营成员的剩余份额，而（$1-\beta$）是生产成员的剩余份额。我们将会看到，在给定的谈判条件下，$\{w_M, w_P\}$ 是由 β 唯一决定的。因此，我们常常将委托权安排等同于一元变量 β。有两种特殊的情况：（i）$\beta = 0$：P 是委托人而 M 是代理人；（ii）$\beta = 1$：M 是委托人而 P 是代理人。当 $0 < \beta < 1$ 时我们说，委托权是在 M 和 P 之间分享的。

委托权安排之所以重要，是因为它影响工作的激励。直觉提醒我们，一个人选择更为努力工作是基于下列两个原因之一：或者是他自愿（wish to），或者他不得不（has to）。将这一直观考虑进去，我们将工作努力区分为自我利益的工作（自我利益的激励，self-interested incentive）和受监督的工作（受监督的激励，monitored-incentive），分别用 a_i^s 和 a_i^b 来表示。

定义 2：不受监督约束条件下的工作努力称为自我利益的工作努

---

1 我们作线性假设只是为了简化分析。

力。由监督导致的工作努力称为被监督的工作努力。在任何给定的委托权安排下，如果自我利益的努力大于被监督的努力（这就是说，一个人自愿做的大于他不得不做的：$a_i^s \geq a_i^b$），我们就说监督是不具约束力的（non-binding），否则，监督就是有约束力的。

实施监督权威要花时间与精力。用 $b_i \in B \in [0,\infty)$ 表示 i 成员花费在监督 j 成员上的努力，称做 i 的"监督努力"，它不直接对企业的收益有贡献，但是通过监督技术可以影响 j 成员的工作努力。监督技术定义为从 i 的监督努力到 j 的被监督的工作努力的映射：

(i) $\qquad a_p^b = a_p^b(b_M)$

(ii) $\qquad a_M^b = a_M^b(b_P)$ $\qquad\qquad$ （2.2）

我们假设监督技术（2.2）是共同知识，就是说，当 i 选择 $\mathfrak{b}_i$ 时，则 i 和 j 两者都知道 j 不得不选择 $a_j^b(\mathfrak{b}_i)$，j 知道 i 选择了 $\mathfrak{b}_i$，因而，契约可以依存于（contingent on）$a_j^b(b_i)$。我们作如下假设：

假设 2：(i) $\dfrac{\partial a_j^b}{\partial b_i} \geq 0$，和 $\dfrac{\partial^2 a_j^b}{\partial b_i^2} \leq 0$；(ii) $a_j^b(0) = a_j^b(0) \equiv 0$。

假设 2（i）说明，j 的受监督的努力是 i 的监督努力的递增的凹函数（concave function）；换句话说，"监督努力的边际生产率"是正数，但是是递减的。(ii) 意味着不管是 i 或是 j 都不可能使别人工作更多，除非他选择的监督努力是正数。这一假设看来很合乎情理。此外，我们定义：

定义 3：对所有的 $b_i > 0$，如果 $a_j^b(b_i) \equiv 0$，则监督在技术上是不可能的（technically impossible）。

关键之点是监督对工作努力有正效应。（2.2）可以理解为某些更复杂的监督机制的简化形式。一种可能是委托人花费时间与精力以直接强制其代理人工作得比没有监督的情况下更多。另一种情况是委托人能观察代理人选择多少工作努力，然后，根据观察到的工作努力给代理人报酬；因为工作努力正取决于花费在观察、监督上的时间与精力，监督能间接地引导代理人工作得更多。第三种可能性是委托人只检查代理人究竟是否偷懒，如若偷懒，则给他惩罚。因为偷懒被抓住的可能性是随着委托人的监督努力而递增，因而最佳的偷懒随着监督努力而递减。[1和2]

值得注意的是我们的模型与标准的委托—代理模型之间在模型化监督上的差别。如在霍姆斯特姆（1979）的标准的代理模型中，监督是作为外生的系统来处理的，它提供某些关于代理人行动（但并不是直接观察到的行动）的不费成本的信号，它的价值取决于它推断行动信号的信息量。相反地，在我们的模型中，监督是内生的选择变量，用监督努力的费用来提供关于代理人行动的直接信息。在这个意

---

1 代理人可能和委托人耍监督与反监督游戏。例如，如果委托人无规则地（一天 n 次）检查代理人，代理人可能利用"窥探孔"，从而，只有当委托人走近时，他才开始工作。这样，当 n 增加，则偷懒时间必将减少（用博弈语言来说，当委托人的监督努力增加，则代理人偷懒的策略空间必将缩小）。

2 虽然监督对工作努力的积极效果是非常直觉的和广泛地观察到的，但理论观点却远非一致。在普特曼与斯基尔曼（Putterman, Skillman, 1988）的论文中，作者认为，监督对激励的正效果取决于所使用的补偿方式、代理人的风险偏好及监督产生的信息内容。特别地，他们证明，当监督被理解为产生满足一阶或二阶随机支配条件的工作努力的噪音信号时，一般地说，不论是在分享制下还是在工资支付制下，监督的正效果不能得到保证，并且，在某些合理的风险偏好假设下，实际上是负效应；另一方面，如果监督能以一定概率产生关于工作努力的准确信号（其概率取决于监督强度），则正效应在两种补偿方式上均能得到保证。

义上讲，我们的模式是追随阿尔钦与德姆塞茨理论而不是标准代理理论的方法。正是这一区别使我们得以明确地模拟监督权威的分配，因而委托权安排本身，而不是在预先决定好的委托权安排下的最优激励方案。此外，我们将会看到，标准的代理模型是这里的模型在当监督在技术上是不可能时的特例。

现在，我们来描述两个成员的效用函数。为了简化，假设他们的初始财富为零，i 成员的冯·纽曼—摩根斯登效用函数（the von Nevmanm-Morgenstern Utility function）如下：

$$U_i = U_i(Y_i, e_i) = V_i(Y_i) - C_i(a_i, b_i) \qquad (2.3)$$

在本章始终，我们将 $V_i(Y_i)$ 称为"收入效用"，$C_i(a_i, b_i)$ 称为"努力费用（负效用）"。我们采用下列标准假设：

假设 3：$(i)\dfrac{\partial V_i}{\partial Y_i} > 0$，和 $\dfrac{\partial^2 V_i}{\partial Y_i^2} \leq 0$；$(ii)\dfrac{\partial C_i}{\partial a_i} > 0$，和 $\dfrac{\partial^2 C_i}{\partial a_i^2} \geq 0$；$(iii)\dfrac{\partial C_i}{\partial b_i} > 0$，和 $\dfrac{\partial^2 C_i}{\partial b_i^2} \geq 0$；$(iv)\dfrac{\partial^2 C_i}{\partial a_i \partial b_i} \geq 0$。

假设 3（i）说明，两个成员都是风险规避者，或是风险中性者；（ii）和（iii）说的是，他们不但不乐意工作，而且也厌恶监督，无论是经营成员或是生产成员都对监督本身（或是受监督）没有偏好；（iv）说的是，工作努力和监督努力不可能是偏好互补的；这就是说，当监督努力（工作努力）增加时，工作努力（监督努力）的边际费用不能递减。

效用函数（2.3）对于委托权安排有着重要含意。首先，契约只通过收益分配以及工作努力和监督努力的选择才影响每个成员的期望效用，因为工作努力和监督努力两者都带来成本，只有当 Y_i 不独立于 Y 时，i 才会选择 $a_j^s > 0$ 和 $b_i > 0$；换句话说，i 不可能有（自我的）

工作积极性和监督积极性，除非他分享某些剩余收益。第二，由于监督努力对产出没有直接贡献，相反带来费用，当且仅当$a_j^b(b_i) > a_j^s$，i成员才将选择$b_i > 0$。

第三，也许是最为重要的，是在给定的契约下，如果i选择$b_i > 0$，以致$a_j^b(b_i) > a_j^s$它强加于j的额外费用等于$\left\{C_j\left[a_j^b(b_i),.\right] - C_j\left(a_j^s,.\right)\right\}$，称做监督的"外部成本"。这外部成本规定了监督权威的限度。问题是在什么类型的契约下，i的监督对j来说是可以接受的呢？

让固定支付项w_j随a_j^b而变动，我们对上述问题作如下处理：

$$w_j = \begin{cases} w_j^s & \text{如果 } b_i = 0 \\ w_j^s + F_j\left(a_j^b\right) & \text{如果 } b_i > 0 \end{cases} \tag{2.4}$$

式中w_i^s是一常数，$F_j(.) \geq 0$。

我们称$F_j(.)$为"监督的可接受性规则"（the rule governing the acceptability of monitoring），它规定着代理人的固定收益（w_j）怎样随着被监督的工作努力（a_j^b）变化而变化。为说明$F_j(.)$的特性，我们作如下假设：

假设 4：（监督的可接受性）对于任何给定的a_i^s，i成员选择监督努力b_i强迫j成员选择$a_j^b(b_i) > a_j^s$的监督权威是j成员所能接受的，当且只当以下条件成立：

$$\begin{aligned} &\int V_j\left(Y_j^b\right)\varphi\left(Y;a_i^b,a_j^b\right)dY - C_j\left(a_j^b(b_i),.\right) \\ &\geq \int V_j\left(Y_j^s\right)\varphi\left(Y;a_i^s,a_j^s\right)dY - C_j\left(a_j^s,.\right) \end{aligned} \tag{2.5}$$

式中

$$Y_j^b = w_j^s + F_j(.) + \lambda_j\left(Y^b - w_i - w_j^s - F_j(.)\right)$$
$$Y_j^s = w_j^s + \lambda_j\left(Y^s - w_i - w_j^s\right)$$

式中 Y^b 和 Y^s 分别为当 j 受 i 监督和不受 i 监督时企业的总收益；λ_j 是 j 的剩余份额（当 $j=M$ 时，$\lambda_j=\beta$；而当 $j=P$ 时，$\lambda_j=1-\beta$）。

假设 4 意味着，j 成员将接受 i 成员的监督，当且仅当对任何给定的 i 的自我激励的工作努力，他在 i 的监督下的期望效用不会少于没有监督下的期望效用。因为 i 没有必要付给 j 多于 i 为获得监督权威所必须的费用，我们将假设等式条件成立。[1]

为了使 $F_j(.)$ 变得直观些，让我们考虑 $\lambda_j=0$ 以及风险中性的情况：

如果 $\lambda_j=0$，（2.5）的条件就演变为：

$$V_j\left(w_j^s + F_j(.)\right) - V_j\left(w_j^s\right) \geq C_j\left(a_j^b(b_i),.\right) - C_j\left(a_j^s,.\right)$$

这就是说，在受监督而要工作更多时，代理人的"效用工资"应增加到这种水平，以使他增加收入的追加效用足以补偿受监督的额外负效用。

在风险中性情况下，条件（2.5）演化为：

$$\left(1-\lambda_j\right)F_j(.) + \lambda_j\left(Y^b - Y^s\right) \geq C_j\left(a_j^b(b_i),.\right) - C_j\left(a_j^s,.\right)$$

式中 Y^b 和 Y^s 表示期望值。

这意味着监督的全部外部成本 $\left(C_j\left(a_j^b(b_i),.\right) - C_j\left(a_j^s,.\right)\right)$ 由两部分得到补偿：固定项 $(1-\lambda_j)F_j(.)$ 和剩余项 $\lambda_j(Y^b-Y^s)$。在 $\lambda_j=0$ 的情况下：

$$F_j(.) \geq C_j\left(a_j^b(b_i),.\right) - C_j\left(a_j^s,.\right)$$

这是当代理人的支付能依他的行动选择而定的标准的补偿规则。

---

1 从公平的意义上说，这样的假设是真的可接受的吗？显然，对 i 来说，要他接受使他的状况更糟糕的 i 的监督是不合理的。问题是为什么 j 不能做得更好呢？回答是具有对称补偿规则的监督权威对于 j 同样是开放的：j 同样有权选择监督 i，只要他的监督不会使 i 的处境更坏。在这种对称性假设下，看来假设 4 是公平的。

企业的企业家—契约理论

（2.5）所定义的支配监督的可接受程度的规则，可以理解为委托权安排是内生的情况下上述标准补偿规则的一般化。

在假设 4 下，当 i 成员选择监督 j 还是不监督 j 的时候，他不得不考虑两种监督努力的费用，第一是监督的内部费用（$C_i\left(a_i,b_i\right)-C_i\left(a_i,0\right)$），第二是监督的外部费用 $\left(C_j\left(a_j^b(b_i),.\right)-C_j\left(a_j^s,.\right)\right)$。很清楚，具有这种性质的契约帕累托优于 (Pareto - dominate) $w_j\equiv w_j^s$ 的契约，因为它利用了所有可利用的（观察到的）有关 a_j^b 的信息。[1]

总结一下，委托权安排可以特征化为伴随有支配监督的可接受程度的规则的三维分配系统 $\{w_M^s,w_P^s,\beta\}$，在这个系统中，从剩余份额中 M 要求有 β 份额；而 P 要求有（$1-\beta$）的份额。假设 β 既定，如果他们中任何人不选择监督别人，则 M 要求有固定支付 $w_M=w_M^s$，而 P 则要求固定支付 $w_P=w_P^s$。如果 M 选择 $b_M>0$ 监督 P，P 的固定支付将是 $w_P=w_P^s+F_P\left(a_P^b\right)$；如果 P 选择 $b_P>0$ 监督 M，则 M 的固定支付将是：$w_M=w_M^s+F_M\left(a_M^b\right)$。

但是，分配系统 $\{w_M^s,w_P^s,\beta\}$ 决定了每个代理人的既得利益或初始位势（status quo），这种既得利益反过来对任何想成为监督人的人形成一种约束。可是，这种既得利益并不是常数，除非 $\lambda_j=0$。因为当 i 增加自我激励努力 a_j^s 时，j 的剩余支付（$\lambda_j Y^s$）将通过 a_j^s 对 Y^s 的影响而自动增加，这意味着 j 的既得利益将随着 i 的自我激励努力的增加而改善。我们称这种影响为"剩余份额效应"，此效应是委托权的单

---

[1] 当 $w_j\equiv w_j^s$ 时，i 将选择过度的监督努力，因为监督的外部成本尚未完全内部化。

方享有（即 $\lambda_j=0$）严格帕累托优于合伙制契约的潜在原因。[1 和 2]

可变既得利益（初始位势）假设并不是代理理论文献的标准假设。有关代理模型现存文献与本文模型的一个主要区别在于，如何处理所谓"参与约束"（participation constraint）。总的说来，现有文献只考虑局部均衡，即在均衡情况下，某一方（在多数模型中是代理人，但像在詹森和麦克林的模型中是委托人）的期望均衡效用等于市场决定的参与（或保留）水平，因此，所有来自契约的盈余完全由第二方（一般为委托人）占有。在这样的假设下，最优化问题是设计一激励契约，这一契约使委托人的期望效用在满足代理人的参与约束及激励相容约束下达到最大值。在均衡条件下，代理人的参与约束是生效的（binding）。当设计契约的权威是由委托人拥有的，而留给代理人选择的仅仅是"接受或者不接受"时，这是很自然的假设。可是，这种假设对我们的模型来说并不令人满意，因为，在我们的模型中，谁是委托人谁是代理人本身是内生决定的。尽管我们考虑的企业是由一位经营成员和一位生产成员组成，但这里的企业是一个代表性企业，M 和 P 两人是他们相应职业的代表人物。从模型中获得的契约安排应该是所有企业的共同特征。换句话说，我们所关心的是一般均衡，而不是局部均衡。为了使一个人愿意加入企业，他从企业中得

---

1 我们将在后面讨论这一点。简单说，"剩余份额效应"的意思是委托人永远不能把他的努力的利益完全内在化，除非他是唯一的剩余索取者。

2 有趣的是，在假设 4 下，与没有监督的均衡（当监督在技术上是不可能时的均衡）相比，i 的监督实际上改善了 j 的（既得）福利（除非 j 不拥有任何剩余份额）。在（2.3）节中的论证将表明，假设 4 已隐含地将谈判程序结合到契约中了。

到的期望效用不应该少于他当个体户时的期望效用。但这一参与约束一般来说不会是 binding 的，除非该类型成员在总量上是过剩的。假设，有 n 个相同的生产成员和 n 个相同的经营成员，并且任何一对经营成员与生产成员均能形成一种组合，组织成一个企业。这样就没有理由假设任何一个成员的参与约束应该是 binding 的。假设来自企业的剩余（surplus）在两个成员之间的分配由纳什谈判解（Nash bargaining solution）所决定或许更为合理。正式地，我们有，

假设 5：企业的剩余分配是由纳什谈判解所决定，该解的威胁点（threat point）是每个人当个体户时得到的期望效用水平。

我们对经营决策功能（见 2.1 节）的解释意味着，当企业不存在时，经营成员能比生产成员做得更好，而这又意味着经营成员将得到比参加企业的生产成员较多的总福利。[1] 可是，就最优解不受影响的范围内，我们将假定两个成员的保留效用相等，且假定为零。

现在我们正式地定义最优委托权安排如下：

定义 4：令 $\Omega = \{w_M^s, w_P^s; \beta\}$ 是所有可供选择的契约（伴有支配监督的接受程度的规则）的集合，w 为其中一元素。那么，委托权安排 $w = (w_M^s, w_P^s; \beta) \in \Omega$，用 w^* 表示，是最优，当且仅当它解下列问题（总博弈）：

求极大值：

$$EU_M EU_P$$

$$\{w_M^s, w_P^s; \beta\}$$

满足：激励相容约束条件

---

[1] 我相信，这是观察到企业主（管理者）比工人有较高的期望收入的主要原因之一。

（1）$\{a_P, b_P\}$ 最大化 EU_P

　　　　满足：（i）监督技术（2.2）

　　　　　　　（ii）支配监督的规则（2.5）

（2）$\{a_M, b_M\}$ 最大化 EU_M

　　　　满足：（i）监督技术（2.2）

　　　　　　　（ii）支配监督的规则（2.5）

式中：

$$EU_P = \int V_P \big(w_p + (1-\beta)(Y - w_M - w_P)\big) \Phi(Y; a_M, a_P) dY$$
$$- C_P(a_p, b_p)$$
$$EU_M = \int V_M \big(w_M + \beta(Y - w_M - w_P)\big) \Phi(Y; a_M, a_P) dY$$
$$- C_M(a_M, b_M)$$

分别为 P 和 M 的期望效用。

这就是说，委托权安排的总博弈（overall game）是选择一契约 $\{w_M^s, w_P^s; \beta\}$，使得两个成员的期望效用水平的乘积最大化，且满足两个激励相容约束条件。

总博弈能分解为两个子博弈：一个是非合作博弈（non-cooperative game），另一个是合作博弈（cooperative game）。在非合作博弈中，在给定契约 $\{w_M^s, w_P^s; \beta\}$ 条件下，每个成员选择他自己的最佳努力水平（a_i，b_i），其目标是个人期望效用的最大化，且满足监督技术（2.2）及支配监督的接受程度的规则（2.5）的约束。非合作博弈的解是一个纳什均衡，它定义契约安排集合 Ω 与行动的集合（$A_M \times B_M$）×（$A_P \times B_P$）之间的关系。合作博弈是选择一个特定的契约安排 w_*，以最大化纳什福利函数 $EU_M EU_P$。

　　　　　　　　　　　　　　　企业的企业家—契约理论

我们感兴趣的是：什么决定着 w^*？下面的分析目的在对此问题作出回答。

2.3 协作程度，相对重要性，监督技术与最优委托权安排

直觉告诉我们，与委托权安排相关联的经营成员的激励与生产成员的激励之间可能会有不能兼顾两者的权衡。粗略地说，委托人的激励来自自我监督，而代理人的激励只能来自外来监督。不同的委托权安排产生两个成员的激励的不同组合。一种安排是否帕累托优于另一种安排，取决于收益分布函数 $\Phi(Y; a_M, a_P)$，监督技术，也取决于各个人的效用函数。下述分析的目的在于说明这些依赖关系的特征。

为了使分析易于处理，我们将用某些技术性假设把所有重要变量参数化。

第一，我们假设，经营成员和生产成员具有相同的偏好且是风险中性的，并且工作努力和监督努力在效用函数中具有对称性和可加性的特征。特别地，我们假设效用函数采取下列形式：[1]

$$U_i = Y_i - 0.5a_i^2 - 0.5b_i^2, \quad i = M, P \tag{2.6}$$

信息经济学中通常假设，委托人是风险中性者，而代理人则是风险规避者，尽管对此的解释并不是很清楚的。[2] 我们同意，风险态

1　数字可以用参数来取代。这里，选择数字是为使表达式简化。

2　一种论点是最优契约要求风险中性者成员成为委托人。而风险规避者成为代理人。但是，多数文献只是简单地假设，委托人是风险中性者。

度在契约关系中起着重要的作用，但是在企业的关系上说，风险中性对于某个人成为委托者，既不是必要条件，也不是充分条件。激励问题可能是如此地处于支配地位，以致最优契约可能要求一成员成为委托者，而另一个成为代理人，即使前者是风险规避者，后者是风险中性者。风险中性的假设使得我们能够把注意力集中在激励问题上，因为在这一假设下契约没有保险功能。在第 5 节中，我们将讨论风险态度对最优委托权安排的效应。风险中性假设的另一优点是，当两个成员都是风险中性者（且偏好具有可加性）时，纳什均衡行动是不依赖于固定工资 w_i^s 的。因为任何效用约束都可以通过调整 w_i^s 得到满足，这一假设意味着纳什均衡行动是独立于参与约束的。因此，我们关于最优委托权安排的结论将不会受谈判能力的影响。因为我们首要关心的是谁应该是剩余索取者，而不是每个人应该从总收益中得到多少，委托权安排可以用一维变量 β 来定义。

对称地处理效用函数中工作努力和监督努力似乎有一些问题。但是，这一假说对于结果并不是本质性的，只要两个成员有相同的偏好。另外，$\left(0.5a_i^2 + 0.5b_i^2\right)$ 能够用 $0.5\left(a_i + b_i\right)^2$ 来代替，对结果不会有多大影响。我们用 $\left(0.5a_i^2 + 0.5b_i^2\right)$ 而不用 $0.5\left(a_i + b_i\right)^2$，因为工作努力与监督努力间不完全的代替，看来比完全的代替更为合理。[1]

其次，在风险中性假设下，β 只有通过期望收益（EY_M 和 EY_P）

---

[1] 在伊腾（1991）里，在自我努力与帮助人的努力之间不完全的替代，对于设计激励方案中最优的协作是最重要的。

企业的企业家—契约理论

和行动选择（e_M 和 e_P），[1] 才能影响两个成员的效用。这使得我们只需关心企业的期望收益函数 $Y=f(a_M, a_P)$，而不是收益分布函数 $\Phi(Y;a_M,a_P)$。假设 1 简化为：假设企业的期望收益为 a_M 与 a_P 的递增的凹函数，且 $\dfrac{\partial^2 Y}{\partial a_M \partial a_P} > 0$。特别是，我们将用下列 CES（不变替代弹性）形式表示 $Y=f(a_M, a_P)$：

$$Y = f(a_M,a_P) = \left(\alpha a_M^{1-\gamma} + (1-\alpha) a_P^{1-\gamma}\right)^{\frac{1}{1-\gamma}} \tag{2.7}$$

这里 CES 函数包括 a 和 γ 两个参数，在决定最佳委托权安排时二者都将起重要作用。从数学上来说，a 与（$1-a$）分别是 Y，对于 a_M 和 a_P 的努力弹性参数（$0 \le a \le 1$），本文中，我们将 a 解释为两个协作成员相对重要性的度量。$\alpha = \dfrac{1}{2}$ 意味着两个成员是同样重要的；$\alpha > \dfrac{1}{2}$ 表明经营成员更为重要，而 $\alpha < \dfrac{1}{2}$ 意味着生产成员更为重要。

γ 是两个成员工作努力的替代弹性参数。容易证明，对于任何给定的 $0<a<1$ 来说，混合偏导数 $\dfrac{\partial^2 Y}{\partial a_M \partial a_P}$ 是 γ 的递增函数。特别是，当 $\gamma=0$ 时，（2.7）就简化为 a_P（≥ 0）和 a_M（≥ 0）的线性函数：$Y=\alpha a_M + (1-\alpha) a_P$ 和 $\dfrac{\partial^2 y}{\partial a_M \partial a_P} \equiv 0$；当 $\gamma=1$ 时，（2.7）就演化为科布—道格拉斯函数：$Y = a_M^\alpha a_P^{1-\alpha}$，且对所有的 $a_i \ge 0$，在 $a_j=0$ 时，$\dfrac{\partial Y}{\partial a_i} \equiv 0$。据此，我们定义 γ 为"协作程度"或"团队化程度"（the degree of teamwork）。我们假定 $0<\gamma \le 1$。$\gamma=0$ 意味着没有协作（团队生产），这种情况意义不大，因为在这种情况下，最优化可以用分解"企业"为两个个体户而达到；$\gamma=1$ 意味着纯粹的协作（团队生产，pure teamwork）。[2]

第三，为了简化分析，我们假设监督技术采取下列线型形式：

---

1 为了避免记号的复杂性，除第 5 节外，在以下的分析中，我们使用 Y 代替 EY，来表示期望收益。
2 严格地说，列昂节夫技术（$\gamma = \infty$）才是纯粹的协作。

(i) $\quad a_P^b = \rho b_M$

(ii) $\quad a_M^b = \mu b_P$

（2.8）

式中 ρ 和 μ 测量监督的有效性：ρ（μ）越大，意味着监督 P（M）越容易。$\rho=\mu=0$ 意味着监督在技术上是不可能的；$\rho \to \infty$ 和 $\mu \to \infty$ 意味着监督是完全有效的（perfect）。

在上述假设下，非合作博弈简化为：[1]

生产成员：

求最大值：

$$\underset{\{a_P,b_P\}}{\qquad} \beta w_P + (1-\beta)(Y^b - w_M) - 0.5a_P^2 - 0.5b_P^2$$

满足约束条件：$a_P \geq \rho b_M$

$\qquad\qquad\qquad a_M \geq \mu b_P$

$$w_M \geq \begin{cases} w_M^s, & \text{如果 } b_P = 0; \\ w_M^s + \dfrac{1}{1-\beta}\left(0.5(\mu b_P)^2 - 0.5\left(a_M^s\right)^2\right) \\ \quad - \dfrac{\beta}{1-\beta}(Y^b - Y^s), & \text{如果 } b_P > 0 \end{cases}$$

（2.9）

$$w_P \geq \begin{cases} w_P^s, & \text{如果 } b_M = 0; \\ w_P^s + \dfrac{1}{\beta}\left(0.5(\rho b_M)^2 - 0.5\left(a_P^s\right)^2\right) \\ \quad - \dfrac{1-\beta}{\beta}(Y^b - Y^s), & \text{如果 } b_M > 0 \end{cases}$$

经营成员：

求最大值：

$$\underset{\{a_M,b_M\}}{\qquad} (1-\beta)w_M + \beta(Y^b - w_P) - 0.5a_M^2 - 0.5b_M^2$$

---

1 （2.9）和（2.10）中，w_M 和 w_P 的特殊形式是从（2.5）中导出的。

企业的企业家—契约理论

满足约束条件：$a_P \geq \rho b_M$

$\qquad\qquad\quad a_M \geq \mu b_P$

$$w_P = \begin{cases} w_P^s, \quad \text{如果} \qquad b_M = 0; \\ w_P^s + \dfrac{1}{\beta}\left(0.5(\rho b_M)^2 - 0.5(a_P^s)^2\right) \\ \quad -\dfrac{1-\beta}{\beta}(Y^b - Y^s), \text{如果}\, b_M > 0 \end{cases}$$

$$w_M = \begin{cases} w_M^s, \quad \text{如果} \qquad b_P = 0; \\ w_M^s + \dfrac{1}{1-\beta}\left(0.5(\mu b_P)^2 - 0.5(a_M^s)^2\right) \\ \quad -\dfrac{\beta}{1-\beta}(Y^b - Y^s), \text{如果}\, b_P > 0 \end{cases} \qquad (2.10)$$

式中：

$$Y^b = \begin{cases} \left(\alpha(\mu b_P)^{1-\gamma} + (1-\alpha)(\rho b_M)^{1-\gamma}\right)^{\frac{1}{1-\gamma}} \\ \text{如果}\, b_P > 0 \,\text{和}\, b_M > 0; \\ \left(\alpha(a_M^s)^{1-\gamma} + (1-\alpha)(\rho b_M)^{1-\gamma}\right)^{\frac{1}{1-\gamma}} \\ \text{如果}\, b_P = 0 \,\text{和}\, b_M > 0; \\ \left(\alpha(\mu b_P)^{1-\gamma} + (1-\alpha)(a_P^s)^{1-\gamma}\right)^{\frac{1}{1-\gamma}} \\ \text{如果}\, b_P > 0 \,\text{和}\, b_M = 0; \\ \left(\alpha(a_M^s)^{1-\gamma} + (1-\alpha)(a_P^s)^{1-\gamma}\right)^{\frac{1}{1-\gamma}} \\ \text{如果}\, b_P = 0 \,\text{和}\, b_M = 0 \end{cases}$$

$$Y^s = \left(\alpha(a_M^s)^{1-\gamma} + (1-\alpha)(a_P^s)^{1-\gamma}\right)^{\frac{1}{1-\gamma}}$$

合作博弈简化为：$\left(\alpha\left(a_M\left(\beta\right)\right)^{1-\gamma}+\left(1-\alpha\right)\left(a_P\left(\beta\right)\right)^{1-\gamma}\right)^{\frac{1}{1-\gamma}}$

求最大值：

$$\{\beta\} \quad \begin{array}{l} -0.5\left(\left(a_M\left(\beta\right)\right)^2+\left(b_M\left(\beta\right)\right)^2\right) \\ -0.5\left(\left(a_P\left(\beta\right)\right)^2+\left(b_P\left(\beta\right)\right)^2\right) \end{array} \qquad （2.11）$$

就是说，最优委托权安排的目标是使总期望收益减去总努力成本后的净值达到最大。

令 β^* 为上述问题的解。我们需要证明的是 β^* 如何取决于（ρ，μ；α；γ）。

2.3.1 当监督在技术上不可能时的最优安排

作为第一步，让我们首先考虑当监督在技术上是不可能时，每个成员的最优工作努力是如何取决于 β 和（α，γ）。其结果包含在引理 1 和 2 以及定理 1 中。

引理 1：假设效用函数由（2.6）给定，收益函数由（2.7）给定，以及监督技术由（2.8）给定。那么，如果 $\rho=\mu\equiv0$，努力的最优选择有如下特点：(i)$b_P^*=b_M^*\equiv0$；(ii) 当 $\gamma>0$ 时，$a_P^*\left(\beta\right)$ 和 $a_M^*\left(\beta\right)$ 是准凹函数（quasi-concave），首先递增，然后递减；(iii) 当 $\gamma\to1$，$a_P^*\left(0\right)=a_P^*\left(1\right)=a_M^*\left(0\right)=a_M^*\left(1\right)=0$。

证明：（i）（i）是显然的。如果 $\mu=0$，则 Y 独立于 b_P，但 b_P 带来负效用。因此，作为效用最大化者，生产成员将选择 $b_P^*=0$。同样地，当 $\rho=0$ 时，经营成员将选择 $b_M^*=0$。

（ii）从一阶条件，我们得到：

$$a_P^{1+\gamma} = (1-\beta)(1-\alpha)\left[\alpha a_M^{1-\gamma} + (1-\alpha)a_P^{1-\gamma}\right]^{\frac{\gamma}{1-\gamma}} \quad (2.12)$$

$$a_M^{1+\gamma} = \beta\alpha\left[\alpha a_M^{1-\gamma} + (1-\alpha)a_P^{1-\gamma}\right]^{\frac{\gamma}{1-\gamma}} \quad (2.13)$$

等式（2.12）和（2.13）分别为生产成员与经营成员的反应函数（*reaction functions*）。工作努力的非合作纳什均衡解为：

$$a_P^* = (1-\beta)(1-\alpha)\left[(1-\alpha) + \alpha\left(\frac{\beta\alpha}{(1-\beta)(1-\alpha)}\right)^{\frac{1-\gamma}{1+\gamma}}\right]^{\frac{\gamma}{1-\gamma}} \quad (2.14)$$

$$a_M^* = \beta\alpha\left[\alpha + (1-\alpha)\left(\frac{(1-\beta)(1-\alpha)}{\beta\alpha}\right)^{\frac{1-\gamma}{1+\gamma}}\right]^{\frac{\gamma}{1-\gamma}} \quad (2.15)$$

对方程（2.14）求导得到：

$$\frac{\partial a_P^*}{\partial \beta} = (1-\alpha)\Delta^{\frac{\gamma}{1-\gamma}-1}\left[-\Delta + \left(\frac{\gamma}{1+\gamma}\right)\left(\frac{\alpha}{\beta}\right)\left(\frac{\beta\alpha}{(1-\beta)(1-\alpha)}\right)^{\frac{1-\gamma}{1+\gamma}}\right] \quad (2.16)$$

式中 $\Delta = \left[(1-\alpha) + \alpha\left(\frac{\beta\alpha}{(1-\beta)(1-\alpha)}\right)^{\frac{1-\gamma}{1+\gamma}}\right]$

因此，$\dfrac{\partial a_P^*}{\partial \beta}$ 的符号等于下式的符号：

$$O_P \equiv \alpha\left(\frac{\beta\alpha}{(1-\beta)(1-\alpha)}\right)^{\frac{1-\gamma}{1+\gamma}}\left(\frac{\gamma}{(1+\gamma)\beta} - 1\right) - (1-\alpha) \quad (2.17)$$

在给定 $\gamma > 0$ 时，O_P 取决于 β，可以大于，等于或小于零。证明如下。首先注意到，$O_P|_{\beta \to 0} = +\infty$ 和 $O_P|_{\beta \to 1} = -\infty$。因为 $O_P(\beta)$ 在（0，1）中是连续函数，则必有一点 $\beta \in$（0，1），使得 $O_P(\beta) = 0$。因为 O_P 对 β 单调递减，$\beta = (\beta : O_P(\beta) = 0)$ 是唯一的。

这样，我们证明了 a_P^* 随着 β 首先递增，然后又是递减。类似地，

我们可以证明对 a_M^* 的情况。

（iii）当 $\gamma \to 1$ 时，收益函数简化为下列科布—道格拉斯形式：

$$Y^* = a_M^\alpha a_P^{1-\alpha}$$

一阶条件是：

$$a_P = \left((1-\beta)(1-\alpha)\right)^{\frac{1}{1+\alpha}} a_M^{\frac{\alpha}{1+\alpha}} \qquad (2.18)$$

$$a_M = (\beta\alpha)^{\frac{1}{2-\alpha}} a_P^{\frac{1-\alpha}{2-\alpha}} \qquad (2.19)$$

纳什均衡解是：

$$a_P^* = (\beta\alpha)^{\frac{\alpha}{2}} \left[(1-\beta)(1-\alpha)\right]^{1-\frac{\alpha}{2}} \qquad (2.20)$$

$$a_M^* = (\beta\alpha)^{\frac{1+\alpha}{2}} \left[(1-\beta)(1-\alpha)\right]^{\frac{1-\alpha}{2}} \qquad (2.21)$$

显然，$a_P^*(0) = a_P^*(1) = a_M^*(0) = a_M^*(1) = 0$。证毕。

评论：引理 1 对理解存在团队生产但是监督在技术上不可能时的个人行为有着重要意义。它表明，只要存在某种程度的团队生产，如果委托权由一方独占（$\beta=0$ 或 $\beta=1$），无论生产成员的工作努力还是经营成员的工作努力，都不可能最大化。直观地讲，尽管对于任何给定的其他成员的努力水平，一个成员的工作努力会随着他自己的剩余份额的增加而增加（这一点可以从反应函数看出），但他增加努力的愿望可能被其他成员的减少努力的愿望所破坏，因为在存在团队生产的情况下，他努力的边际生产率正地依赖于别人的努力。因此，增加他自己的剩余份额有两个相反的效应：一方面，使他对企业总剩余更加关心，因而诱使他更努力地工作；另一方面，如果别人的努力减少，就会使他的努力的价值减低，从而使他努力的积极性减低。类似地，当一个成员的剩余份额减少时，则上述情况从相反的方向起作用。均衡的结果取决于两个方向（记住，一个成员剩余份额的增加，意味着另一个成员剩余份额的减少）上两种作用的平衡。特别是，当一个成员变为唯一的剩余索取者时，如果团队化程度是高的，第二种效应就如此占支配地位，以致他工作的激励就几乎像他的拿取固定工资的同事一样低。然而，基本的原因是不同的，他工作的积极性低，是由于边际生产率低；而他的同事的积极性低，是因为其占有的剩余份额低。

图 2-1 与图 2-2 给出对应于不同的 γ 和不同的 α 的激励函数 $a_P(\beta)$ 与 $a_M(\beta)$ 的直观形状。

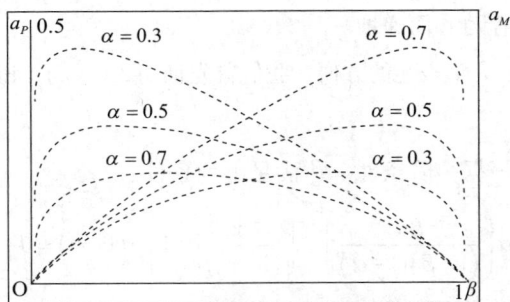

图 2-1　激励函数 $a_P(.)$ 和 $a_M(.)$，
这里，$\alpha = 0.3$，0.5，0.7，$\gamma = 0.8$

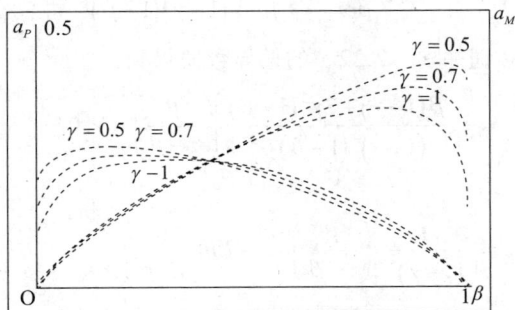

图 2-2　激励函数 $a_P(.)$ 和 $a_M(.)$，
这里，$\alpha = 0.6$，$\gamma = 0.5$，0.7，1

图 2-1 与图 2-2 也直观地给出了达到最大努力的剩余份额与企业成员的相对重要性（α）以及协作程度（γ）的关系。令 $\underline{\beta}$ 是使生产成员的努力达到最大值时的剩余份额，$\bar{\beta}$ 是使经营成员的努力达到最大值时的剩余份额。这时我们就得到：

引理 2，假设效用函数由（2.6）给定，收益函数由（2.7）给定，监督技术由（2.8）给定，且 $\rho=\mu=0$。那么：（i）对于所有 $\alpha>0$ 和 $\gamma>0$，$\underline{\beta}<\bar{\beta}$；（ii）$\underline{\beta}$ 是 γ 的递增函数，而 $\bar{\beta}$ 则是 γ 的递减函数；（iii）$\underline{\beta}$ 与 $\bar{\beta}$ 两者随 α 而递增。

证明：为了表述的方便，我们首先证明（ii）与（iii），然后再回到（i）上。

（ii）根据一阶条件，$\underline{\beta}$ 满足下列条件：

$$O_P = \alpha\left(\frac{\beta\alpha}{(1-\beta)(1-\alpha)}\right)^{\frac{1-\gamma}{1+\gamma}}\left(\frac{\gamma}{(1+\gamma)\beta}-1\right)-(1-\alpha)=0 \qquad (2.22)$$

而 $\bar{\beta}$ 满足下列条件：

$$O_M = (1-\alpha)\left(\frac{(1-\beta)(1-\alpha)}{\beta\alpha}\right)^{\frac{1-\gamma}{1+\gamma}}\left(\frac{\gamma}{(1+\gamma)(1-\beta)}-1\right)-\alpha=0 \qquad (2.23)$$

重新整理并求（2.22）的偏导数便得到：

$$\left.\frac{\partial O_P}{\partial \beta}\right|_{\underline{\beta}} = -\left(\frac{\beta(1-\gamma)+2\gamma^2(1-\beta)}{(1+\gamma)^2(1-\beta)\beta^2}\right)\left(\frac{\beta}{1-\beta}\right)^{\frac{1-\gamma}{1+\gamma}}<0 \qquad (2.24)$$

和：

$$\left.\frac{\partial O_P}{\partial \gamma}\right|_{\underline{\beta}} = \left(\frac{1}{(1+\gamma)^2}\right)\left(\frac{\beta}{1-\beta}\right)^{\frac{1-\gamma}{1+\gamma}}\left[-2ln\left(\frac{\beta}{1-\beta}\right)\right.$$
$$\left.\left(\frac{\gamma}{(1+\gamma)\beta}-1\right)+\frac{1}{\beta}\right]>0 \qquad (2.25)$$

因此：

$$\frac{\partial \beta}{\partial \gamma} = -\frac{\dfrac{\partial O_P}{\partial \gamma}}{\dfrac{\partial O_P}{\partial \beta}} > 0 \qquad (2.26)$$

类似地，因为，

$$\left.\frac{\partial O_P}{\partial \beta}\right|_{\bar{\beta}} = \left(\frac{(1-\beta)(1-\gamma) + 2r^2\beta}{(1+\gamma)^2(1-\beta)^2\beta}\right)\left(\frac{1-\beta}{\beta}\right)^{\frac{1-\gamma}{1+\gamma}} > 0 \qquad (2.27)$$

$$\left.\frac{\partial O_M}{\partial \gamma}\right|_{\bar{\beta}} = \left(\frac{1}{(1+\gamma)^2}\right)\left(\frac{1-\beta}{\beta}\right)^{\frac{1-\gamma}{1+\gamma}}\left[-2ln\left(\frac{1-\beta}{\beta}\right)\right.$$
$$\left(\frac{\gamma}{(1+\gamma)(1-\beta)} - 1\right) + \frac{1}{1-\beta}\Bigg] > 0 \qquad (2.28)$$

所以：

$$\frac{\partial \bar{\beta}}{\partial \gamma} = -\frac{\dfrac{\partial O_M}{\partial \gamma}}{\dfrac{\partial O_M}{\partial \beta}} < 0 \qquad (2.29)$$

（iii）因为，

$$\left.\frac{\partial O_P}{\partial a}\right|_{\underline{\beta}} = \left(\frac{2}{(1+\gamma)\alpha^2}\right)\left(\frac{1-\alpha}{\alpha}\right)^{\frac{1-\gamma}{1+\gamma}} > 0 \qquad (2.30)$$

$$\left.\frac{\partial O_M}{\partial \alpha}\right|_{\bar{\beta}} = -\left(\frac{2}{(1+\gamma)(1-\alpha)^2}\right)\left(\frac{\alpha}{1-\alpha}\right)^{\frac{1-\gamma}{1+\gamma}} < 0 \qquad (2.31)$$

所以，

$$\frac{\partial \beta}{\partial \alpha} = -\frac{\dfrac{\partial O_P}{\partial \alpha}}{\dfrac{\partial O_P}{\partial \beta}} > 0 \qquad (2.32)$$

$$\frac{\partial \bar{\beta}}{\partial \alpha} = -\frac{\dfrac{\partial O_M}{\partial \alpha}}{\dfrac{\partial O_M}{\partial \beta}} > 0 \qquad\qquad (2.33)$$

（i）根据（ii），$\underline{\beta} \leq \underline{\beta}(\gamma = 1)$和$\bar{\beta} \geq \bar{\beta}(\gamma = 1)$。但是，从（2.20）和（2.21）我们得到：

$$\underline{\beta} = \frac{\alpha}{2} \qquad \text{如果}\gamma = 1$$

$$\bar{\beta} = \frac{1+\alpha}{2} \qquad \text{如果}\gamma = 1$$

证毕。

评论：引理 2（i）的一个解释是，沿着 β 轴，生产成员的最大努力总是比经营成员来得"早"。含意如下：首先，对于 $\underline{\beta} > \beta > \bar{\beta}$ 来说，当剩余份额分配趋向平均时，两个成员的努力都会增加。第二，不存在一个 β 使得两个成员的努力同时达到最大值，在 $[\underline{\beta}，\bar{\beta}]$ 区间，必然存在某种激励交替。第三，对于任何既定的 α 和 γ 来说，要引导一个成员比他的同事做出更多的努力，必须给他更多的剩余份额。引理 2（ii）提示，随着协作程度的提高，$\underline{\beta}$ 和 $\bar{\beta}$ 之间的距离会缩小。换言之，从激励观点来看，协作程度越大，要求剩余份额分配得越均等。理由是，当协作程度增加时，边际生产率的相互依赖性增加，因此，与剩余份额任何转移相关的消极效应，将要比积极效应更早地到来。引理（2）（iii）说明，一个成员最大努力的剩余份额，随着他对企业收益贡献的相对重要性而增加。更大的重要性，可以缓和其他成员负激励所造成的消极影响。因为所有成员的重要性之和被假设等于一，一个成员重要性愈大，意味着另一个成员重要性愈小。因此，α 的增加将使两条激励曲线同时向右移动（见图 2-1）。特别要指出的是，在纯粹的协作情况下（$\gamma=1$），$(1-\underline{\beta})=\left(\dfrac{1}{2}+\dfrac{1-\alpha}{2}\right)$ 和 $\bar{\beta}=\left(\dfrac{1}{2}+\dfrac{\alpha}{2}\right)$，式中共同项 $\left(\dfrac{1}{2}\right)$ 可以解释为团队效应，而 $\left(\dfrac{1-\alpha}{2}\right)$ 和 $\left(\dfrac{\alpha}{2}\right)$ 项反映相对重要性的影响 [1]。

现在我们能说明，当监督在技术上不可能时最优权威安排的特点了。用 β_Y 表示使企业总期望收益最大化的剩余份额，β_Π 代表当 $\rho=\mu=0$ 时，合作博弈（2.11）的解（即，最大化总福利的剩余份额）。那么，我们得到：

定理 1：假设效用函数由（2.6）给定，收益函数由（2.7）给定，监督技术由（2.8）给定，并且 $\rho=\mu=0$。那么，（i）$\underline{\beta}<\beta_Y<\bar{\beta}$ 和 $\underline{\beta}<\beta_\Pi<\bar{\beta}$；（ii）对于任何既定的 $\gamma>0$，β_Y 和 β_Π 两者随 α 而单调递增，且当 $\alpha<\dfrac{1}{2}$ 时，随 γ 递增；当 $\alpha>\dfrac{1}{2}$ 时，随 γ 而递减；（iii）$\alpha<\dfrac{1}{2}$ 时 $\beta_Y<\beta_\Pi$，而 $\alpha>\dfrac{1}{2}$ 时则 $\beta_Y>\beta_\Pi$。

证明：（i）根据引理 1 与 2，β_Y 与 β_Π 不能在 $[0,\underline{\beta}]$ 与 $[\bar{\beta},1]$ 两区间。从 $\beta=\underline{\beta}$ 开始，β 的一个无限小的增加，只带来 a_P 的二阶损失（second-order loss），但是对 a_M 有一阶的正效应，因此 Y 必然增加。同理，从 $\beta=\bar{\beta}$ 开始，β 中一个无限小的减少，只带来 a_M 中的二阶损失，但是对 a_P 有一阶正效应，因此 Y 必然增加。为了证明 β_Π 也位于 $(\underline{\beta},\bar{\beta})$ 之中，只需注意到，在别的成员的努力既定下，个人最大化行为意味着，在边际上努力的边际负效用小于努力的边际生产率；因此，从 $\beta=\underline{\beta}$ 或是 $\beta=\bar{\beta}$ 开始，一个无限小的变化，不但将增加 Y，而且也

1　注意，协作程度的增加对两个成员的激励函数有对称效应，而 α 的增加有非对称的效应。

将增加 Π 。

（ii）注意，在均衡时，

$$a_P^* = \left(\frac{(1-\beta)(1-\alpha)}{\beta\alpha}\right)^{\frac{1}{1+\gamma}} a_M^* \qquad (2.34)$$

所以，

$$Y = \beta\alpha\left[\alpha + (1-\alpha)\left(\frac{(1-\beta)(1-\alpha)}{\beta\alpha}\right)^{\frac{1-\gamma}{1+\gamma}}\right]^{\frac{1+\gamma}{1-\gamma}} \qquad (2.35)$$

和

$$\Pi = \beta\alpha\left[\alpha + (1-\alpha)\left(\frac{(1-\beta)(1-\alpha)}{\beta\alpha}\right)^{\frac{1-\gamma}{1+\gamma}}\right]^{\frac{1+\gamma}{1-\gamma}}$$

$$-0.5\left\{\beta\alpha\left[\alpha + (1-\alpha)\left(\frac{(1-\beta)(1-\alpha)}{\beta\alpha}\right)^{\frac{1-\gamma}{1+\gamma}}\right]^{\frac{\gamma}{1-\gamma}}\right\}^2$$

$$\left(1 + \left(\frac{(1-\beta)(1-\alpha)}{\beta\alpha}\right)^{\frac{2}{1+\gamma}}\right) \qquad (2.36)$$

那么 β_Y 满足下述一阶条件：

$$\frac{\partial Y}{\partial \beta} = \alpha\Delta^{\frac{1+\gamma}{1-\gamma}-1}\left(\Delta - \frac{1-\alpha}{1-\beta}\right)\left(\frac{(1-\beta)(1-\alpha)}{\beta\alpha}\right)^{\frac{1-\gamma}{1+\gamma}} = 0 \qquad (2.37)$$

式中：

$$\Delta = \left[\alpha + (1-\alpha)\left(\frac{(1-\beta)(1-\alpha)}{\beta\alpha}\right)^{\frac{1-\gamma}{1+\gamma}}\right]$$

企业的企业家—契约理论

整理（3.37），我们得到：

$$\frac{\beta_\gamma}{1-\beta_\gamma}=\left(\frac{\alpha}{1-\alpha}\right)^{\frac{1}{\gamma}} \tag{2.38}$$

这是很简单但十分有趣的结论。容易证明，β_Y 是 α 的单调增函数，以 $\alpha=\frac{1}{2}$ 为拐点，首先是 α 的凸函数，然后又是 α 的凹函数。同时也容易看出，在 $\alpha<\frac{1}{2}$ 时 β_Y 随着 γ 而递增，但是在 $\alpha>\frac{1}{2}$ 时 β_Y 随着 γ 而递减。

β_Π 满足下列一阶条件：

$$\left[\alpha+(1-\alpha)\left(\frac{(1-\beta)(1-\alpha)}{\beta\alpha}\right)^{\frac{1-\gamma}{1+\gamma}}\left(\frac{1-\beta(2+\gamma)}{(1-\beta)(1+\gamma)}\right)\right]$$

$$\left[\alpha+(1-\alpha)\left(\frac{(1-\beta)(1-\alpha)}{\beta\alpha}\right)^{\frac{1-\gamma}{1+\gamma}}\right]$$

$$=\beta\alpha\left[\alpha+(1-\alpha)\left(\frac{(1-\beta)(1-\alpha)}{\beta\alpha}\right)^{\frac{1-\gamma}{1+\gamma}}\left(\frac{(1-\beta)(1+\gamma)}{(1-\beta)(1+\gamma)}\right)\right]$$

$$\times\left[1+\left(\frac{(1-\beta)(1-\alpha)}{\beta\alpha}\right)^{\frac{2}{1+\gamma}}\right] \tag{2.39}$$

这是我们能得到的最简单的表达形式。正式地识别 β_Π 与 α 及 γ 的关系是非常费时和乏味的。但是，使用类似（1）式证明中的论据，能证明 β_Π 也是 α 的递增函数，同时在 $\alpha<\frac{1}{2}$ 时随着 γ 而递增，在 $\alpha>\frac{1}{2}$ 时随着 γ 而递减（也请参考评论）。

（iii）当 $\alpha=\frac{1}{2}$ 时，最优解具有对称性质：$\beta_Y=\beta_\Pi=\frac{1}{2}$ 和 $a_P^*=a_M^*$。这出自相同偏好的假设。当 $\alpha<\frac{1}{2}$ 时，$\beta_Y<\frac{1}{2}$ 和 $a_P^*(\beta_Y)>a_M^*(\beta_Y)$，那

么，在$\beta=\beta_Y$时，a_P的边际负效用大于a_M的边际负效用。β从β_Y无穷小的增加，带来Y的二阶损失，但是从效用上讲有一阶的成本降低的收益。因此，在$\alpha<\frac{1}{2}$时$\beta_\Pi>\beta_Y$。同样，对于$\alpha>\frac{1}{2}$时，$\beta_Y>\frac{1}{2}$和$a_P^*(\beta_Y)>a_M^*(\beta_Y)$；并且$a_P$的边际负效用小于$\beta_Y$上$a_M$的边际负效用。在$\beta$从$\beta_Y$上无限小的减少，将增加$\Pi$，因此$\beta_\Pi<\beta_Y$。证毕。

评论：定理1的结果是很直观的。当监督在技术上不可能时，让两个成员中的任何一方完全地拥有委托权都不可能是最优的。最优的安排要求两个成员之间的激励平衡。进一步讲，每个成员所持最优剩余份额，应该和他在收益函数中的相对重要性正相关。他的努力越重要，他的剩余份额便越大。但是，这种联系一般不是线性的。在决定最优剩余份额与相对重要性之间的偏离上，有两种效应在起作用。第一是产出效用。从总收益最大化的观点看，分配给较为重要成员的剩余份额，应该是比他的相对重要性系数更大：在$\alpha<\frac{1}{2}$时，$\beta_Y<\alpha$，而当$\alpha>\frac{1}{2}$时，$\beta_Y>\alpha$，除非$\gamma=1$，在后一种情况下，$\beta_Y\equiv\alpha$。理由是当$\beta=\alpha$时，较为重要成员的边际生产率大于较为不重要成员的边际生产率；较为有利于更重要成员的分配，将诱导他工作更多（记住$\underline{\beta}<\beta_y<\overline{\beta}$），只要收益函数不是纯粹的团队生产，这将补偿较为不重要成员的负激励有余。第二是成本效用。在相同偏好的假设下，当$\beta=\alpha$时，较为重要的成员提供努力的边际成本（负效用）比较不重要成员的边际成本要高。因此，从降低成本的观点看，有必要使剩余份额的分配偏离$\beta=\alpha$。究竟最优剩余份额β_Π是小于、等于还是大于相对重要性，取决于上述两种效应何者占主导，而这又取决于决定边际生产率相互依赖性的协作程度。较高的协作程度，意味着较高的相互依赖性，因此

企业的企业家—契约理论

在 $\beta=\alpha$ 时，意味着较为重要成员的较少的生产率优势。特别是，当收益函数表现为纯粹的协作（$\gamma=1$）时，这两个边际生产率是相等的（当 $\beta=\alpha$）。因此，产出效用在 $\beta=\alpha$ 时就消失了，成本效用意味着较为不重要的成员应该分配到的剩余份额，多于其相对重要性的比例（换言之，较为重要成员应该分配到的剩余份额，比他相对重要性的比例为少）。

2.3.2　当监督在技术上可能时的最优安排

我们现在转向讨论 $\rho>0$ 和 $\mu>0$ 的情况，即监督在技术上是可行的。在这种情况下，对于任何给定的 β，有四种可能的结果：（i）P 监督 M，但是 M 不监督 P；（ii）M 监督 P 而 P 不监督 M；（iii）P 和 M 两人谁也不监督谁；（iv）P 和 M 互相监督。我们把第 1、2 种情况叫做"单方监督区间"（one-sided monitoring regime）（分别为 P 监督区间和 M 监督区间），第 3 种情况为"无监督区间"，第 4 为"相互监督区间"。引理 3 反映"单方监督区间"的激励特点；引理 4 识别不同区间分割的条件；引理 5 和推论 1 证明委托权的单方占有帕累托优于对应的监督区间，并且，相互监督区间帕累托劣于任何一个单方监督区间。最后，定理 2 和定理 3 建立了最优委托权安排的条件。

引理 3：假设效用函数由（2.6）给定，收益函数由（2.7）给定，监督技术由（2.8）给定，且 $\mu>0$ 和 $\rho>0$。那么，在均衡条件下，（i）如果 P 监督 M，而 M 不监督 P，$a_P^*(=a_P^s)$ 和 b_P^*（因此，$a_M^*=a_M^b=\mu b_P^*>a_M^{s*}$）随 β 而递减，在 $\beta=0$ 时达到最大值；

（ii）如果 M 监督 P 而 P 并不监督 M，则 $a_M^*\left(=a_M^s\right)$ 和 b_M^*（因此，$a_P^*=a_P^b=\rho b_M^*>a_P^{s*}$）随 β 而递增，在 $\beta=1$ 时达到最大值。

证明：（i）如果 P 监督 M，而 M 不监督 P，则 P 的问题是：[1]

选择 $\left\{a_P^s,b_P\right\}$ 最大化：

$$EU_P=Y^b-\beta Y^s-C_P\left(a_P^s,b_P\right)-\left(C_M\left(a_M^b\left(b_P\right)\right)-C_M\left(a_M^s\right)\right) \qquad (2.40)$$

式中，我们省略了不相关项 $(1-\beta)w_M^s$ 和 βw_P^s

由于团队生产，当 P 选择他的自我激励为 a_P^s 时，他知道，这将间接地影响 a_M^s；但是由于 M 所选择的 a_M^s 满足下列条件：

$$\beta\frac{\partial Y^s}{\partial a_M^s}-\frac{\partial C_M}{\partial a_M^s}=0, \qquad (2.41)$$

根据包络定理，这一影响能从最优化问题中省略。

两个一阶条件如下：

$$\frac{\partial Y^b}{\partial a_P^s}-\beta\frac{\partial Y^s}{\partial a_P^s}=\frac{\partial C_P}{\partial a_P^s} \qquad (2.42)$$

$$\frac{\partial Y^b}{\partial a_M^b}\frac{\partial a_M^b}{\partial \alpha_P}=\frac{\partial C_P}{\partial b_P}+\frac{\partial C_M}{\partial b_M}\frac{\partial a_M^b}{\partial b_P} \qquad (2.43)$$

（2.42）左边第一项是当施加监督时，a_P^s 对产出的边际效应，第二项是，当不施加监督时，a_P^s 对产出的边际效应，它反映剩余份额效应（用 β 打折）。这就是说，当 P 选择自我激励的工作努力时，他将考虑它对改善 M 现状的影响。最优化要求净边际收益等于边际成本。很明显，最优 a_P^{s*} 是随着 β 而递减的；特别是，当 $\beta=0$，M 的现状是不

---

[1] 目标函数是从（2.9）导出来的。βY^s 进入该函数是由于 ρ 的自我激励的努力对 M 的初始状况（status quo）的影响。

受 P 的自我激励的影响，（2.42）就简化为：

$$\frac{\partial Y^b}{\partial a_P^s} = \frac{\partial C_P}{\partial a_P^s}$$

此式意味着 $\beta=0$ 时，a_P^{s*} 达到最大值。

条件（2.43）要求，监督的边际收益等于监督的边际总成本（内部成本加外部成本）。看来，假设 4 所定义的监督被接受程度的规则，将监督的收益与成本两者完全内在化了。但是，由于 a_M 与 a_P 在生产 Y 上是互补的，把（2.42）与（2.43）结合起来意味着 b_P^* 也是随着 β 而递减，当 $\beta=0$ 时达到最大值。

（ii）证明（ii）仅仅是重复对称的情形，为了以后分析的方便，我们在这里将证明列出。

当 M 监督 P，但是 P 并不监督 M，M 的问题是：

选择 $\{a_M^s, b_M\}$ 最大化：

$$\begin{aligned} EU_M = & Y^b - (1-\beta)Y^s - C_M\left(a_M^s, b_M\right) \\ & - \left(C_P\left(a_P^b\left(b_M\right)\right) - C_P\left(a_P^s\right)\right) \end{aligned} \qquad (2.44)$$

式中，项目 $(1-\beta)w_M^s$ 与 βw_P^s，由于其不相关所以省略。

两个一阶条件是：

$$\frac{\partial Y^b}{\partial a_M^s} - (1-\beta)\frac{\partial Y^s}{\partial a_M^s} = \frac{\partial C_M}{\partial a_M^s} \qquad (2.45)$$

$$\frac{\partial Y^b}{\partial a_P^b}\frac{\partial a_P^b}{\partial b_M} = \frac{\partial C_M}{\partial b_M} + \frac{\partial C_P}{\partial a_P^b}\frac{\partial a_P^b}{\partial b_M} \qquad (2.46)$$

式中 $(1-\beta)\dfrac{\partial Y^s}{\partial a_M^s}$ 是剩余份额效应。

这样，a_M^{s*} 和 b_M^* 两者都随 β 而递增，并在 $\beta=1$ 时达到最大值。

证毕。

评论：引理3说明，监督者监督的积极性和工作的积极性一样，正地取决于其占有的剩余份额，并且，一个仅拿固定工资的成员，不可能有监督的积极性，而完全的剩余索取者，有最大监督激励。这样的命题其实并无新意！确实，自阿尔钦及德姆塞茨（1972）的经典论文以来，经济学家对此早已熟悉。我们的模型区别于流行观点是：我们发现上述命题主要地取决于产生剩余份额效应的非监督的初始位势的假设（假设4）。为了明白这点，让我们考虑另外一种关于初始位势的定义。为了讨论的方便，我们将取 M 监督 P 的情况。

假设，当监督在技术上不可能时，均衡是 $a_M^s = a_M^+$ 和 $a_P^s = a_P^+$；而当监督在技术上可能时，M 发现监督 P 对他有利，$a_M^s = a_M^{s*}$ 和 $b_M = b_M^*$ 及 $a_P^b = a_P^b\left(b_M^*\right)$。如果 $a_M^s = a_M^{s*}$ 为既定，因为协作效应的缘故，P 将"选择" $a_P^s = a_P^{s*}\left(a_M^{s*}\right) > a_P^+$。这就是说，当监督在技术上是可能的时候，$P$ 的自我激励要比当监督在技术上是不可能时大（但 $a_P^{s*}\left(a_M^{s*}\right) < a_P^b\left(b_M^*\right)$，否则监督是无约束力的）。

根据假设4，P 的初始位势等于：

$$w_P^s + (1-\beta)\left(Y\left(a_M^{s*}, a_P^{s*}\right) - w_M^s - w_P^s\right) - C_P\left(a_P^{s*}\right) \qquad (2.47)$$

正是这一假设，保证了剩余份额效应，它是引理3的基础。

或者，人们也可能争议说，如果 M 真地选择 $b_M=0$，P 的位势不会更好，因此 P 的位势应该定义如下：

$$w_P^s + (1-\beta)\left(Y\left(a_M^+, a_P^+\right) - w_M^s - w_P^s\right) - C_P\left(a_P^+\right) \qquad (2.48)$$

既然 M 将把监督的收益与成本两者都完全内在化（这就是说，$Y\left(a_M^+, a_P^+\right)$ 是独立于 a_M^{s*} 的），那么这种定义就会使剩余份额效应不存在。

问题是为什么采用（2.47）而不采用（2.48）呢？理由是以（2.48）定义位势的契约，不能自我实施（除非监督权威的分配是事先规定好的）。在这样一种契约下，监督者获得全部盈余（surplus），而其他人则什么也得不到，因此，当一名监督者的激励，总会大于当一名被监督者的激励——当一个受监督者是最坏不过了！M 不进行监督的威胁是不可信的，P 的也不可信。这就是为什么我们要求假设4准确地反映 M 与 P 之间的谈判问题。有了假设4，监督是自我选择的，契约是自我实行的（self-enforcing）。

有趣的是，即使有了假设4，如果企业收益并不取决于监督者的工作努力，监督的激励是独立于剩余份额的。直观地讲，当监督者并不工作时，对于任何既定的 $\left(w_j^s, \lambda_j\right)$ 假设4所定义的被监督成员自我努力独立于监督者的监督努力。这样，监督者就能把监督努力的净盈余内在化。[1] 这意味着，职业监督者的监督激励对他的剩余份额，并不敏感，如果支付契约依从于受监督成员的被监督的努力。这种论点是与阿尔钦和德姆塞茨（1972）的断言相矛盾的，但是却和霍姆斯特姆（1982）及麦克阿弗和麦克米伦（McAfee，McMillan，1991）

1　此论点不能推广到下述情况：即监督人根本不拿取任何剩余份额。理由是在这种情况下，"监督者"没有能获取监督所产生盈余的任何渠道，除非契约具体规定了监督努力。但这种情况不会麻烦我们，因为工作成员已经得到充分的工作激励。

恰好一致（在思想上）。[1 和 2]

引理 3 具体说明了监督者的监督激励如何随着他的剩余份额而变化。剩下的问题是：谁将是监督者？现在我们寻找问题的答案。

引理 4：假设效用函数由（2.6）定义，收益函数由（2.7）定义，监督技术由（2.8）给定，且 $\mu > 0$，$\rho > 0$。那么，在均衡时，有 $\beta_\mu < \frac{\mu^2}{1+\mu^2}$ 和 $\beta_\rho > \frac{1}{1+\rho^2}$，以致（i）如果 $\mu\rho \leq 1$，则整个剩余份额区间 [0，1] 分为 $[0, \beta_\mu]$，(β_μ, β_ρ) 和 $[\beta_\rho, 1]$，其中 $[0, \beta_\mu]$ 是 P 的监督区间，(β_μ, β_ρ) 是无监督区间，$[\beta_\rho, 1]$ 是 M 的监督区间；（ii）如果 $\mu\rho \gg 1$，（$\gg$意味着"充分大于…"），整个剩余份额区间 [0，1] 分为 $[0, \beta_\rho]$，$[\beta_\rho, \beta_\mu]$ 和 $[\beta_\mu, 1]$，其中 $[0, \beta_\rho]$ 是 P 的监督区间，$[\beta_\rho, \beta_\mu]$ 是相互监督区间及 $[\beta_\mu, 1]$ 是 M 的监督区间。

证明：首先注意到，直接观察两个成员的目标函数告诉我们，在 $\beta=0$ 时，P 有积极性以监督 M，但 M 没有积极性监督 P；当 $\beta=1$ 时，相反的情况发生。

当 P 监督 M，但 M 并不监督 P，用 $a_M^b = \mu b_P$ 代入（2.42）和（2.43），我们得到：

1　在霍姆斯特姆及麦克阿弗和麦克米伦那里，委托人不是团队成员。在此假设下，霍姆斯特姆论证说，委托人的首要作用是打破预算平衡约束，以创造团体的工作激励；麦克阿弗和麦克米伦则论述，监督的作用是约束监督者自己守纪律，而不是约束一团队成员。霍姆斯特姆已经清楚地认识到："很重要的是，委托者并不提供任何（不可观察的）生产性投入，否则，搭便车问题就依然存在。"（pp.328）我们说，我们的论点只是在精神上同他们的相一致。因为他们并没有明确地把监督努力的选择模型化。

2　人们广泛地知道，激励问题取决于决策者能够内部化其决策的净盈余的程度。充分的内部化，并不必然要求充分的剩余索取权，但如果情况是这样的，那剩余份额是重要的。

$$a_P^{s*} : \left(a_P^s\right)^{1+\gamma} = (1-\alpha)\left[\alpha\mu^{1-\gamma}b_M^{1-\gamma} + (1-\alpha)\left(a_P^s\right)^{1-\gamma}\right]^{\frac{\gamma}{1-\gamma}}$$
$$- \beta(1-\alpha)\left[\alpha\left(a_M^s\right)^{1-\gamma} + (1-\alpha)\left(a_P^s\right)^{1-\gamma}\right]^{\frac{\gamma}{1-\gamma}} \quad (2.49)$$

$$b_P^* : b_P^{1+\gamma} = \frac{\alpha\mu^{1-\gamma}}{1+\mu^2}\left[\alpha\mu^{1-\gamma}b_M^{1-\gamma} + (1-\alpha)\left(a_P^s\right)^{1-\gamma}\right]^{\frac{\gamma}{1-\gamma}} \quad (2.50)$$

式中 a_M^s 由 M 的反应函数（2.13）所规定：

$$a_M^{s*} : \left(a_M^s\right)^{1+\gamma} = \beta\alpha\left[\alpha\left(a_M^s\right)^{1-\gamma} + (1-\alpha)\left(a_P^s\right)^{1-\gamma}\right]^{\frac{\gamma}{1-\gamma}} \quad (2.51)$$

比较（2.50）与（2.13）；可见，当 $\beta \geq \dfrac{\mu^2}{1+\mu^2}$ 时，M 的自我激励将不会少于受监督的激励，因此 $b_P^* = 0$。这意味着必然有 $\beta_\mu < \dfrac{\mu^2}{1+\mu^2}$，以致 $b_P^* > 0$，当且仅当 $\beta \leq \beta_\mu$。

同样地，当 M 监督 P，而 P 并不监督 M，下述一阶条件成立：

$$a_M^{s*} : \left(a_M^s\right)^{1+\gamma} = \alpha\left[\alpha\left(a_M^s\right)^{1-\gamma} + (1-\alpha)\rho^{1-\gamma}b_M^{1-\gamma}\right]^{\frac{\gamma}{1-\gamma}}$$
$$- (1-\beta)\alpha\left[\alpha\left(a_M^s\right)^{1-\gamma} + (1-\alpha)\left(a_P^s\right)^{1-\gamma}\right]^{\frac{\gamma}{1-\gamma}} \quad (2.52)$$

$$b_M^* : b_M^{1+\gamma} = \frac{(1-\alpha)\rho^{1-\gamma}}{1+\rho^2}\left[\alpha\left(a_M^s\right)^{1-\gamma} + (1-\alpha)\rho^{1-\gamma}b_M^{1-\gamma}\right]^{\frac{\gamma}{1-\gamma}} \quad (2.53)$$

式中 a_P^s 是由 P 的反应函数（2.12）所确定：

$$a_P^{s*} : \left(a_P^s\right)^{1+\gamma} = (1-\beta)(1-\alpha)\alpha\left[\alpha\left(a_M^s\right)^{1-\gamma} + (1-\alpha)\left(a_P^s\right)^{1-\gamma}\right]^{\frac{\gamma}{1-\gamma}} \quad (2.54)$$

比较（2.53）和（2.12）可见，当 $\beta \leq \dfrac{1}{1+\rho^2}, b_M^* = 0$。因此，必然有 $\beta_\rho > \dfrac{1}{1+\rho^2}$，以致 $b_M^* > 0$，当且仅当 $\beta \geq \beta_\rho$。

因为 $\mu\rho \leq 1$ 等价于 $\left(\dfrac{\mu^2}{1+\mu^2} + \dfrac{\rho^2}{1+\rho^2}\right) \leq 1$，这本身含意 $\beta_\mu < \beta_\rho$，所以，

当 $\beta \in [\beta_\mu, \beta_\rho]$ 时，将不会有监督。

为了证明（ii）部分，注意在 $\beta = \dfrac{\mu^2}{1+\mu^2}$ 时，$a_M^{s^*} > 0$，及监督努力 b_P（满足 $\mu b_P = a_M^{s^*}$）将会带来监督成本不连续的增加。这意味着，尽管在 $\beta = \dfrac{\mu^2}{1+\mu^2}$，$P$ 能迫使 M 工作到如 M 自己所希望的那样，但因为监督成本的关系，P 将不会那么做。因此，β_μ 必须足够地小于 $\dfrac{\mu^2}{1+\mu^2}$。同样的推理适用于 β_ρ：β_ρ 必须足够地大于 $\dfrac{1}{1+\rho^2}$。但是，如果 $\left(\dfrac{\mu^2}{1+\mu^2} + \dfrac{\rho^2}{1+\rho^2}\right)$ 充分大于 1，我们将会有 $\beta_\mu > \beta_\rho$，以致于对于 $\beta \in \left[\beta_\rho, \beta_\mu\right]$，$b_P^* > 0, b_M^* > 0$

证毕。

评论：我们称 β_μ 和 β_ρ 为"监督区间的转折点"（switching point of monitoring regimes），引理可解释如下。当 $\beta=0$，P 有工作的自我激励，同样有监督否则就会偷懒的 M 的激励。当 β 从零增加，P 的自我激励下降，而 M 的自我激励增加。但是 M 想做的事却仍然少于他不得不做的，直到 $\beta=\beta_\mu$。如果 $\mu\rho \leq 1$，一旦 $\beta > \beta_\mu$，P 失去监督 M 的兴趣，而 M 仍没有兴趣监督 P。他们走出 P 的监督区间，进入无监督区间，每个人只干自己喜欢干的工作。但是 P 工作日益减少，而 M 随着 β 的增加工作得越来越多。一旦 $\beta \geq \beta_\rho$，M 发现监督 P 使其工作更多对他是有利可图的。他们进入 M 的监督区间直到 $\beta=1$。另一方面，如果 $\mu\rho \gg 1$，当 β 从零增加时，P 的自我工作激励，比监督 M 的激励下降得更快，而 M 的自我工作激励，比监督 P 的激励上升得更慢。一旦 $\beta \geq \beta_\rho$，M 发现监督 P 对他有利，而 P 对监督 M 并未失去兴趣。他们进入相互监督区间，每个人不得不做得比他希望做的更多。当 $\beta > \beta_\mu$ 时，P 对监督 M 不再感到兴趣，而 M 的监督激励

企业的企业家—契约理论

变得愈来愈强。他们进入 M 的监督区间，直到 $\beta=1$。

区间分割取决于监督的技术参数 μ 和 ρ，这是最大最重要的结果。监督区间的范围，随着监督有效性而增加。而无监督区间则随着监督技术改进而缩小。例如，如果 μ 和 ρ 都小于 1，当剩余份额平均分配于两个成员时（即 $\beta=\frac{1}{2}$），则监督不会存在。这意味着，一个对称的契约分配，当监督并不十分有效时，是比较容易产生搭便车问题的。特别是，当 $\mu \to 0$，$\rho \to 0$ 时，$\beta_\mu \to 0$，$\beta_\rho \to 0$，我们回到监督在技术上是不可能时的情况。另一方面，如果 μ 和 ρ 两者都足够地大于 1，相互监督区间将会出现，在这种情况，无论是 M、还是 P 都没有（足够的）工作激励，却都有监督他人的激励，以致于在均衡条件下，每一个人都不得不比他自己希望的工作得更多。

为了确证上述观点，我们作如下对比：

当 $\beta=0$，解（2.49）和（2.50），我们得到：

$$a_P^{s*} = (1-\alpha)\left[(1-\alpha)+\alpha\left(\frac{\alpha\mu^2}{(1-\alpha)\mu^2}\right)^{\frac{1-\gamma}{1+\gamma}}\right]^{\frac{\gamma}{1+\gamma}} \quad (2.55)$$

$$b_P^* = (1-\alpha)\left(\frac{\alpha\mu^{1-\gamma}}{(1-\alpha)(1+\mu^2)}\right)^{\frac{1}{1+\gamma}}\left[(1-\alpha)+\alpha\left(\frac{\alpha\mu^2}{(1-\alpha)\mu^2}\right)^{\frac{1-\gamma}{1+\gamma}}\right]^{\frac{\gamma}{1+\gamma}} \quad (2.56)$$

当 $\beta=1$，解（2.52）及（2.53），我们得到：

$$a_M^{s*} = \alpha\left[\alpha+(1-\alpha)\left(\frac{(1-\alpha)\rho^2}{\alpha(1+\rho^2)}\right)^{\frac{1-\gamma}{1+\gamma}}\right]^{\frac{\gamma}{1-\gamma}} \quad (2.57)$$

$$b_M^* = \alpha \left(\frac{(1-\alpha)\rho^2}{\alpha(1+\rho^2)} \right)^{\frac{1}{1+\gamma}} \left[\alpha + (1-\alpha) \left(\frac{(1-\alpha)\rho^2}{\alpha(1+\rho^2)} \right)^{\frac{1-\gamma}{1+\gamma}} \right]^{\frac{\gamma}{1-\gamma}} \qquad (2.58)$$

对 $\beta \in (0, 1)$，如果不施行监督，解（2.51）与（2.54），我们得到：

$$a_P^{s*} = (1-\beta)(1-\alpha)$$

$$\left[(1-\alpha) + \alpha \left(\frac{\beta\alpha}{(1-\beta)(1-\alpha)} \right)^{\frac{1-\gamma}{1+\gamma}} \right]^{\frac{\gamma}{1-\gamma}} \qquad (2.59)$$

$$a_M^{s*} = \beta\alpha \left[\alpha + (1-\alpha) \left(\frac{(1-\beta)(1-\alpha)}{\beta\alpha} \right)^{\frac{1-\gamma}{1+\gamma}} \right]^{\frac{\gamma}{1-\gamma}} \qquad (2.60)$$

如果两个成员选择相互监督，解等式（2.50）与（2.53）（式由 a_P^s 由 ρb_M 代替，而 a_M^s 由 μb_p 代替），我们得到 [1]

$$b_P^* = \alpha \left(\frac{\mu^{1-\gamma}}{1+\mu^2} \right)^{\frac{1}{1+\gamma}} \left(\alpha \left(\frac{\mu^2}{1+\mu^2} \right)^{\frac{1-\gamma}{1+\gamma}} + (1-\alpha) \left(\frac{(1-\alpha)\rho^2}{\alpha(1+\rho^2)} \right)^{\frac{1-\gamma}{1+\gamma}} \right)^{\frac{\gamma}{1-\gamma}} \qquad (2.61)$$

---

1 相互监督的数学问题是，两个补偿规则不能同时起约束作用。处理这一问题的一个方法是假设这两个成员玩一场非合作监督博弈，就是说，每一成员选择他自己的监督努力，满足对另一个人的赔偿规则的约束。或者，我们可以假设，两个成员他在玩一场合作监督游戏，即，他们最大化联合产出减去总努力成本的净值。读者可以检查确认，这两种方法求得的解答是一样的。

$$b_M^* = (1-\alpha)\left(\frac{\rho^{1-\gamma}}{1+\rho^2}\right)^{\frac{1}{1+\gamma}}\left(\alpha\left(\frac{\alpha\mu^2}{(1-\alpha)(1+\mu^2)}\right)^{\frac{1-\gamma}{1+\gamma}}\right.$$

$$\left. + (1-\alpha)\left(\frac{\rho^2}{1+\rho^2}\right)^{\frac{1-\gamma}{1+\gamma}}\right)^{\frac{\gamma}{1-\gamma}}$$

（2.62）

注意，在相互监督区间中，b_P^* 和 b_M^* 两者是有条件地独立于 β 的。这一结果并不奇怪，因为相互监督使两个成员（受监督的）的工作努力可以合约化，同时在假设 4 所规定的补偿规则下，两个人的最大化行为将产生一集体的最大化解。事实上，因为监督能使所有工作努力合约化，相互监督区间总是可以达到的。

把（2.61）—（2.62）和（2.55）—（2.56），以及（2.57）—（2.58）分别作比较，可以发现，对于任何 $\mu < \infty$ 和 $\rho < \infty$，在相互监督区间（假若有这样一个区间），工作努力严格小于在 $\beta=0$ 和 $\beta=1$ 时的工作努力：

$$a_P^* = a_P^b\left(b_M^*\right)\Big|_{\beta\in[\beta_\rho,\beta_\mu]} < a_P^* = a_P^{s*}\Big|_{\beta=0}$$

$$a_M^* = a_M^b\left(b_M^*\right)\Big|_{\beta\in[\beta_\rho,\beta_\mu]} < a_M^* = a_M^{b*}\Big|_{\beta=0}$$

$$a_p^* = a_p^b\left(b_M^*\right)\Big|_{\beta\in[\beta_\rho,\beta_\mu]} < a_p^* = a_p^{b*}\Big|_{\beta=1}$$

$$a_M^* = a_M^b\left(b_M^*\right)\Big|_{\beta\in[\beta_\rho,\beta_\mu]} < a_M^* = a_M^{s*}\Big|_{\beta=1}$$

这说明，$\beta=0$ 和 $\beta=1$ 不可能在相互监督区间。

把（2.61）—（2.62）和（2.59）—（2.60）相比较，我们发现，如果 $\mu\rho \le 1$，则对于 $\beta\in\left[\frac{\mu^2}{1+\mu^2},\frac{1}{1+\rho^2}\right]$，自我激励总是大于受监督的

激励（如果施行监督的话）：

$$a_P^{s^*} \geq a_P^b = \rho b_M^* \text{ 和 } a_M^{s^*} \geq a_M^b = \mu b_P^*$$

式中如果 $\mu\rho=1$，则严格的不等式成立。这一点证明，如果 $\mu\rho \leq 1$，则相互监督不能发生。另一方面，如果 $\mu\rho>1$，则对于 $\beta \in \left[\dfrac{1}{1+\rho^2}, \dfrac{\mu^2}{1+\mu^2}\right]$ 来说受监督的激励（如果实施监督的话）将大于自我激励：

$$a_P^{s^*} < a_P^b = \rho b_M^* \text{ 和 } a_M^{s^*} < a_M^b = \mu b_P^*$$

这就是说，如果 $\left(\dfrac{\mu^2}{1+\mu^2} + \dfrac{\rho^2}{1+\rho^2}\right)$ 充分大于 1，相互监督将会发生。

一个值得注意的结果是当 $\mu \to \infty$ 和（或者）$\rho \to \infty$——就是说，当工作努力是完全可观察的（监督是完全的），不管 β 如何，均衡解收敛于第一最优解（the first best）。为了明白这点，注意，在第一最优均衡时 $\dfrac{\partial Y}{\partial a_P} = \dfrac{\partial C_P}{\partial a_P}$ 和 $\dfrac{\partial Y}{\partial a_M} = \dfrac{\partial C_M}{\partial a_M}$ 给出解为：

$$a_P^{FB} = (1-\alpha)\left[(1-\alpha) + \alpha\left(\frac{\alpha}{1-\alpha}\right)^{\frac{1-\gamma}{1+\gamma}}\right]^{\frac{\gamma}{1-\gamma}} \tag{2.63}$$

$$a_M^{FB} = \alpha\left[\alpha + (1-\alpha)\left(\frac{1-\alpha}{\alpha}\right)^{\frac{1-\gamma}{1+\gamma}}\right]^{\frac{\gamma}{1-\gamma}} \tag{2.64}$$

式中上标"FB"表明第一最优状态。

容易检查：（i）若 $\beta=0$，当 $\mu \to \infty$ 时，$a_P^{s^*} \to a_P^{FB}$ 和 $a_M^* = \mu b_P^* \to a_M^{FB}$；（ii）若 $\beta=1$，当 $\rho \to \infty$ 时，$a_M^{s^*} \to a_M^{FB}$ 和 $a_P^* = \rho b_M^* \to a_P^{FB}$；（iii）若 $\beta \in [\beta_p, \beta_u]$，当 $\rho \to \infty$ 和 $u \to \infty$，则 $a_P^* = \rho b_M^* \to a_P^{FB}$ 和 $a_M^* \to \mu b_P^* \to a_M^{FB}$。直观地讲，当 $\mu \to \infty$ 和 $\rho \to \infty$ 时，整个区间将逐步被监督区间所覆盖，而一个很小的正的监督努力，就能导致足够的工作努力。

引理 5：假设效用函数由（2.6）给定，收益函数由（2.7）给定，监督技术由（2.8）给定，且 $\rho > 0$，$\mu > 0$。那么，（i）$\beta = 0$ 帕累托优于所有 $\beta \leq \beta_\mu$；（ii）$\beta = 1$ 帕累托优于所有 $\beta \geq \beta_\rho$。

证明：引理 5 是引理 3 和引理 4 的推论。证毕。

推论 1：相互监督区间 $[\beta_\rho, \beta_\mu]$ 帕累托劣于单方监督区间 $[0, \beta_\rho)$ 和 $(\beta_\mu, 1]$。

评论：推论 1 所依据的理由是，相互监督区间涉及两种监督费用，而单方监督区间只涉及一种监督费用。从相互监督区间向单方监督区间的边际转移，对任何一个成员的工作努力产生的影响都微不足道，但是将急剧减少监督费用，因为一个成员的受监督激励将被自我激励所代替。这一强有力的结果告诉我们，剩余分享契约在风险中性情况下不可能是最优的，即使它能导致两个成员相互监督。[1]

用引理 5，选择最优委托权安排可归结为在下述三个契约之间作比较：$\beta = 0$，$\beta = 1$ 和 $\beta = \beta_\Pi$，如果 $\beta_\mu < \beta_\rho$（β_Π 在这里表示非监督区间总福利最大化的剩余份额）。我们分两步来说明。首先，我们找出 $\beta = 1$ 帕累托优于（或者劣于）$\beta = 0$ 的条件；然后，我们分析 $\beta = 1$（$\beta = 0$）帕累托优于（或者劣于）$\beta = \beta_\Pi$ 的条件。

定理 2：假设效用函数由（2.6）给定，收益函数由（2.7）给定，监督技术由（2.8）给定，且 $\rho > 0$ 和 $\mu > 0$。那么，$\beta = 1$ 帕累托优于 $\beta = 0$，当只当下列不等式成立：

1　当两个成员都是风险规避者时，则这论点可能不成立。见第 5 节。

$$\left(1 - \left(\frac{\rho^2}{1+\rho^2}\right)^{\frac{1-\gamma}{1+\gamma}}\right) \leq \left(\frac{\alpha}{1-\alpha}\right)^{\frac{2}{1+\gamma}}\left(1 - \left(\frac{\mu^2}{1+\mu^2}\right)^{\frac{1-\gamma}{1+\gamma}}\right) \quad (2.65)$$

证明：我们要证明 $\Pi(1) \geq \Pi(0)$，当只当不等式（2.65）成立。因为在 $\beta=0$ 和 $\beta=1$ 时，工作努力和监督努力两者的净盈余是完全内在化的，M 的监督产生了更大的产出，当且仅当 M 比 P 有更高的总体（overall）生产率。这意味着 $\Pi(1) \geq \Pi(0)$ 等价于 $Y(1) \geq Y(0)$。因此，我们可以用 $Y(1)$ 与 $Y(0)$ 的比较来证明我们要证明的东西。

将（2.55）和（2.56），以及（2.57）和（2.58）代入 Y，我们得到：

如果 $\beta=0$，

$$Y(0) = (1-\alpha)\left[(1-\alpha) + \alpha\left(\frac{\alpha\mu^2}{(1-\alpha)(1+\mu^2)}\right)^{\frac{1-\gamma}{1+\gamma}}\right]^{\frac{1+\gamma}{1-\gamma}} \quad (2.66)$$

如果 $\beta=1$，

$$Y(1) = \alpha\left[\alpha + (1-\alpha)\left(\frac{(1-\alpha)\rho^2}{\alpha(1+\rho^2)}\right)^{\frac{1-\gamma}{1+\gamma}}\right]^{\frac{1+\gamma}{1-\gamma}} \quad (2.67)$$

假设 $Y(1) \geq Y(0)$；即：

$$\alpha\left[\alpha + (1-\alpha)\left(\frac{(1-\alpha)\rho^2}{\alpha(1+\rho^2)}\right)^{\frac{1-\gamma}{1+\gamma}}\right]^{\frac{1+\gamma}{1-\gamma}} \geq (1-\alpha)\left[(1-\alpha) + \alpha\left(\frac{\alpha\mu^2}{(1-\alpha)(1+\mu^2)}\right)^{\frac{1-\gamma}{1+\gamma}}\right]^{\frac{1+\gamma}{1-\gamma}}$$

$$(2.68)$$

令 $\zeta = \frac{\alpha}{1-\alpha}$ 并重新安排（2.68）就得到：

$$\zeta \left[1 + \frac{1}{\zeta} \left(\frac{\rho^2}{\zeta(1+\rho^2)} \right)^{\frac{1-\gamma}{1+\gamma}} \right]^{\frac{1+\gamma}{1-\gamma}} \geq \left[\frac{1}{\zeta} + \left(\frac{\zeta\mu^2}{1+\mu^2} \right)^{\frac{1-\gamma}{1+\gamma}} \right]^{\frac{1+\gamma}{1-\gamma}}$$

或者:

$$\left[1 - \left(\frac{\rho^2}{1+\rho^2} \right)^{\frac{1-\gamma}{1+\gamma}} \right] \leq \zeta^{\frac{2}{1+\gamma}} \left[1 - \left(\frac{\mu^2}{1+\mu^2} \right)^{\frac{1-\gamma}{1+\gamma}} \right] \qquad (2.69)$$

这就是我们需要的。证毕。

评论:定理 2 的关键点是,$\beta=1$ 优于 $\beta=0$ 取决于生产上的相对重要性,监督技术以及工作的团队化程度三者之间的相互作用。在偏好相同的假设下,参数 α 及参数 μ 与 ρ 将经营成员及生产成员完全区别开来,$\alpha \geq (\leq) \frac{1}{2}$ 意味着 $M(P)$ 有生产上的优势,$\rho \geq (\leq) \mu$ 意味着 $M(P)$ 有监督上的优势。那么,我们可以考虑下述三种可能性。第一,M(或者 P)在生产上和监督上都有优势;第二,M 具有生产上的优势,而 P 则有监督方面的优势;第三,P 具有生产上的优势而 M 则具有监督方面的优势。在第一种情况下,我们说 M(或者是 P)具有绝对的优势;在后两种情况下,我们说 $M(P)$ 在生产上或监督方面有相对的优势,但并不是两方面都占有优势。那么,定理 2 可以被分解为下列三个推理。

推理 2:将委托权安排给具有绝对优势者总是比安排给具有绝对劣势的人为好。就是说,$\alpha \geq \frac{1}{2}$ 和 $\rho \geq \mu$ 意味着 $\beta=1$ 帕累托优于 $\beta=0$。

推理 2 是十分明显的,因为条件(2.65)在 $\alpha \geq \frac{1}{2}$ 和 $\rho \geq \mu$ 时总

是成立。两种特殊情况如下：如果 $\alpha = \dfrac{1}{2}$，则（2.65）成立，当且仅当 $\rho \geq \mu$。这意味着，如果两个成员在生产中的相对重要性是同等的，将委托权安排给 M 比安排给 P 更好，当且仅当 M 在监督技术上享有优势。第二，如果 $\rho = \mu$，（2.65）就简化为 $\alpha \geq \dfrac{1}{2}$。就是说，当监督对两个成员同等有效时，M 享有委托权较好，当且仅当他在生产上更为重要。

可是，M 在生产上和监督上的绝对优势，是 M 监督 P 帕累托优于 P 监督 M 的充分条件，但不是必需条件。相对的优势也能保证 M 作为委托者是最优的。对（2.65）的观察提示我们：

推理 3：对于任何 α 和 μ 来说，存在着一个 $\rho^*(\alpha, \mu)$，以致 $\beta = 1$ 帕累托优于 $\beta = 0$，当且仅当 $\rho \geq \rho^*$，式中如果 $\alpha \leq (\geq) \dfrac{1}{2}$，则 $\rho^* \geq (\leq) \mu$，且 $\dfrac{\partial \rho^*}{\partial \alpha} < 0$ 和 $\dfrac{\partial \rho^*}{\partial \mu} > 0$；对于任何给定的 P 和 μ，存在着一个 $\alpha^*(\rho - \mu)$ 以致 $\beta = 1$ 帕累托优于 $\beta = 0$，当且仅当 $\alpha \geq \alpha^*$，式中如果 $\rho \leq (\geq) \mu$，则 $\alpha^* \geq (\leq) \dfrac{1}{2}$，且 $\dfrac{\partial \alpha^*}{\partial (\rho - \mu)} < 0$。

就是说，最优安排可能要求一个较不重要的成员是委托人，如果他在监督方面享有足够大的相对优势，或者是不太有效的监督者成为委托人，如果他在生产上的相对优势足够大。

条件（2.65）也告诉我们，ρ^* 与 α^* 两者都取决于生产的团队化程度（γ），特别地我们有：

推理 4：如果两个成员在监督与生产方面有不同的优势，γ 的增加将有利于在监督上有优势的成员，但不利于在生产上有优势的成员。

换言之，团队化程度的增加在决定最优委托权安排方面将加强监督优势的作用，但是却减削生产优势的作用。当团队化程度高时，

企业的企业家—契约理论

如果较不重要成员在监督技术方面有优势，那么让较不重要的成员监督较重要的成员也许更可取（相对于团队化程度低时）。直观地讲，随着团队化程度的提高，产出对那些在生产中不怎么重要，但是在监督上有优势的成员的工作努力变得更为敏感，相反，对那些处于相反优势的成员的工作努力变得较不敏感。这意味着由第一个成员监督是较为可取的，因为它使两种成员工作激励的综合损失较少。为了说明这一点，我们把这两种特殊情况加以比较：$\gamma=0$，$\gamma=1$：

当 $\gamma=0$（没有团队化），条件（2.65）简化为：

$$\frac{1+\mu^2}{1+\rho^2} \leq \left(\frac{\alpha}{(1-\alpha)}\right)^2 \tag{2.70}$$

当 $\gamma=1$（纯粹的团队化），条件（2.65）简化为：

$$\left(\frac{\rho^2}{1+\rho^2}\right) \geq \left(\frac{\mu^2}{1+\mu^2}\right)^{\frac{\alpha}{1-\alpha}} \tag{2.71}$$

假设 P 监督 M 是技术上不可能的，而 M 监督 P 是技术上可能的，即 $\mu=0$ 和 $\rho>0$，且 $\alpha<\frac{1}{2}$；就是说，M 在监督上有优势，而 P 则在生产上有优势。那么，对于所有 $\alpha>0$ 和 $\rho>0$，当 $\gamma=1$ 时，$\beta=1$ 总是优于 $\beta=0$；但 $\gamma=0$ 时，情况就不一定如此。例如，在 $\gamma=0$ 时，如果 $\rho=0.2$，Π（1）$\geq \Pi$（0），当且仅当 $\alpha \geq 0.495$；如果 $\alpha=0.45$，Π（1）$\geq \Pi$（0），当且仅当 $\rho \geq 0.703$（若 $\gamma=0.5$，$\rho \geq 0.554$）；如果 $\alpha \leq 0.414$，要找到一个 $\rho<1$，以致 Π（1）$\geq \Pi$（0），是不可能的。理由是，$\mu=0$ 意味着当委托权安排给 P 时，监督不可能存在，从而 M 根本不可能有工作激励 $(a_M^*=b_P^*=0)$；但是，M 的零激励在 $\gamma=0$ 和 $\gamma=1$ 两种情况下有不同的后果：在 $\gamma=1$ 时，$a_M^*=0$ 使 P 的努力毫无

价值，因此 P 也失去工作的激励 $\left(a_P^* = 0\right)$；另一方面，在 $\gamma=0$ 时，P 的边际生产率将不会（完全地）被 $a_M^* = 0$ 所破坏，因此，P 仍然有一定的工作激励 $\left(a_P^* > 0\right)$。结果，尽管 $\rho>0$（给定 $\mu=0$）将保证：当 $\gamma=1$ 时 $\beta=1$ 帕累托优于 $\beta=0$，但当 $\gamma=0$ 时这保证可能不成立。[1]

我们现在转向分析 $\beta=0$ 和 $\beta=1$ 帕累托优于 β_Π 的条件。

定理 3：假设效用函数由（2.6）给定，收益函数由（2.7）给定，监督技术由（2.8）给定，且 $\rho>0$ 和 $\mu>0$。用 μ^{**} 和 ρ^{**} 表示监督有效程度的最低要求，使得 $\mu \geq \mu^{**}$ 意味着 $\Pi(0) \geq \Pi(\beta_\Pi)$ 和 $\rho \geq \rho^{**}$ 意味着 $\Pi(1) \geq \Pi(\beta_\Pi)$。那么，（i）$\alpha < \frac{1}{2}$ 意味着 $\mu^{**}<\rho^{**}$ 和 $\alpha > \frac{1}{2}$ 意味着 $\mu^{**}>\rho^{**}$；（ii）μ^{**} 随 α 而递增，ρ^{**} 随 α 而递减；（iii）对于 $\alpha < \frac{1}{2}$，μ^{**} 随 γ 而递增，ρ^{**} 随 γ 而递减；对于 $\alpha > \frac{1}{2}$，μ^{**} 随 γ 而递减；ρ^{**} 随 γ 而递增。

证明：因为 $\Pi(0)\big|_{\mu^{**}} = \Pi(1)\big|_{\rho^{**}}$，（i）能从推理 3 导出。为了证明（ii），注意 β_Π 是单调的 α 的递增函数，且 $\beta_\Pi(0)=0$ 和 $\beta_\Pi(1)=1$（定理 1）；当 $\alpha \to 0$ 时 $\mu^{**} \to 0$ 和 $\rho^{**} \to \infty$；当 $\alpha \to 1$ 时 $\mu^{**} \to \infty$ 及 $\rho^{**} \to 0$。（iii）能从推理 4 中导出。一个更为直观的但是稍欠准确的证明如下。

$\beta_\Pi \in [0, \beta_\mu]$ 和（或者）$\beta_\Pi \in [\beta_\rho, 1]$ 分别能保证 $\Pi(0) \geq \Pi(\beta_\Pi)$ 和 $\Pi(1) \geq \Pi(\beta_\Pi)$。显然，$\beta_\Pi \in [0, \beta_\mu]$ 和 $[\beta_\rho, 1]$ 的可能性是随着 μ 和 ρ 而递增的。但是，$\beta=0$（=1）优于 β_Π 并不要求 β_Π 归属 $[0, \beta_\mu]$ 或 $[0, \beta_\rho]$，而只是要求 β_Π 足充分接近于区间 $[0, \beta_\rho]$（$[\beta_\rho, 1]$）。在 $\alpha<(>)\frac{1}{2}$ 时，由于 $\beta_\Pi<(>)\frac{1}{2}$，为保证 β_Π 如接近 β_ρ 一样地接近 β_μ，只要求较低的 μ^{**}（ρ^{**}），因为当 $\alpha \to 0$（1）时，β_Π 收缩于 0

1　我们使用 $\gamma=0$ 只是为了对比。事实上，在 $\gamma=0$ 时企业不会存在。

（1），μ^{**} 应该收缩（扩大）而 ρ^{**} 应该扩大（收缩），因为对于 $\alpha < \dfrac{1}{2}$，β_Π 随着 γ 而增加，对于 $\alpha > \dfrac{1}{2}$，β_Π 随 γ 而减少，所以 μ^{**} 也同样（ρ^{**} 则相反）。

证毕。

评论：如果监督是足够有效的，以致于存在一个相互监督区间，β_Π 总是帕累托劣于 $\beta=0$ 或 $\beta=1$ 或二者。[1] 现在我们考虑对监督技术的限制：$\mu \le 1$ 和 $\rho \le 1$。这样的限制是很有兴趣的，一则因为它意味着从监督努力到工作努力的转移系数小于 1，二则因为它保证了无监督区间（$\beta_\mu < \beta_\rho$）的存在。在这种限制下，我们有下述推理：

推理 5：假设 $\mu \le 1$ 和 $\rho \le 1$，那么（i）存在一个 $\mu^{**} \le 1$，当且仅当 $\alpha \ll \dfrac{1}{2}$；（ii）存在一个 $\rho^{**} \le 1$，当且仅当 $\alpha \gg \dfrac{1}{2}$，式中 $\ll$（$\gg$）表示"充分小于（大于）……"。

评论：一个简单的计算表明，在 $\alpha = \dfrac{1}{2}$ 时，

$$\Pi\left(\beta_\Pi = \frac{1}{2}\right) = \frac{3}{16},$$

$$\Pi(\beta = 0) = \frac{1}{4}\left[\frac{1}{2} + \frac{1}{2}\left(\frac{\mu^2}{1+\mu^2}\right)^{\frac{1-\gamma}{1+\gamma}}\right]^{\frac{1+\gamma}{1-\gamma}},$$

及

$$\Pi(\beta = 1) = \frac{1}{4}\left(\frac{1}{2} + \frac{1}{2}\left(\frac{\rho^2}{1+\rho^2}\right)^{\frac{1-\gamma}{1+\gamma}}\right)^{\frac{1+\gamma}{1-\gamma}} 。$$

---

1 β_Π 有可能不属于相互监督区间。

容易检查，如果 $\gamma=0$，则 $\mu^{**}=\rho^{**}=1$；如果 $\gamma>0$，则 $\mu^{**}=\rho^{**}>1$。

从定理 3 和推理 5 得出的信息是，要使一个委托权单方占有的契约安排帕累托优于一个最优剩余分享契约，监督技术必须足够地有效；换句话说，监督在技术上的不可能性，并不是选择（最优的）剩余分享契约的唯一理论依据，因为技术上是可能的但经济上不怎么有效的监督技术也会使剩余分享契约更为可取。这样的论点似乎是常识性的，但是就我所知，在以前并未完全正式模型化。此外，当生产上的优势和监督上的优势被两个成员分别拥有，而不是被一个人同时所拥有时，一个剩余分享契约更可能最优。

2.4　讨论：古典资本主义企业、合伙制企业及阿尔钦—德姆塞茨企业

在上一节中我们抽象地分析了最优委托权安排如何取决于每个成员的相对重要性，监督技术的有效性以及协作程度之间的相互作用。我们的结论是：（ⅰ）当监督在技术上不可能或者不太有效时，剩余分享契约，或者说，委托权的共享，是较优的选择。这一命题随生产团队化程度的提高而加强；（ⅱ）当单一成员拥有生产和监督技术上的双重优势时，委托权的单方占有可能更优；（ⅲ）使委托权由某一方独占的契约帕累托优于剩余分享契约的最低监督有效性要求，随一个成员的相对重要性而递减，但是随协作程度可能递增或递减，取决于该成员是否具有生产上的优势。现在我们把这些结果应用于两种普遍观察到的企业形式中：古典资本主义企业和合伙制企业，及一种理

　　　　　　　　　　　　企业的企业家—契约理论

论上创造的企业形式——阿尔钦—德姆塞茨企业。

2.4.1 资本主义企业

本文的目的是说明资本主义企业的契约安排。为此目的，我们从古典的形式开始，在这里经营成员是委托人，他索取剩余收益并拥有监督权威，而生产成员是代理人，他领取固定工资，并受经营成员所监督。用传统的术语说，前者叫做"企业家"，后者叫做"工人"。下列两个假设为这种角色转化提供了合理性依据：

假设 A：经营决策主导不确定性（MDU）：分布函数 $\Phi(Y; a_M, a_P)$ 对经营决策行动 a_M 比对生产性行动 a_P 更为敏感。在前一节中发展的参数化模型中，这意味着 $\alpha > \frac{1}{2}$，即经营成员具有生产上的优势。

假设 B：非对称的监督技术（AMT）。与生产活动相比，对经营决策监督更为困难，较费成本。在参数化模型中，这意味着 $\mu < \rho$，即经营成员拥有监督上的优势。

这两个假设看来是非常符合现实的。第一，正如我们在 2.1 节中指出的，经营决策来自不确定性，而经营成员的主要功能是处理不确定性。相反地，尽管生产活动也是在不确定性下进行，所涉及的不确定程度要低得多。进一步，考虑到在我们的模型中，一个经营成员只与一个生产成员相匹配，而在现实中，一个经营成员与一群生产成员相匹配，假设 $\alpha > \frac{1}{2}$ 是非常合理的。第二，因为经营性成员决定做什么和如何去做，并且他的活动富有创造性和想象力，而生产成员则是贯彻经营成员的决定，在物质上将投入转换为产出，因而他的活动几乎是非常程式化的，假设经营成员监督生产成员比生产成员监督经营成员更为有效是合理的。毕竟，随便瞥一眼生产成员就可知道，他究竟是在工作还是在偷懒，而即使注目很久，你也很难知道一个经营成员究竟在想什么、干什么。

上述两个假设和团队生产一起，保证了把委托权安排给经营成员比给生产成员为优。为了保证 M 作为委托人帕累托优于"最优的"剩余分享契约（β_Π），进一步的要求是，M 对 P 的监督的有效性必须足够大：$\rho \geq \rho^{**}$。我们假设此条件在现实生活中是满足的。根据定理 3，我们知道，如果 $\alpha \gg \dfrac{1}{2}$，则 $\rho^{**} \leq 1$ 和 $\mu^{**} > 1$。在假设 A 和 B 的基础上，我们推测 $(\beta = 1) \succ (\beta = \beta_\Pi) \succ (\beta = 0)$。这就是说，一个"最优"的剩余分享契约帕累托劣于 M 单方拥有委托权，但帕累托优于 P 作为委托人。

注意，尽管到目前为止我们只是关注了风险中性者的偏好，不确定性在解释资本主义企业的契约安排上也起着关键性的作用。没有不确定性，就不需要经营成员，所有活动就会简化为生产性的；没有不确定性，就不会有理由假设经营成员是比生产成员更难于监督的。

树荫下的工人与月光下的工人

我们对资本主义企业的解释可以用这个例子来说明：假设"企业"由 A 和 B 二人组成，他们只在有月光时的夜里工作，生产工艺要求 A 在月光下工作，而 B 在树荫下工作。由于团队生产，产出不可能根据每个人的边际努力来分配。A 不能看到究竟 B 是努力工作还是在偷懒，而 B 能看出 A 干得如何努力。在这种情况下，A 甚至比 B 本人有更大的积极性让 B 变成剩余索取者。A 可能提出这样的建议：

　　　　　　　　　　　　企业的企业家—契约理论

"我（*A*）自愿接受你（*B*）监督我行动的权威，如果你愿意从我们共同的产出中支付给我 ×× 的固定收入。"一个契约就产生了：*B* 成为委托人，而 *A* 成为代理人。显然，即使 *B* 自愿当代理人，*A* 将拒绝这样的建议，因为他知道，监督 *B* 是不可能的。在企业的情况下，企业家就类似黑暗中的工人，而工人们则是在月光下工作。经营决策活动只能在"阴影"下进行，而生产活动则在月光下进行。很少人能知道，企业家究竟在于什么，而要知道工人们是如何努力工作并不是一件非常困难的事情。

2.4.2 合伙制企业

尽管我们主要关心的是资本主义企业，分析结果也可以用来解释非资本主义企业，合伙制是一个很好的例子，它的特征是剩余索取权在成员之间对称地分配。

我们的模型预言，合伙企业更有可能在具有下列特征的企业中出现：（i）其成员在生产中是同等地重要：$\alpha = \dfrac{1}{2}$；（ii）其成员是同等地难以监督：$\mu = \rho < \mu^{**} = \rho^{**}$；（iii）生产的团队化程度较高。用我们关于经营决策与生产活动的定义来说，合伙制可能是由两个经营决策成员（两个黑暗中的工人）所组成的企业的最优契约形式。

事实上，合伙企业在诸如法律、会计、咨询业及学术研究领域是很普遍的。这一观察与模型预测是非常一致的。在所有这些行业中，经营决策是所有成员的主要工作，而生产活动是微不足道的。产出主要取决于对所有成员智慧的有效利用，而不是他们花在办公室里的时间长短，这使监督非常困难。结果，合伙企业比单向的委托—代理契约提供的总激励要更高。[1]

2.4.3　阿尔钦—德姆塞茨企业

阿尔钦—德姆塞茨企业的特点是 $\alpha = \frac{1}{2}$ 和 $\mu = \rho \geq \mu^{**} = \rho^{**}$，即（i）企业的成员在生产中同等重要；（ii）监督是对称地有效。阿尔钦和德姆塞茨（1972）原文给的例子是，两个人共同举起货物装到卡车里。阿尔钦—德姆塞茨企业由两个生产成员（或者两个在月光下工作的工人）组成。对于这样一个企业来说，重要的是他们中有一个人要成为监督者，但是谁监督谁并不重要。

阿尔钦和德姆塞茨试图通过分析与团队生产相关的激励问题为资本主义企业提供理论依据。他们正确地指出，在存在团队生产的情况下，监督比剩余分享制为团队提供激励方面可能更为有效。可是，由于他们没有能区分企业不同成员功能上的差别，他们不能解答谁应成为监督者的问题。此外，在他们的模型中，监督者由于专业化于监督工作而把自己与团队隔离了，即监督者不再是团队成员，对企业的收益并无直接的影响。这种"外部"委托人的假设，已成为多数代理模型的标准出发点。但是，一旦到达这个阶段，监督本身的合理性就遭到怀疑。例如，霍姆斯特姆（1982）论证说，委托人的首要作用实质上不是监督，而是打破预算平衡的约束，以使团组激励（group

---

1　教授什么时候应该把他的研究助理作为论文的共同作者而不仅仅是在脚注中感谢他一下？观察结果是，当研究工作要求的主要是脑的助理时，研究助理就会作为合作者出现；另一方面，当研究工作要求的主要是手（搜集和计算数据）的助理时，研究助理就只能得到"诚挚的致谢"。

　　　　　　　　　　　　　　　　　　　企业的企业家—契约理论

incentives）很好地发生作用。麦克阿弗和麦克米伦（1991）论证说，监督的目的并不是阻止团队成员偷懒，委托人能够做到观察总产出像观察单个人的贡献时那样好。我的观点是，"外部"委托人的假设，不能是资本主义企业模型的出发点。相反，我们要在企业内部寻找识别委托人。

2.5　风险态度与委托权安排

为了将注意力集中于激励问题，至今为止我们假设无论是经营成员或是生产成员都是风险中性者。我们已证明，经营成员应该是委托人，因为他无论在生产上还是在监督上都有优势，在这一节中，我们去掉风险中性的假设，以讨论风险态度如何通过与成员的相对重要性和监督技术的有效性的相互作用影响最佳委托权安排。我们的目的是说明尽管风险规避可能对最优委托权安排有某种边际影响，风险中性并不是经营成员成为委托人的必须条件。特别是，即使经营成员更为厌恶风险，他在生产与监督上的优势可能占有如此大的支配地位，以致将委托权安排给他仍然是最优的。当收益的方差取决于行动时，尤其如此。总的来说，给定我们并没有很好的理由假设哪位成员更为害怕风险，我们前节的命题是能够成立的。

处理风险态度问题最简单的方法是使用"价值最大化原则"（the value maximization principle），此原则假设个人只关心一个确定等价（the certain equivalent），它等于随机收入流的期望收益减去其风险成本（再减去努力工作的成本，如果努力是有价值的话），这里，风险费用等于 0.5 乘上绝对风险规避系数再乘上收益的方差。根据价值最大化原则，一种安排是最优的（有效的），当且仅当所有有关各方的确定性等价总和得到最大化。为了使用这种方法，我们假设：（i）相对于个人的风险规避态度，方差不是太大；（ii）绝对风险规避系数不取决于期望收益；（iii）努力的费用等价于它的货币值。[1] 这些假设很强，且常常不符合现实，但它们大大地简化了分析。

用 $\bar{Y}$ 来表示期望收益，V 表示 Y 的方差，R_i 表示绝对风险规避系数，CE_i 表示确定性等价，$i=M$，P。那么，生产成员的风险成本 $=\frac{1}{2}R_P(1-\beta)^2 V$；经营成员的风险成本 $=\frac{1}{2}R_M\beta^2 V$；总风险成本 $=\frac{1}{2}\left(R_M\beta^2+R_P(1-\beta)^2\right)V$。相应地，其确定性等价收益是：

$$CE_P = \beta w_P + (1-\beta)(\bar{Y}-w_M) - \frac{1}{2}R_P(1-\beta)^2 V - C(a_P, b_P) \qquad (2.72)$$

$$CE_M = (1-\beta)w_M + \beta(\bar{Y}-w_P) - \frac{1}{2}R_M\beta^2 V - C(a_M, b_M) \qquad (2.73)$$

$$CE = \bar{Y} - \frac{1}{2}\left[R_M\beta^2 + R_P(1-\beta)^2\right]V - C(a_P, b_P) - C(a_M, b_M) \qquad (2.74)$$

一个契约是最优的，如果它使（2.74）最大化，给定每个成员最大化自己的确定性等价收益，受约束于监督技术和如下定义的支配着监督接受程度的补偿规则：

---

1 指数形式效用函数是价值最大化原则（或是确定性等价方法）可以满意地使用的一种效用函数。见霍姆斯特姆和米尔格罗姆（1991）；见米尔格罗姆和罗伯特（1992）第 7 章对这一方法的更详细的讨论。

$$w_P \geq \begin{cases} w_P^s & \text{如果 } b_M = 0 \\[2mm] w_P^s + \dfrac{1}{\beta}\left(C_P^b - C_P^s\right) - \dfrac{1-\beta}{\beta}\left(\bar{Y}^b - \bar{Y}^s\right) \\[2mm] \quad + \dfrac{1}{2}R_P\dfrac{(1-\beta)^2}{\beta}\left(V^b - V^s\right) & \text{如果 } b_M > 0 \end{cases} \quad (2.75)$$

$$w_M \geq \begin{cases} w_M^s & \text{如果 } b_P = 0 \\[2mm] w_M^s + \dfrac{1}{1-\beta}\left(C_M^b - C_M^s\right) - \dfrac{\beta}{1-\beta}\left(\bar{Y}^b - \bar{Y}^s\right) \\[2mm] \quad + \dfrac{1}{2}R_M\dfrac{\beta^2}{1-\beta}\left(V^b - V^s\right) & \text{如果 } b_P > 0 \end{cases} \quad (2.76)$$

这里，如前，上标 b 与 s 分别表示有监督实施和没有监督时的价值。

如前一节一样，我们将假设两个成员在努力的成本函数方面是相同的，但是，允许他们在风险规避程度上有区别。与上节分析相平行，如果 $R_i \leq R_j$，我们说 i 成员在风险忍受能力上具有优势（风险规避较少）。

在风险中性情况下，每一成员对企业收益贡献方面的相对重要性被等同于期望收益的努力弹性参数。在风险规避情况下，我们也需要考虑努力对方差的影响（如果有的话）。我们将假设，在期望收益影响方面相对重要性的排列，与对方差影响方面相对重要性的排列是相同的，除非方差是一个常数；就是说，收入方差对 i 的努力的弹性不小于对 j 的努力弹性，如果期望收益对 i 的努力的弹性比对 j 的大。这一点似乎是相当合理，那么，风险规避态度对最优委托权安排的含义不仅仅只取决于成员间对风险的相对容忍性，而且也取决于方差和努力的相对关系。我们分析以下几种情况。

情况 1：方差独立于行动

容易证明，当方差独立于行动时，即 $V^b=V^s=v^0$，补偿规则独立于方差和风险态度，并且努力的最优选择也是独立于方差和风险态度的。其结果是风险成本能够独立计算，其对契约的效果具有可加性。最优契约是简单地求最大值：

$$CE = \Pi\big|_{R_P=R_M=0} - \frac{1}{2}\left(R_M\beta^2 + R_P(1-\beta)^2\right)V^0 \tag{2.77}$$

我们已经证明，对于给定的（α，γ；μ，ρ）来说，$\Pi\big|_{R_P=R_M=0}$ 是如何随着 β 而变化的。很容易证明，风险成本是 β 的凸函数，在 $\beta = \dfrac{R_P}{R_P + R_M}$ 时达到最小。假定 $\alpha \geq \dfrac{1}{2}$，$\rho \geq \mu$。那么，风险态度对于委托权的最优安排的含意可以总结如下：

（1）如果经营成员是风险中性的（R_M=0），而生产成员是风险规避者（R_P>0），在 β=1 时风险成本达到最小值（等于零）。于是，委托权安排给经营成员总是最优的，因为经营成员在生产上，监督及风险容忍上都具有优势。

（2）如果生产成员是风险中性者（R_P=0），而经营成员是风险规避者（R_M>0），在 β=0 时风险成本达到最小值（等于零）。生产成员在忍受风险方面的优势能部分地抵消了经营成员在生产率和监督上优势。可是，安排委托权给经营成员比安排给生产成员可能仍然更优，如果前者在生产和监督上的优势是如此之大，以致总的确定性等价收益在 β=1 时大于 β=0。

（3）如果经营成员和生产成员在风险规避程度上是一样的，即 $R_P = R_M > 0$，则 $\beta = \dfrac{1}{2}$ 时风险成本达到最小值。这抵消了经营成员在生产和监督上的某些优势，以及生产性成员的劣势。但是，委托权安排给生产成员不可能是最优的。

（4）在（2）和（3）两种情况下，一般来说，在 $R_M > 0$ 的条件下，如果经营成员的风险规避程度足够大，则互相监督的合伙制可能优于两个成员中的任何一方单独成为委托人。注意，尽管我们前面证明，在风险中性情况互相监督不可能是最好的，现在，我们要争辩的是，风险规避可能证明互相监督是正确的。[1]

情况 2：方差受行动的影响

在这种情况下，工作努力的增加，不仅增加期望收益（$\bar{Y}$），而且降低方差 V。[2] 剩余份额，不但通过其对给定方差下风险费用的直接影响，而且也通过其对方差本身的影响而影响总风险成本。因此，对任何给定的剩余份额，每个成员的最优工作努力（及监督努力），还取决于他们的风险规避程度，因此，剩余份额的激励效应和风险成本效应，并不具有像情况 1 下那样的可加性。

当方差决定于行动时，分析由式（2.74）所定义的总确定性等价收益和剩余份额之间的总体相互关系，是不容易的。幸运的是，单独地集中注意力于风险成本，能产生某些洞察力。

1　这反映了我们的模型与标准的委托—代理模型之间思维方式上的差距。在标准的委托—代理模型中，"代理人"分享剩余，因为委托人不能监督他的行动，而在我们的模型中，"代理人"分享剩余，因为"委托人"过于风险规避。

2　另一种可能性是工作努力的增加使均值和方差同时增加，但满足一阶随机控制条件。

求全部风险成本（TRC）对于剩余份额 β 的微分，我们得到：

$$\frac{\partial TRC}{\partial \beta} = \frac{1}{2}\Big[2\beta R_M - 2(1-\beta)R_P \Big]V$$
$$+ \frac{1}{2}\Big[\beta^2 R_M + (1-\beta)^2 R_P \Big]\frac{dV}{d\beta} \qquad (2.78)$$

式（2.78）的第一项是 β 的边际变化对总风险成本的直接效应，第二项是间接效应，当 $\frac{dV}{d\beta}=0$ 时这间接效应就会消失。很明显，只要 $\frac{dV}{d\beta} \neq 0$，（除非 $R_P=0$ or $R_M=0$），$\beta = \frac{R_P}{R_P + R_M}$ 就不可能是使总风险费用的最小化的剩余份额。$\frac{dV}{d\beta} \neq 0$ 等同于 $\frac{\partial V}{\partial a_i} \neq 0$，$i=M$，$P$，因为：

$$\frac{dV}{d\beta} = \frac{\partial V}{\partial a_M}\frac{\partial a_M}{\partial \beta} + \frac{\partial V}{\partial a_p}\frac{\partial a_P}{\partial \beta} \qquad (2.79)$$

用 β_{TRC} 来表示使 TRC 最小化的剩余份额，那么，在 $\beta = \frac{R_P}{R_P + R_M}$ 时，如果 $\frac{dV}{d\beta} > 0$，则 $\beta_{TRC} < \frac{R_P}{R_P + R_M}$；如果 $\frac{dV}{d\beta} < 0$，则 $\beta_{TRC} > \frac{R_P}{R_P + R_M}$。特别是，假设 $R_P = R_M > 0$ 且 $\beta = \frac{R_P}{R_P + R_M} = \frac{1}{2}$ 属于无监督区间，我们关于各成员在生产中相对重要性的假设，意味着（2.79）的（负）第一项支配着（正）第二项，以致 $\frac{dV}{d\beta} < 0$，所以 $\beta_{TRC} > \frac{1}{2}$。更为一般地说，如果 $\beta = \frac{R_P}{R_P + R_M}$ 属于 M 的监督区间，$\frac{dV}{d\beta} < 0$，因此 $\beta_{TRC} > \frac{R_P}{R_P + R_M}$；如果 $\beta = \frac{R_P}{R_P + R_M}$ 属于 P 的监督区间，则 $\frac{dV}{d\beta} > 0$，因此 $\beta_{TRC} < \frac{R_P}{R_P + R_M}$。

激励问题和风险问题相结合，意味着与方差独立于行动的第一种情况相比，在第二种情况下，经营成员在生产和监督上的优势，更有可能在决定最优剩余份额上起支配作用。如果均值和方差对经营成员的行动的敏感度足够大，而经营成员监督是足够地有效的，将委托权安排给经营成员可能是严格最优的，即使经营成员是风险厌恶者，而生产成员是风险中性者。[1] 这一论点用下述例子来说明。

例：经营成员在生产和监督上有优势，而生产成员有风险容忍的优势，最优委托权应如何安排？

假设（平均）收益函数由科布—道格拉斯形式（2.7）给定，监督技术由（2.8）给定，努力成本函数由 $0.5a_i^2 + 0.5b_i^2$ 给定。假设生产成员是风险中性者（$R_P=0$），而经营成员是风险规避者（$R_M>0$）。

（1）方差独立于行动：$V \equiv v^0$

（1.a）委托权安排给生产成员：$\beta=0$。

生产成员的问题是：

$$\underset{a_P,b_P}{Max} \left(\mu b_P\right)^\alpha a_P^{1-\alpha} - 0.5a_P^2 - 0.5\left(1+\mu^2\right)b_P^2 \tag{2.80}$$

最优工作努力和监督努力分别是：

$$a_P^* = \alpha \frac{\alpha}{2} \left(1-\alpha\right)^{\frac{2-\alpha}{2}} \left(\frac{\mu^2}{1+\mu^2}\right)^{\frac{\alpha}{2}} \tag{2.81}$$

$$b_P^* = \alpha^{\frac{1+\alpha}{2}} \left(1-\alpha\right)^{\frac{1+\alpha}{2}} \frac{\mu^\alpha}{\left(1+\mu^2\right)^{\frac{1+\alpha}{2}}} \tag{2.82}$$

企业的平均收益是：

$$\overline{Y} = \alpha^\alpha \left(1-\alpha\right)^{1-\alpha} \left(\frac{\mu^2}{1+\mu^2}\right)^\alpha \tag{2.83}$$

总确定性等价收益是：

1　像在情况 1 中那样，如果经营成员的风险规避程度足够大，相互监督可能是有效的。

$$CE = \overline{Y} - \frac{1}{2}\left(\beta^2 R_M V + (1-\beta)^2 R_P V\right) - C_P(a_P, b_P) - C_M(a_M, b_M)$$

$$= \overline{Y} - C_P(a_P, b_P) - C_M(a_M, b_M)$$

$$= 0.5\alpha^2 (1-\alpha)^{1-\alpha} \left(\frac{\mu^2}{1+\mu^2}\right)^{\alpha} \tag{2.84}$$

（1.b）委托权安排给经营成员：$\beta=1$。

经营成员的问题是：

求最大值：$a_M^{\alpha}(\rho b_M)^{1-\alpha} - 0.5a_M^2 - 0.5(1+\rho^2)b_M^2$

(a_M, b_M) $\qquad\qquad\qquad\qquad\qquad\qquad\qquad\qquad$ （2.85）

最优工作努力和监督努力分别是：

$$a_M^* = \alpha^{\frac{1+\alpha}{2}}(1-\alpha)^{\frac{1-\alpha}{2}}\left(\frac{\rho^2}{1+\rho^2}\right)^{\frac{1-\alpha}{2}} \tag{2.86}$$

$$b_M^* = \alpha^{\frac{\alpha}{2}}(1-\alpha)^{\frac{2-\alpha}{2}}\frac{\rho^{1-\alpha}}{\left(1+\rho^2\right)^{\frac{2-\alpha}{2}}} \tag{2.87}$$

企业的平均收益是：

$$a^{\alpha}(1-\alpha)^{1-\alpha}\left(\frac{\rho^2}{1+\rho^2}\right)^{1-\alpha} \tag{2.88}$$

总确定性等价收益为：

$$CE = \overline{Y} - \frac{1}{2}\left(\beta^2 R_M V\right) + (1-\beta)^2 R_P V - C_P(a_P, b_P) - C_M(a_M, b_M)$$

$$= \overline{Y} - \frac{1}{2}R_M V - C_P(a_P, b_P) - C_M(a_M, b_M) \tag{2.89}$$

$$= 0.5\alpha^2 (1-\alpha)^{1-\alpha}\left(\frac{\rho^2}{1+\rho^2}\right)^{1-\alpha} - \frac{1}{2}R_M V$$

比较（2.89）和（2.84），我们就看出 $\beta=1$ 优于 $\beta=0$ 当且仅当下列条件成立

$$\alpha^\alpha (1-\alpha)^{1-\alpha}\left(\left(\frac{\rho^2}{1+\rho^2}\right)^{1-\alpha}-\left(\frac{\mu^2}{1+\mu^2}\right)^\alpha\right)\geq R_M V \qquad (2.90)$$

让 $\alpha=0.8$，$\mu=0.4$，$\rho=0.8$， 和 $V=3$。 那么 $\beta=1$ 优于 $\beta=0$ 只要 $R_M\leq 0.126$。

（2）方差独立于生产行动，但是取决于经营行动：$V=V^0-a_M^{\frac{2\alpha}{1+\alpha}}$。[1]

（2.a）委托权安排给生产成员：$\beta=0$。

这正好同（1.a）中的情况相同，因为全部风险成本等于零，生产成员不需要考虑在选择监督努力时的方差效果。

（2.b）委托权安排给经营成员：$\beta=1$。

经营成员的问题是：

$$\begin{array}{c}
\text{求最大值} \\
(a_M,b_M)
\end{array}\ a_M^\alpha (\rho b_M)^{1-\alpha}-\frac{1}{2}R_M\left(V^0-a_M^{\frac{2\alpha}{1+\alpha}}\right)-0.5a_M^2 \qquad (2.91)$$
$$-0.5\left(1+\rho^2\right)b_M^2$$

最优工作努力和监督努力分别是：

$$a_M^*=\left[\alpha\left(1-\alpha\right)^{\frac{1-\alpha}{1+\alpha}}\left(\frac{\rho^2}{1+\rho^2}\right)^{\frac{1-\alpha}{1+\alpha}}+\frac{\alpha}{1+\alpha}R_M\right]^{\frac{1+\alpha}{2}} \qquad (2.92)$$

---

1 我们选择这一特殊形式，是为了简化计算。V^0 将这样选择使得在可能的努力水平内，V 不变成负数。注意，V 是 a_M 的凸函数。

$$b_M^* = (1-\alpha)^{\frac{1}{1+\alpha}}\left(\frac{\rho^{1-\alpha}}{1+\rho^2}\right)^{\frac{1}{1+\alpha}}\left[\alpha(1-\alpha)^{\frac{1-\alpha}{1+\alpha}}\left(\frac{\rho^2}{1+\rho^2}\right)^{\frac{1-\alpha}{1+\alpha}}+\frac{\alpha}{1+\alpha}R_M\right]^{\frac{\alpha}{2}} \quad (2.93)$$

我们看到，最优努力随着风险规避程度的变大而递增。

企业的期望收益为：

$$\bar{Y} = (1-\alpha)^{\frac{1-\alpha}{1+\alpha}}\left(\frac{\rho^2}{1+\rho^2}\right)^{\frac{1-\alpha}{1+\alpha}}\left[\alpha(1-\alpha)^{\frac{1-\alpha}{1+\alpha}}\left(\frac{\rho^2}{1+\rho^2}\right)^{\frac{1-\alpha}{1+\alpha}}+\frac{\alpha}{1+\alpha}R_M\right]^{\alpha} \quad (2.94)$$

总确定性等价收益是：

$$
\begin{aligned}
CE &= \bar{Y} - \frac{1}{2}\beta^2 R_M V + (1-\beta)^2 R_P V - C_P(a_P,b_P) - C_M(a_M,b_M)\\
&= \bar{Y} - \frac{1}{2}R_M\left(V^0 - a_M^{\frac{\alpha}{1+\alpha}}\right) - C_P(a_P,b_P) - C_M(a_M,b_M)\\
&= 0.5\left[\alpha(1-\alpha)^{\frac{1-\alpha}{1+\alpha}}\left(\frac{\rho^2}{1+\rho^2}\right)^{\frac{1-\alpha}{1+\alpha}}+\frac{\alpha}{1+\alpha}R_M\right]^{a}\\
&\quad \times\left[(1-\alpha)^{\frac{1-\alpha}{1+\alpha}}\left(\frac{\rho^2}{1+\rho^2}\right)^{\frac{1-\alpha}{1+\alpha}}+\frac{\alpha}{1+\alpha}R_M+R_M\right]-\frac{1}{2}R_M V^0
\end{aligned}
$$
$$\quad (2.95)$$

$\beta=1$ 优于 $\beta=0$，当且仅当（2.95）大于（2.84）。例如，如果 $\alpha=0.8$，$\mu=0.4$，$\rho=0.8$，和 $V^0=3$，只要 $R_M \leq 0.233$（≤ 0.126，对于 $V \equiv V^0=3$），$\beta=1$ 就优于 $\beta=0$。图 2-3 表明了（1.a）（1.b）与（2.b）之间的比较。

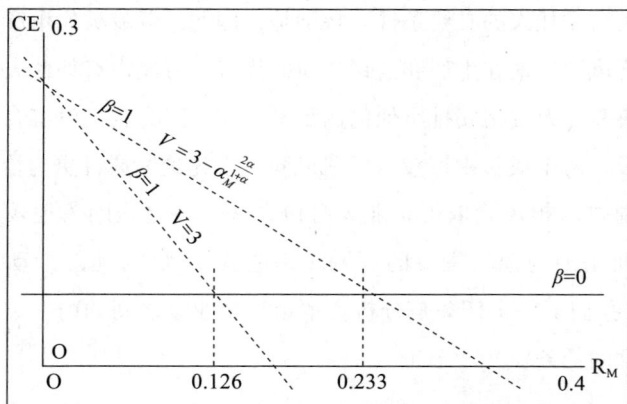

图 2-3　最优委托权安排：经营成员有生产和监督上的
优势，生产成员风险忍受上的优势

2.6　结论

本章中，我们讨论了一个由经营成员与生产成员组成的企业内部的最优委托权安排。我们论证，个人经营决策能力上的差别，是企业的起源，并将相对重要性与监督的有效性识别为决定经营成员与生产成员间最佳委托权安排的两个关键因素。分析表明，把委托权安排给经营成员是最优的，不仅因为经营决策活动主导着企业收益的不确定性，也因为经营成员的行为是较难监督的。这为企业中企业家与工人间不对称契约关系提供了理论解释，在这种契约中，前者拥有着对后者的权威，而后者则同意在某种限度内服从这一权威。我们也分析了风险规避问题。但是，我们基本的论点是，尽管风险态度可能对最优委托权安排有某些边际上的影响，但在承担风险上的优势并不是经营成员成为委托人的必要条件。特别是,即使经营成员比生产性成员更为厌恶风险。他在生产和监督方面的优势,可能占有如此大的支配地位,将委托人资格安排给他仍然是最优的。因为我们没有合理的理由去假设,两个成员中谁较为厌恶风险,下述论断或许更为恰当:经营成员通过承担风险取得企业家身份,并不一定是因为他较不厌恶风险,而是因为他是主要的"风险制造者",因为他的行动最难于监督。[1] 我们下一个任务是分析资本家与企业家之间的内在关系。这是第三章的任务。

1　应该指出,虽然我们的正式命题是从某些有关生产函数、偏好以及监督技术的特殊技术假设中导出来的,但基本的证点在更为一般的假设中也应该成立,因为重要的是个人行为的外部费用的内在化程度,而不是具体的参数。

　　　　　　　　　　　　　　　　　企业的企业家—契约理论

3

经营能力，个人财富与资本雇佣劳动

3.1 引言

第二章的目的在于说明委托人资格（principalship）在经营者（marketing member）和生产者（production member）之间的最佳安排（optimal assignment）。分析表明，把委托人资格（即委托权）分配给经营者是最佳的，因为经营活动主宰着（dominate）不确定性，而且经营者的行为更难以监督。这一分析为存在于企业内部企业家（或管理层）与工人之间的非对称关系提供了一个理论解释，这种非对称关系指的是，企业家（或管理层）拥有对工人的权威，工人则同意在一定界限内服从这一权威。不过，我们的分析不能到此为止。无论从历史还是现实来看，企业家资格（entrepreneurship）从来都是和资本家相联系的：当且仅当一个有较高经营能力的个人同时也是资本家时，他才能成为一个企业家。比如，一个具有较高经营能力但缺乏个人财富的人可以作为一个企业的管理者从事经营活动，但一般来说，只有当他是资本家的代理人时他才能这样做，资本家是他的委托人。换句话说，我们所发现的不是一种劳动雇佣另一种劳动，而是资本雇佣劳动。为完成我们的理论，我们需要说明，为什么要成为企业家的人的选择受到他的个人财富的约束？为什么选择管理层的权力被分配给了资本家？这种"资本雇佣劳动"的体制从社会观点来看是最佳的吗？本章将致力于回答这些问题。

　　我们的基本观点是，做企业家的优先权或选择管理层的权威之所以由资本家拥有，是因为就显示经营能力而言，富人做企业家的选择比穷人做企业家选择具有更大信息量。贯穿本章的一个假定是，观察一个人的经营能力较之于观察他的个人财富，要困难得多，其成本也要高得多。为集中研究经营者和生产者之间在职能上的非对称性，我们在第二章中假定每一个人的经营能力都为其他所有人所了解，也为他自己所了解，所以，经营职能是由那些最称职的人来行使的。在现实中，经营能力至多只是部分可观察的。尽管有一些信息可供利用，如受教育情况，工作经历，但对一个人的经营能力是无法精确地加以判断的，除非他已从事经营活动若干年。除非有令人信服的证据，一个人对自己的能力的标榜没有什么用处。相对而言，个人财富很容易观察和展示。穷人冒充富人不是一件容易的事；富人要通过隐匿财富来规避责任（例如偿还债务）也会非常困难，成本非常高（如果不是不可能的话）。基于个人财富比经营能力更易于观察这一假定，我们表明，企业家市场上的自由进入将使资本家成为竞争企业家资格的胜者；从社会观点来看，资本雇佣劳动是合意的，因为只有这样一种机制可以保证经营工作由称职的人选来承担。相反，如果劳动雇佣资本，企业家市场将会充斥着"伪劣商品"（lemons）；就是说，会有太多的不称职的人声称他们可以做经营者。

非负消费（non-negative consumption）假定对上述结果具有关键意义。直观的道理是：由于非负消费约束，做一个企业家的机会成本对富人要比对穷人高，所以，对于给定的经营能力，穷人比富人有更强的做企业家的动因。但是，别的人不愿贸然跟随一个贫穷的意愿（would-be）企业家（即自己想成为企业家的人），因为在经营能力属于私人信息的条件下，市场把他的较少的个人财富当做较低（预期）经营能力的信号。其结果，富有的意愿企业家被市场选中，贫穷的意愿企业家则被市场所拒绝。

应当指出的是，在本书中，个人财富采取价值形式，而不一定是实物形式。[1]由于这一点，我们不接受阿尔钦和德姆塞茨（1972）的解释，即，监控与资本的所有权相伴随是因为由不具有所有者身份的监控者来对资本的使用进行监控，其成本太高。我们将区分实物资本的所有者和金融资本的所有者。如果我向你借了100元买了一台机器，这台机器的所有者是我而不是你。就操作这台机器而言，你不必监控我。如果借款合同允许你就我使用这台机器的活动（例如我用这台机器生产什么）发表意见，则一定有什么别的理由，而不是你担心我会不爱护这台机器。进一步说，直观的道理告诉我们，在任何借款交易中，贷出者干预借入者事务的动机以及借入者接受这种干预的

---

1 若采取实物形式，本文的论辩将得到加强而不是削弱。

愿意程度依赖于借入者的个人财富。如果一个富人向我借钱，我更可能毫不犹豫地满足他的要求；但如果向我借钱的是一个穷人，我更可能首先问他拿钱去干什么，然后再决定是否借给他。更一般地说，既然资本本身没有激励问题，我们就需要说明，为什么资本家在做企业家和选择管理层方面有优先权，而不仅仅做一个出租者（rentiers）？

　　本章的结构如下：第 2 节建立基本的模型；第 3 节研究一个人的个人财富与他选择做企业家的临界能力之间的关系；第 4 节讨论市场怎样由个人财富推断出一个意愿企业家的能力，从而使富人成为竞争企业家资格的胜者；第 5 节讨论作为一种分离高能力和低能力的机制的财富依存（Wealth-dependent）的利率和工资，同时我们也说明为什么当破产涉及证实成本（verification costs）时这一机制可能不起作用；第 6 节说明为什么资本雇佣劳动从社会观点来看是合意的；第 7 节是本章的结束语。

3.2　模型

　　要研究的经济由众多个人组成，其经营能力 $\theta \in [0, 1]$ 和个人财富 $W_0 \geq 0$ 各不相同。我们假定 W_0 为该经济中所有的个人所知，而 θ 则只为各个人自己所知。[1] 假定每一个人都属风险中性，追求期望效用最大化，效用函数为 $U = W_1$，其中，W_1 是他的最终财富。所有的个人可以在两种职业间选择：企业家或工人。企业家经营企业并获

1　我们将假定 θ 抽取自一个共同的分布，该分布为经济中所有个人所知。

　　　　　　　　　　　　　　　　　　　企业的企业家—契约理论

得剩余收益，工人获得合同规定的市场工资，作为他向企业提供服务的回报。做资本家不是一个谁都可以选择的职业，因为这依赖于个人财富禀赋。[1]我们区分积极的（active）和消极的（passive）资本家。如果一个资本家选择做企业家，则是积极的资本家，若他选择做工人，则是消极的资本家。积极的资本家拥有的资本获得一个剩余（residual）收益，而消极的资本家拥有的资本则获得一个合同规定的市场利率。我们将假定，一个拥有 W_0 的个人可以以货币形式持有财富，确保自己获得一个无风险的收益 W_0。[2]

虽然我们的结论是企业家将从资本家中选出，但我们要从两个假定开始我们的分析，这两个假定对做企业家没有附加任何资本方面的约束。

假设 1：自由择业：不存在任何阻碍一个个人成为企业家的制度性限制。换句话说，一个人总是可以自由地设立一家企业。

假设 2：完美（perfect）资本市场：资本市场在下述意义上是完美的，即，一个个人若选择做企业家，可以按给定的市场利率为他的商业投资借入他所要求的任何数额的资本（即不存在信贷分配），或者，若他选择做工人（从而是一个被动的资本家），他可以按市场利率贷出他所拥有的资本中的任何数额。

假设 1 实际上已暗含着关于经营能力是私人信息，不能直接为

1　我们不甚严格地使用"资本家"一词，因为我们假定个人财富从零到一个很大数额之间是连续分布的。读者可以很容易地理解"资本家"一词在不同上下文中的不同含义。
2　用一个无风险的利率来取代这个假定也是可以的。

外人所观察的假定；否则的话，就可以设置某种专业资格证书，以保证只有那些经营能力高于一定水平的人才被允许做企业家。[1]假设2是为了方便分析。[2]在新古典经济学中，完美资本市场是一个广泛使用的假定，但这一假定与资本主义企业是不相容的，因为它（和自由择业假定一起）等价于一个劳动雇佣资本的体制。我们的分析策略是首先说明一个人在完美资本市场条件下如何在做企业家和做工人之间做出选择，然后再说明市场本身将会拒斥完美资本市场假定。分析将表明，资本雇佣劳动是市场力量的结果，而不是某种外生力量的结果。

下一个假设对我们的结果是关键性的。

假设3：非负消费的无限责任假定（*Unlimited liability with non-negative consumption*）：一个企业家有责任偿付他对贷出者的全部债务和合同规定的给企业工人的工资，直至其个人财富成零时为止（在单一时期模型中，必须假定他不能靠进一步借债来还债）。

偿债责任可以强制履行的程度依赖于个人财富的可观察性。对无限责任假定加上一个非负消费的约束看来是很自然的。事实上，大多数现代法律体系都允许采取破产形式的某种防止进入低收入状态的保险存在。[3]

---

1 在现实中，诸如律师、教师、医生等职业有专业资格证书，但没有企业家的专业资格证书。我们猜测，其中的原因在于企业家能力远比其他能力要难以观察。

2 注意，尽管我们使用"完美资本市场"的术语，但消费借贷是被排除在外的。

3 可以用最低生活必需取代非负消费，而不影响分析。此外，若以权益份额取代总财富，这里的分析也可以扩展至有限责任（可能有人愿意将非负消费的无限责任本身称为"有限责任"）。

　　　　　　　　　　　　　　　企业的企业家—契约理论

非负消费的无限责任假定有以下几方面的意义。第一，在由企业家的经营职能而来的剩余收益和由他的作为资本投资的个人财富而来的剩余收益之间进行区分是没有必要的，所以，我们将用"利润"这一概念来概括二者。[1] 第二，尽管企业家被称为"剩余索取者"，但在破产的情况下如果他的个人财富不足以抵偿合同规定的全部偿付金额，则他并不一定会对他的经营成本负全部责任。换句话说，他承诺的支付和他实际履行的支付可能有差别。正是这种差别引起了在企业家选择方面的道德风险问题和逆向选择问题。[2] 第三，与第二点相联系，由于企业家有一定概率不能履行支付义务，合同规定的支付并非没有风险。所以，从工人和消极资本家的角度看，与哪个企业家合作是很要紧的。这就是市场上的企业家选择机制背后的力量。给定市场工资和市场利率，一个消极资本家／工人（*capitalist worker*）的期望收益和他与之合作的企业家不履行支付义务的概率呈相反方向变化。直观道理启示人们，其他条件相同时，对一个消极资本家／工人来说，他与之合作的企业家越富有，他的合同规定的支付就越安全。所以他应该选择富人而不是穷人去合作。但我们的结论比这还要有力。因为其他条件并不相同，财富本身并不是使不能偿债的概率处在低水平的充分条件。尤其是，既然经营决策活动主宰着企业收益的不确定性，我们可以假定企业家的经营能力是企业成功的关

1　这可能是关于什么是利润的旷日持久的争论的根源。
2　大多数关于资本市场的代理模型都隐含着有限责任的假定；例如，见斯蒂格利茨和威斯（1981）信贷分配模型，埃斯瓦瑞和克特威（1989）的资本雇佣劳动模型。

键。如果人们偏好于跟随富人加入企业，那么一定有什么东西在外人的观点看来连接着个人财富和经营能力。

一个个人面临着几种选择。首先是他应该做一个企业家还是做一个消极资本家／工人。其次，如果做一个资本家／工人，他应该把资本（如果有的话）贷给谁，应该把劳动卖给谁。[1] 要对个人选择做出全面的分析，我们必须把资本市场和劳动市场都纳入模型。不过，我们的分析的大部分发现都可以通过仅仅把一个市场纳入模型而引申出来。[2] 由于我们感兴趣的是资本家和企业家之间的关系，我们将假定合同规定的工资在生产之前支付，从而工人不面对企业家不能履行支付义务的风险，[3] 这样，我们就把分析范围限制在了资本市场。这意味着，在有任何实物形态的投资之前，企业家必须为雇佣劳动而筹资，他的全部金融资本需要量等于实物形态的投资和雇佣劳动成本（工资乘以工人人数）之和。如果他的个人财富不够应付这两项开支，他就必须向某些消极资本家借款。消极资本家不能回避的风险是，债务人不能偿债的概率一定是正的，所以，选择贷款对象至关重要。[4]

---

1 一个消极资本家贷出资本的对象和出卖劳动的对象不必一定是同一个企业家。

2 在本章较早的一稿中，我们曾把劳动市场（工人的选择）和资本市场（贷出者的选择）都纳入了模型。我们发现，把一个以上的市场纳入模型的边际所得不过是使描述更为接近现实一些。

3 所以，他们不在乎应与哪个企业家合作。可供选择的另一种方法是，我们也可以假定企业的最低（在最坏状态）的收益不少于劳动成本。

4 工资在生产之前支付的假定相当于工人把选择合作者的权利委托给了消极资本家。在现实中，当企业家不能履行全部合同规定的偿付义务时，工人通常有优先权，即便他们的工资支付是在生产时期结束之时，情况也是如此。一个有意义的问题是，为什么工人在大多数场合有优先权。

假定每个人都可以获得一种生产技术，该技术要求一笔数额固定的总资本，其中既包括实物资本投资，也包括劳动成本，记为 K，[1] 经营活动可能成功也可能失败。若成功，将获得一个 $y = f(K) > 0$ 的收益；若失败，收益为零。[2] 以 r 表示市场利息，以 w 表示市场工资。我们假定 $f(K) \geq (1+r)k+w$。换句话说，我们假定经营成功时，总收益数额足以既补偿合同规定的支付额，也补偿企业家的机会成本（否则就不会有人选择做企业家）。在以后的分析中，我们把 w 标准化（normalize）为零：$w=0$。

经营能力的重要性在于它决定成功的概率 p。为简单起见，我们假定 $p=\theta$。[3] 这意味着，给定企业家的个人财富不足以为全部投资提供资金，他不能清偿债务的概率完全取决于他的经营能力。更为值得注意的是，因为最高经营能力（$\theta=1$）和最低经营能力（$\theta=0$）的收益都是确定的，但所有其他水平的经营能力的收益都是不确定的，如果经营能力是公共信息，则这一假定意味着所有具有最高经营能力的个人都将成为企业家，不论他们的个人财富如何。

企业的总期望收益是企业家经营能力的一个线性增函数，定义如下：

$$E_y = \theta f(K) \tag{3.1}$$

---

1 为方便起见，不妨把 K 就称做"资本"。若令 k 为实物投资，w 为每个工人的工资，l 为工人数量，则有 $K=k+wl$。我们的一个暗含的假定是企业家总是选择 w 和 k 的最佳组合。此外，K 也可以是一个变量。
2 也可以以一个大于零的收益来取代零收益，只要收益小于总成本即可。
3 注意，我们已把经营能力标准化为分布于零和 1 之间的数值。

企业家的个人期望收益记为 W_1^e，依赖于他的个人财富禀赋 W_0，定义如下：[1]

（1）若 $W_0 < K$，则，

$$W_1^e = \theta[f(K) - (1+r)(k - W_0)]\tag{3.2}$$

（2）若 $W_0 \geq K$，则，

$$W_1^e = \begin{cases} \theta f(K) + \delta_k(1+r)(W_0 - K) & \text{当贷出多余资金时} \\ \theta f(K) + (W_0 - K) & \text{当持有多余资金时} \end{cases}\tag{3.3}$$

这里，δ_K 表示作为这里的企业家的多余资金的贷放对象的那些企业家成功的（加权平均）期望概率。

注意，我们这里实际上已经作了一个假定，即，企业家在向消极资本家借款之前，首先要用自己的资产来投资，而且，除非 $W_0 > K$，否则，他不贷出资本。这个假定是为了简化分析，并非分析的结论所必需。[2]

如果一个拥有 W_0 的个人选择做消极的资本家／工人，他的期望收益 W_1^l 为：

$$W_1^l = \begin{cases} \delta_K(1+r)W_0 & \text{当贷出财富时} \\ W_0 & \text{当持有财富时} \end{cases}\tag{3.4}$$

δ_K 可以定义为

$$\delta_K = E\theta^B\tag{3.5}$$

其中，E 表示取期望值，上标 B 表示向所考虑的资本家／工人借

1　在以后的分析中，为方便起见，我们把工资标准化为零。

2　在有关的文献中（如盖尔和赫尔维希，1985），这一假定被称为"最大股权参与"（maximum equity participation，MEP）。

款的企业家（"借款人"）。当且仅当 $W_0 < K$ 时，该企业家才向外人借款，这意味着，当且仅当置 $E\theta^B = 1$ 时，才有 $\delta_K = 1$。换句话说，贷出者承担着借入者不能偿债的风险，除非他确信借入者具有最高的经营能力（$\theta^B = 1$）。

当且仅当下列条件成立时，一个人才会选择做企业家：

$$W_1^e \geq W_1^l \qquad\qquad\qquad (3.6)$$

式中，W_1^e 和 W_1^l 分别由式（3.2）、（3.3）、（3.4）所定义。

给定其个人财富 W_0，一个人在做企业家还是做工人之间的选择，不仅依赖于他自己的经营能力 θ，而且依赖于他对潜在的借款人的经营能力的期望 $E\theta^B$，后者决定 δ_K。给定 δ_K，式（3.6）定义一个临界（critical）值 θ^*：当且仅当 $\theta \geq \theta^*$ 时，他将选择做企业家。我们把 θ^* 称为为选择当企业家而需要的"个人临界经营能力"（the individual critical marketing ability）。那么，θ^* 是怎样依赖于 W_0 呢？$E\theta^B$ 和 W_0^B 的关系又如何呢？

3.3 临界经营能力与个人财富

本节将集中研究一个个人的临界经营能力 θ^* 与他的个人财富 W_0 之间的关系以及 θ^* 和 δ_K 的关系。

情形（i）：若 $W_0 < K$，θ^* 由以下等式所定义：[1]

---

[1] 我们假定 δ_K 足够大，以致该个人在选择做工人时愿意贷出而不是持有其资产。如果情况不是这样，我们可以用 1 来替换 δ_K（$1+r$）。

$$\theta^*[f(K)-(1+r)(K-W_0)] \equiv \delta_K(1+r)W_0 \qquad (3.7)$$

整理（3.7）得：

$$\theta^* = \frac{\delta_K(1+r)W_0}{f(K)-(1-r)(K-W_0)} \qquad (3.8)$$

求 θ^* 对 W_0 的导数并整理得：

$$\frac{\partial \theta^*}{\partial W_0} = \frac{\delta_K(1+r)[f(K)-(1+r)K]}{[f(K)-(1+r)(K-W_0)]^2} > 0 \qquad (3.9)$$

因为，$\left[f(K)-(1+r)K \right] > 0$

就是说，该个人的临界经营能力是其个人财富的增函数。

情形（ii）：若 $W_0 > K$，θ^* 由下式所定义：[1]

$$\theta^* f(K) + \delta_K(1+r)(W_0-K) = \delta_K(1+r)W_0 \qquad (3.10)$$

整理得：

$$\theta^* = \frac{\delta_K(1+r)K}{f(K)} \qquad (3.11)$$

从而，

$$\frac{\partial \theta^*}{\partial W_0} = 0 \qquad (3.12)$$

综上所述，有如下定理：

定理 1：给定假定 1-3，（i）当且仅当一个人的经营能力大于其临界经营能力时，他才选择做企业家；（ii）该个人的临界经营能力是其个人财富的严格增函数，除非其个人财富大于资本需要量。

图 3-1 是对这一结果的一个说明。粗略地说，定理 1 的含义是，

---

1 这里我们假定，无论该个人只是贷出多余资金（这时他自己也是企业家）还是贷出全部资金（这时他选择做工人），他面对的潜在的借款人成功的期望概率是相同的。

在任一给定的能力水平上，一个贫穷的人比一个富有的人有更大的动因去做企业家。这一结果背后的道理在于，给定非负消费约束，富人做企业家的机会成本比穷人要高。对那些个人财富微不足道的人来说，做一个企业家的机会成本不会比一个工人的市场工资（已标准化为零）高多少，而对拥有大量个人财富的人来说，做一个企业家而经营又不成功时，会招致财富的大量损失。由于做一个企业家的机会成本与个人财富呈相同方向变化，达到最佳状态要求收益也与个人财富同方向变化，这样，一个人越富有，他的临界经营能力就一定越高。这个定理的含义之一是，贫穷的人比富裕的人更可能夸大其经营能力；或者换一种说法，就显示经营能力的信号而言，富人做企业家的选择比穷人做企业家的选择更具信息量。我们将看到，这是资本家身份的意愿企业家在竞争企业家资格时获胜的根本原因。

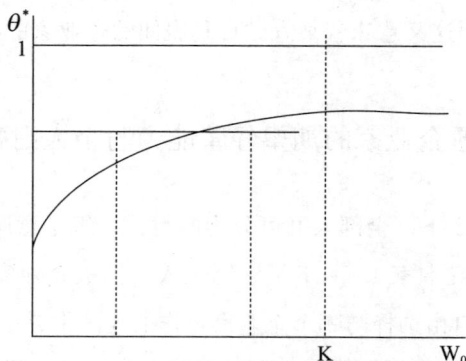

图 3-1　临界经营能力与个人财富

现在我们来看 θ^* 与 δ_K 的关系。很容易看到：

（i）若 $W_0 < K$，

$$\frac{\partial \theta^*}{\partial \delta_K} = \frac{(1+r)W_0}{f(K)-(1+r)(K-W_0)} > 0 \qquad (3.13)$$

（ii）若 $W_0 \geq K$,

$$\frac{\partial \theta^*}{\partial \delta_K} = \frac{(1+r)K}{f(K)} > 0 \qquad (3.14)$$

定理 2：给定假定 1-3，一个个人做企业家的临界经营能力是其潜在借款人成功的期望概率的增函数。

定理 2 说的是，当一个人只能把资本贷给成功概率较低的企业家时，他更可能选择自己做企业家；相反，如果他可以把资本贷给成功概率较高的企业家，他自己选择做企业家的可能性就较小。这里的道理是比较直观的。一个消极的资本家的合同规定的收益（或更一般地说，合同规定的收益的期望值）所具有的风险性的大小，取决于他与之合作的企业家成功的概率。较高的期望成功概率意味着较高的期望合同收益；而这又意味着某人做自我雇佣的企业家的必要性较小。

3.4　意愿企业家的期望经营能力与个人财富

在假定 1-3 下，全部人群可分为两组，一组是意愿（would-be）企业家（积极资本家），一组是意愿工人（消极企业家）。在一个任何个人都可以自由选择与哪个企业家合作的经济中，一个意愿企业家能成为一个实际的企业家的充分必要条件是他能成功地筹集到所需要的资本。根据定理 1 和定理 2，我们现在来说明在经营能力是私人信息的情况下，为什么富有的意愿企业家比贫穷的意愿企业家更可能成功，（换一个说法，为什么消极资本家不太愿意把资本贷给贫穷的意愿企业家)。

　　基本的道理在于，虽然一个个人的实际经营能力可能独立于他的个人财富，但从外人的立场来看，一个意愿企业家的期望经营能力并不独立于他的个人财富。

　　令 $\varphi(\theta)$ 和 $\Phi(\theta)$ 分别为人群中经营能力的密度函数和分布函数，定义在 $[0,1]$ 上。假定经营能力的分布独立于个人财富 W_0 的分布。[1] 这样，从外人的立场来看，一个意愿企业家的以个人财富 W_0 为条件的期望经营能力就可以定义如下：[2]

$$E\theta^B(W_0^B)=E(\theta^B|W_0^B)=\frac{\int_{\theta^*}^{1}\theta\varphi(\theta)d\theta}{1-\Phi(\theta^*)} \qquad (3.15)$$

式中，依 $W_0^B<K$ 或 $W_0^B\geq K$ ，θ^* 由式（3.8）或（3.11）决定。

　　取（3.15）对 W_0^B 的微分并整理，得：

$$\frac{\partial E\theta^B(W_0^B)}{\partial W_0^B}=\frac{\varphi(\theta^*)\frac{\partial\theta^*}{\partial W_0^B}\int_{\theta^*}^{1}[1-\Phi(\theta)]d\theta}{[1-\Phi(\theta^*)]^2} \qquad (3.16)$$

　　由（3.9）和（3.12），有：

$$\frac{\partial\theta^B(W_0^B)}{\partial W_0^B}\begin{cases}>0, & \text{若 } W_0^B<K\\=0, & \text{若 } W_0^B\geq K\end{cases} \qquad (3.17)$$

1　有人可能会认为，能力的分布和财富的分布是正相关的，其原因或者是动态效应（今天的富人是昨天的成功的商人），或者是因为较富裕的人有更多的受良好教育的机会。如果情况确实如此，则财富本身就成了能力的一个信号。

2　由于 θ^* 依赖于 δ_K，一个外人对一个意愿企业家的 θ^* 的判断必须基于后者期望中的 δ_K（就是说，为了知道个人 A 的 θ^*，一个外人必须知道，若 A 选择做工人时所预期的他的潜在借款人成功的概率）。但是，给定个人财富是唯一可获得的信息，理性预期意味着外人对所有意愿企业家的 δ_K 持有相同的期望。下面我们将这样假定。

所以，我们有：

定理 3：一个意愿企业家的期望经营能力是他的个人财富的一个增（或非减）函数。

定理 3 的意思是，尽管外人没有关于某一位候选企业家的经营能力的确切信息，但他们仍可以放心地相信，平均说来，一个有较大量财富的意愿企业家比一个只有少量财富的意愿企业家具有更高的经营能力。从个人财富去推知经营能力是理性的。

引理 1：借款人不能偿付债务的期望概率是其个人财富的严格减函数。

值得注意的是，在这里，个人财富和不能偿债的概率之间的联系不是直接的，而是间接的；个人财富影响一个人做企业家的选择，后者再决定不能偿债的概率。

一个意愿企业家的个人财富不仅影响别人认为他具有的经营能力，从而影响他对潜在的资金贷出者的吸引力，而且在边际上影响其他人做企业家的选择。根据定理 2，我们知道，一个人的临界经营能力是他的潜在借款人成功的期望概率的增函数。将这一结果与引理 1 结合在一起，我们有，

定理 4：(i) 一个人选择当企业家的临界经营能力是其潜在的借款人的个人财富的增函数；(ii) 这一关系的斜率依赖于他的个人财富，二者呈同方向变化。

第 (i) 部分的含义是，给定个人财富和经营能力，当一个人能把资金贷给富有的人时，他自己更可能选择做消极资本家；当他只能把资金贷给不太富有的人时，他选择做消极资本家的可能性就比较

小。第（ii）部分说的是，在作出做企业家或做工人的选择时，对潜在的借款人的个人财富，富人比穷人更敏感。这里的直观道理是，潜在的借款人或雇主的较大量的个人财富显示的信号是他具有较高的期望经营能力和较低的不能偿债的期望概率，从而意味着合同规定支付额的较高期望值。这个道理可以很容易地以图形来说明。

在图 3-2 中，我们在第一象限中画出了定理 4 所意味着的一个个人当企业家的临界经营能力 θ^* 和他的潜在借款人（或雇主）的个人财富 W_0^B 之间的关系。在第四象限中，我们描述了引理 1 所指出的潜在借款人或雇主成功的期望概率与其个人财富 W_0^B 之间的关系。第三象限描述的是定理 2 指出的 θ^* 和 δ_K 之间的关系。第二象限的 45° 线使我们能引申出第一象限的曲线。在这里所描述的情况下，一个经营能力为 θ'（给定 W_0）的个人，当其潜在借款人或雇主的个人财富小于 $W_0^{B'}$ 时会选择做企业家，当后者的个人财富大于 $W_0^{B'}$ 时则会选择做工人。

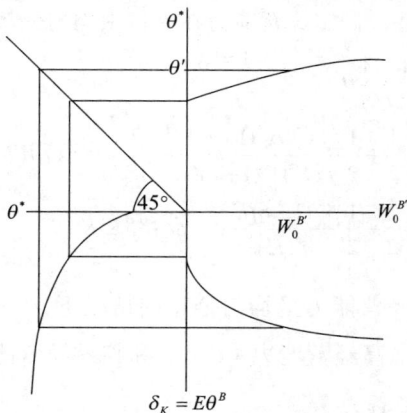

图 3-2　临界经营能力与潜在借款人个人财富的关系

前面的讨论所包含的一个很强的含义是，尽管一个财富较少的人有较强的做企业家的动因，但别人更不大可能接受他，因为别人把他个人财富较少的事实当做一个反映他较低的（期望）经营能力的信号。从潜在的借款人（和工人）的角度来看，一个富有的意愿企业家总是比一个贫穷的意愿企业家更具有吸引力，而且，放款给前者而不是后者总是符合放款人利益的。因为如果一个意愿企业家需要外部资金，则只有当他找到足够数目的愿意借款给他的放款人时，他才能成为一个真正的企业家（实现其梦想），所以我们预言，在为企业家资格而进行的竞争中成功的，将只是那些有足够量个人财富的意愿企业家。

定理 5：在经营能力是私人信息和个人财富是公共信息的假设下，为企业家资格而进行市场竞争意味着，只有当一个意愿企业家的个人财富大于某一确定的水平时，他才能成为实际的企业家。

为更具体一些，假定经营能力在人口中均匀分布。容易证明：

$$E(\theta^B|W_0^B) = \frac{1}{2} + \frac{1}{2}\theta^*$$

$$= \begin{cases} \dfrac{1}{2} + \dfrac{1}{2}\dfrac{\delta_K(1+r)W_0^B}{f(K)-(1+r)(K-W_0^B)}, & \text{若 } W_0^B < K \\[3mm] \dfrac{1}{2} + \dfrac{1}{2}\dfrac{\delta_K(1+r)K}{f(K)}, & \text{若 } W_0^B \geq K \end{cases} \tag{3.18}$$

就是说，在经营能力呈均匀分布的情况下，一个意愿企业家的期望经营能力是最高经营能力（$\theta=1$）和临界经营能力（θ^*）的加权平均，二者的权数各为 1/2。

企业家的市场选择机制是怎样的呢？如果我们把所有意愿企业

　　　　　　　　　　　　　　　　企业的企业家—契约理论

家按个人财富从高到低排列，这种机制像一种"顺序排列"（pecking order）。第一组成功地被市场选中的意愿企业家是那些个人财富足以支付实物投资并能保证按合同履行对工人的无风险的支付义务的意愿企业家，即 $W_0 \geq K$ 的意愿企业家。[1] 这一组企业家被市场认为是所有意愿企业家当中具有最高期望经营能力的人，其期望经营能力为：[2]

$$E\theta = \frac{1}{2} + \frac{1}{2} \frac{\delta_K(1+r)K}{f(K)} \qquad （3.19）$$

因为资本本身是生产性的，若企业家资格只局限于这一组人，一个经济是不能处于均衡状态的。第二组被选中的是这样一些人，他们的个人财富足以支付劳动成本，但不够支付全部成本（实物投资与劳动成本之和）。第三组成功的意愿企业家是那些无论为支付实物投资还是支付劳动成本都需要借款的人。后两组是最有意义的情况，因为资本市场之所以出现，前提条件之一就是有这两组人存在。[3]

我们得到的一个一般性结果是，企业家的集合是由个人财富的一个下界（lower-bound）所决定的。要描述均衡的下界，我们需要一个一般均衡模型。不过，下面的局部均衡分析也可以阐明一些道理。

首先我们注意到，做企业家的决策是在与做一个消极的资本家／工人的期望收益做了比较之后才做出的，因此，下列不等式一定成立：

1　这些意愿企业家不依赖于外部资金，为工人所"选中"。

2　在以后的分析中，为具体起见，我们假定经营能力在人口中是均匀分布的。

3　在前面的分析中，我们实际上已经假定了这些组个人的存在；不然的话，我们就应当用 1 来替换 δ_K（1+r）。由于我们已经假定在生产之前支付工人工资，我们将不再在区分第二组和第三组.

$$E\theta^B = \frac{1}{2} + \frac{1}{2} \frac{\delta_K(1+r)W_0^B}{f(K)-(1+r)(K-W_0^B)}$$

$$\leq \frac{1}{2} + \frac{1}{2} \frac{(1+r)W_0^B}{f(K)-(1+r)(K-W_0^B)} \qquad (3.20)$$

就是说，这一组企业家的期望经营能力不会大于当他们按合同取得的放款收益完全没有风险时（$\delta_K=1$）的期望经营能力。

对一个潜在的放款人来说，既然有持有财富的可能，那么，放款要发生，下列条件就必须成立：

$$\delta_K(1+r) = E\theta^B(1+r) \geq 1, \text{ 或 } E\theta^B \geq \frac{1}{1+r} \qquad (3.21)$$

因此，潜在的放款人满足意愿企业家的贷款要求的一个必要（但非充分）条件是：

$$\frac{1}{2} + \frac{1}{2} \frac{(1+r)W_0^B}{\left[f(K)-(1+r)\left(K-W_0^B\right)\right]} \geq \frac{1}{1+r} \qquad (3.22)$$

整理（3.22），我们有：

$$W_0^B \geq \frac{(1-r)}{2r(1+r)}[f(K)-(1+r)K] \qquad (3.23)$$

这就是由潜在的放款人所施加的企业家个人财富的下界。如果一个企业家的个人财富低于这一下界，他的贷款要求将被潜在的放款人所拒绝。

为举一个具体的例子，我们不妨假定 $K=50$，$r=0.1$，f（50）$=60$。这时，潜在的放款人所施加的下界是：

$$W_0^B \geq 20.5$$

就是说，一个放款人不会向一个财富小于 20.5 的人提供贷款。如果资本 $K=50$ 是企业为达到有利可图所必需的，那么，我们可以预期，在企业家集合内不会有个人财富小于 20.5 的企业家。

3.5 作为资本雇佣劳动的机制的利率（和工资）

到目前为止，我们一直假定利率（和工资）是固定在一个统一的水平上的。前面的分析表明，统一的利率不可能是一个均衡状态，因为这意味着不同的放款人获得不同的期望收益（不同的借款人被认为有不同的违约概率）。本节中，我们放松这一假定，来讨论利率（和工资）的变化怎样影响一个人选择当企业家的临界经营能力，特别是，利率（和工资）怎样可以在某种程度上被用来作为限制财富拥有量低的人成为企业家的机制。[1] 我们的讨论将主要针对 $W_0^B < K$ 的情形。

首先考虑利率变化对临界经营能力的效应。取 θ^* 对 r 的导数，得：

$$\frac{\partial \theta^*}{\partial r} = \frac{\delta_K W_0 f(K)}{\left[f(K) - (1+r)(K-W_0)\right]^2} > 0 \qquad （3.24）$$

我们有：

定理 6：对所有个人，临界经营能力是利率的增函数。

这一结论背后的道理很简单：首先，利率提高既会使做一个企业家的直接成本增加，也会使其机会成本增加，从而提高经营能力的那个边际水平——那个使得做企业家比做工人更有利可图的经营能力

---

1 下面关于利率变化的论述也适用于工资变化。

水平。

虽然利率变化影响意愿企业家群体的平均经营能力，但它不改变这样的事实，即，在全部意愿企业家中，那些个人财富较少的人与那些个人财富较多的人相比，其平均经营能力也低于后者，因为定理1对所有的利率水平都是适用的（直至一个上界 [upper-bound]）。[1] 所以，我们说，一个统一的利率（和工资）不能成为将低能力意愿企业家与高能力意愿企业家分离开来的一个有效机制。

其次，我们来说明财富依存的利率（和工资）怎样可以成为一种机制，防止不名分文的滥竽充数者（Lemons）选择做企业家。这里，所谓财富依存指的是，如果都选择做企业家，一个拥有一些财富的人和另一个拥有更多财富的人相比，要支付更高的利率（和更高的工资）。[2]

根据定理1和定理5，对一个给定的临界（或期望）经营能力，下列条件成立：[3]

---

1 在现在的模型中，这个上界是一个利率 $\bar{r}$（或工资 $\bar{w}$），在此利率（或工资）水平上，只有那些具有最高经营能力（$\theta=1$）的人发现做企业家和做工人没有什么差别，而其他所有的人都严格地偏好于做工人，即，$f(K,L)-(1+\bar{r})(K-W_0)-\bar{w}L-\bar{w}\equiv 0$。这一要求太高，现实中难以成立。

2 因为给定资本投资，一个人的借款需求随其初始财富增加而递减，这就意味着，对一个借款人收取的利息率是其借款数额的一个增函数。

3 从技术上考虑，我们将假定该个人放款的期望收益和做一个被动的资本家／工人的期望工资是给定的。

$$\frac{\partial r}{\partial W_0}\bigg|_{\theta^*} = -\frac{\dfrac{\partial \theta^*}{\partial W_0}}{\dfrac{\partial \theta^*}{\partial r}} < 0 \qquad\qquad (3.25)$$

定理 7：使所有的人都保持相同的临界经营能力的一个必要条件是，借款人支付的利率依赖于其个人财富且二者呈反方向变化。

财富依存的利率的要害在于，在这种体制中，一个人的财富越少，做企业家所需的借款成本就越高，从而使不名分文的滥竽充数者"自愿地"撤出，不再做意愿企业家。这种因人而异（discrimination）是资本市场的最重要的特征之一。在文献中，这一点被称为资本市场的"不完美"。但这种不完美性应当被理解为一种"资本雇佣劳动"的机制，因为它的作用方向是不利于那些能力高财富少的意愿企业家。

这一机制是由能力高财富少的意愿企业家和潜在放款人及工人引入的。在统一利率和工资的体制下，个人财富低于某一临界水平的意愿企业家会被潜在放款人（和工人）所拒绝，不管他们个人的经营能力如何。因为被拒绝的具有高能力的人受到较大的（期望）损失，支付较高的利率（和工资）去做企业家而不做工人，对他们来说是值得的。他们这样做，就可以部分地把自己和其他被拒绝的人分开，因为后者无力模仿他们。另一方面，对潜在放款人（和工人）来说，重要的是期望收益（$\delta_K(1+r)$ 和 δ_{LW}）。虽然与财富较少的意愿企业家合作要承受一个较高的不能偿债的概率，但若在成功的情况下支付的利率和工资足够高，则获得的可能并不是一个较低的期望收益。所以，在较高的不能偿债概率和较高的利率（和工资）之间进行权衡是值得的。这样做的结果，财富较少的那一组意愿企业家的平均经营能力也会提高。

一个问题是，如果财富依存的利率和工资在防止低能力者成为企业家方面能够确实有效，为什么在现实中一些想成为企业家的人在愿意支付较高利率和工资的情况下仍遭到潜在放款人或工人的拒绝？对此，有几种可能的解释。一种由斯蒂格利茨和威斯（1981）提出的解释是，利率的提高可能通过对借款人一方的逆向选择和道德风险的效应，影响投资项目本身的质量，从而使放款人的期望收益随利率提高而降低而不是提高。[1] 另一个由埃斯瓦瑞和克特威（1989）提供的解释是，利率提高可能对企业家（借款人）的工作积极性产生负效应，从而提高不能偿债的概率。[2]

在我们的简单模型中，为集中研究经营能力和个人财富的关系，我们忽略了这两种效应。尽管我们相信，财富在作为经营能力的信号方面的高信息量特征是解释资本雇佣劳动的更为根本的要素，但上

1　斯蒂格利茨和威斯模型是基于借款人和放款人之间关于投资项目的风险质量的信息非对称性。他们指出，由于逆向选择和道德风险问题，当利率提高时，投资项目的风险增加；所以，利率提高可能减少而不是增加放款人（在有限责任的条件下）的期望收益。这就给放款人提供了动因，使他们在面临对可贷资金的过度需求时，采取信贷分配的办法而不是提高利率。

2　他们的道理如下：不能偿债概率是企业家工作努力程度的减函数。由于利率提高不仅减少了企业家可以做剩余索取者的各种可能状态的范围，而且减少了这个范围中他的边际收益，所以，利率提高以后，企业家的工作努力程度会随之降低。结果，不能偿债概率会增高。对放款人来说，这一效应可能足以抵消在好状态发生时直接增加的收益而有余。

述两种观点仍可作为对我们模型的补充。[1] 不过，如果我们的模型扩展至一个更一般的情形，使可能状态的数目大于两个（成功或失败），我们可以提供另一种解释，说明为什么由于对放款人来说的破产成本，财富依存的利率和工资最终会迫使所有的贫穷者退出企业家的位子。

考虑可能状态的一个连续序列 $s \in [0，1]$。假定对任何给定的资本投入和劳动投入，企业的收益严格地随 s 增加而增加，对所有 $K，s$：

$$\frac{\partial f(K,s)}{\partial S} > 0$$

令 $G(s，\theta)$ 为可能状态的以经营能力 θ 为参数的分布函数。假定 $G(s，\theta)$ 满足对 θ 真的一阶随机控制（stochastic dominance）条件，即，对 $s \in [0，1]$，有 $[\partial G / \partial \theta] < 0$，就是说，高经营能力使得概率分布的高位部分代表的状态更可能出现。[2] 以 s^* 表示这样一种临界破产状态，这种状态下，

$$f(K, s^*) \equiv (1+r)(K-W_0)$$

对所有：$s \leq s^*，f(K，s) \leq (1+r)(K-W_0)$

---

1 事实上，如果我们的模型中收益分布函数 $\varphi(y)$ 是经营能力 θ、工作努力程度 a 和一个风险性参数 α 的函数，上述两种观点就可纳入我们的模型。如果我们假定函数 $\varphi(\cdot)$ 满足对 θ 和 a 的一阶随机控制条件，α 是一个均值保持（mean preserving）参数（即，较高的 α 代表较大的风险），则可以证明，（i）临界经营能力是 W_0 和 r 的增函数；（ii）最佳努力程度是 W_0 的增函数，但是 r 的减函数（给定努力的边际负效用增加）；（iii）α 的选择是 r 的增函数。

2 在两种状态的情形中，一阶随机控制的含义很简单，就是成功的概率随经营能力增加而增加。

这样，s^* 就是企业家所付利率的一个增函数。破产的概率 $G(s^*, \theta)$ 也是如此，因为按财富依存的利率，在一组拥有给定经营能力的企业家之中，财富少的人比财富多的人支付更高的利率，前者破产的概率被进一步提高。[1] 假定当企业破产时，放款人要付出 x 的成本去证实。因此，利率提高引起放款人的期望破产成本 $G(s^*, \theta)x$ 提高。结果，如果 x 比较大，潜在放款人可能宁愿拒绝向较少财富的借款人放款，而不是要他们付一个较高的利率。或者，即使放款人可通过进一步提高利率使自己得到补偿，能力高财富少的人也可能发现做这样的企业家已无利可图。换句话说，财富依存的利率本身可以迫使所有财富较少的人退出企业家的位置。[2]

综上所述，我们可以预言，资本市场的特征将是既有财富依存的利率，又有信贷分配。这个预言与人们日常观察到的结果是相吻合的。

3.6　市场解决办法与社会最佳

前面的分析说明，市场竞争把做企业家的优先权分配给了富人；个人财富较少的意愿企业家或者被拒绝，或者要支付比其富有的同行们更高的利率和工资。从社会观点来看，这种市场解决办法是合意的吗？

为探讨这一问题，我们需要首先界定资本的社会成本。因为市

1　较高债务对破产概率的效用，已被放款人纳入了考虑。

2　从理论上说，信贷分配也可以解释为，借款人必须付一个极高的利率，以致于即使在最好的状态发生时，收益也不足以补偿成本。

场利率 r 不是没有风险的利率,所以(1+r)不是社会成本。不过,以 $\delta=E\delta_K$ 表示企业家成功的平均概率(或等价的,平均经营能力),我们可以将 δ(1+r)解释为单位投资的社会成本(等价于无风险的收益)。

令 θ^+ 为某人做企业家的社会临界经营能力(即,当且仅当一个人的经营能力大于等于 θ^+ 时,他才应当被选中做企业家)。这样,θ^+ 可以定义如下:

$$\theta^+ f(K) = \delta(1+r)K \qquad (3.26)$$

就是说,在企业家的经营能力为 θ^+ 时,企业的期望收益等于社会成本。值得注意的是,条件(3.26)是符合社会公正的原则的,因为它对富人和穷人一视同仁,没有区别。那些能力小于 θ^+ 的人不应被选中做企业家,不是因为他们缺少财富,而是因为他们缺少能力。

整理(3.26)可得:

$$\theta^+ = \frac{\delta(1+r)K}{f(K)} \qquad (3.27)$$

这正是那些 $W_0 \geq K$ 的个人的临界经营能力。这就是说,企业家资格在人口中的分配结果在资本雇佣劳动的体制下比在其他别的体制下更接近于最佳,从这个意义上说,资本雇佣劳动对社会来说是合意的。

3.7 结论性评论

本章的主要结论是,做企业家的优先权被给予资本家,是因为富裕的人做企业家的选择比之于贫穷的人做企业家的选择，在显示经营能力方面更具信息量。本章的模型还可以解释为什么资本市场不会是"完美的"；为什么通行的是财富依存的利率和信贷分配，而不是统一利率和自由信贷，为什么潜在的工人热衷于与富裕的而不是贫穷的意愿企业家合作。因为资本家在做企业家方面的优先权来自关于经营能力的信息非对称性，本章模型的一个含义是，对那些具有高能力而且其能力已通过以前的成功而得以展示的人们来说，当他们想扩张其经营时，会较少地受到个人财富禀赋的制约。这一含义与日常观察结果是一致的。

更重要的是，尽管我们一直集中分析古典的资本主义企业，但本章的模型也可以解释股份公司的出现。假定在人口中能力的分布和财富的分布是不对称的，就是说，富裕人不一定有高能力，高能力的人不一定富裕。[1]那么，必定会存在两种可能的报酬差距，一种存在于不同的资本提供者之间，另一种存在于具有不同能力的人之间，由较有能力的人拥有的资本将不仅会获得要素价格，而且由于显示其能力而得到一个"纯粹"租金；由能力较低的人拥有的资本则只能获得其要素价格，因为这些人没什么能力可以显示。进一步，富人的能力会获得一份剩余（residual）租金，而穷人的能力则只能获得一个"市场工资"，因为穷人没有可用来显示其能力的资本。尤其是，"企业家们"可以使用在市场上的垄断力量来压低要素价格，剥削其他的资本和能力的拥有者。这些可能的报酬差距使得寻求可能的相互合作

1　我们已假定它们之间是相互独立的。

无论对资本还是对能力的拥有者都成为有利可图。特别是，拥有某些关于别人能力的个人信息对资本家来说可能会是有利可图的。尽管一个能力低的富人不能通过推销自己而获利，但如果他了解某一高能力的人（如他的亲属），或寻找高能力的人的成本不是太高，则他仍可以通过把他的资本用来作为显示别人能力的信号，而增加他自己的收益。另一方面，一个高能力的人若能使某一富人相信他的确善于经营，则也可以使自己的收益提高。而且，各方寻求合作的动因是各自资源（能力或财富）的一个增函数，因为一个人的个人财富（能力）越大，寻找成功时可得到的租金就越多。结果，他们成为一个联体企业家（joint entrepreneur）：高能力的人因从事经营而成了经理，富裕的人则被称为"股东"，索取剩余并负责选择合格的经理。

有一点需要提及的是破产的非货币惩罚。在文献中，有些资本结构模型基于这样的观点，即经理或企业家在破产时承担非货币惩罚，而这将约束他们不去赌运气。[1]我们相信，就经营能力而言，这种惩罚机制是没有作用的。理由是，对一个一文不名的人来说，破产至多不过使他回去当工人；但他如果运气好，就会成一个富人。所以，赌一赌运气对他来说是值得的。[2]

---

1 例如，见罗斯（1977），格罗斯曼和哈特（1982），戴蒙德（1984），盖尔和赫尔维（1985）。
2 当然，破产时判死刑肯定有助于防止能力低的人选择做企业家！

4

企业的企业家一般均衡模型

4.1　引言

职业的自由选择据说是市场经济的主要优点之一。然而，事实上，一个人能否成为企业家的选择则很大程度上要受到个人财富的约束，尽管这种约束可能是显性的，也可能是隐性的。证据显示，资本是成为企业家的必要条件。许多潜在的企业家之所以无法正常从事经营活动正是因为他们缺乏启动资本。[1] 从这种意义上讲，正如许多资本主义制度批评家所指出的那样，并非所有人都有选择企业家职业的自由，只有资本家有能力做到这一点。主流经济学家只是简单地将这

---

[1] 尽管这属于常识问题，但系统的经验论证只是最近才在文献中出现。对美国案例的计量经济研究，参见埃文斯与杰文诺维克（Evans，Jovanovic，1989），豪尔兹—易肯、杰尔费安和罗森（Holtz-Eakin，Joulfaian，Rosen，1994）；对英国案例的计量经济研究，参见布兰奇弗劳尔与奥斯瓦德（Blanchflower，Oswald，1990）。

一事实归因于制度约束，基本上未对其进行理论证明。尤其是，经济学家经常把资本约束与资本市场的不完全性相提并论，却并未对其进行深一层探讨。本论文的主题即是为之提供一个理论基础。我们业已在前一章证明，资本对潜在企业家的约束可能是社会所希望的，因为否则的话，企业家市场会为大量的无能之辈所充斥。

在本章中，资本约束被引入到企业的企业家一般均衡模型。在模型里，每个个体将由经营能力、个人财富和风险态度为变量的三维向量来定义，职业的选择即取决于这三个变量因素。职业选择的均衡状态将以总人口分割为企业家、工人、管理者和资本家四类为特征。我们将证明，在均衡状态下，（1）经营才能出众、个人财富丰裕和风险规避度低者将成为企业家；（2）经营才能低下、个人财富匮乏和风险规避度高者将成为工人；（3）经营才能出众、个人财富匮乏者将成为由资本家选择的管理者；（4）经营才能低下、个人财富丰裕者将成为雇佣管理人员的（单纯）资本家。工人与企业家之间的关系取决于市场工资率；企业家与其他资本家的关系取决于市场利息率与借贷约束规则；被雇佣的管理者与雇佣资本家的关系取决于剩余分享规则与管理人员选择规则。我们将证明，不同群体之间的均衡关系将由经营才能、个人财富与风险态度的联合分布函数所决定。

模型的直观含义可表述如下：给定企业家行使经营企业与承担风险两项职能，那么，经营才能出众和风险规避度低者更可能成为企业家。给定成为企业家要受到个人财富的约束，那么在同等条件下，个人财富丰裕者更易于成为企业家，如果他愿意如此的话。假如在总人口之中，经营才能、个人财富与风险态度三要素之间在分布上是完全相关的，也就是说，经营才能出众者亦属个人财富丰裕者、风险规避度低者，那么均衡状态将非常简单，即分布函数中将存在一个分割点（cut-off），该分割点将总人口分割成为资本家—企业家与无产者—工人两大群体，并且，后者将受雇于前者。然而问题是，经营才能、个人财富与风险态度三者在分布上并不是完全相关的，才能出众者不一定富有或风险规避度低；同样，富有者也不一定才能出众或风险规避度低；依此类推。在不完全相关情况下，假如选择仅仅存在于成为企业家或成为工人之间，那么，许多才能出众者将被排斥在经营决策之外，而许多才能低下的资本家将会丧失最有效地利用其资本的机会。由于这个原因，才能出众但不富有者与才能平平但富有者之间进行合作的形式就出现了。这种合作将使才能出众但因个人财富匮乏而不能成为企业家者有可能成为从事经营决策的职业经理人员，它不仅使才能出众但不富有者和才能平平但富有者受益，而且亦使在能力和财力两方面均不富裕者（工人）受益，因为否则的话，这类人的市场工资将非常低。经营才能、个人财富与风险态度三者的联合分布将通过其对供求关系的影响而影响不同职业之间的均衡关系。

本章的隐含假设依然是，经营才能属于私人信息，个人财富属于公共信息。然而在本章中，这一假设具体化为市场施于企业家选择的个人财富约束规则，这一规则对不富有者成为企业家具有歧视性。当且仅当外部人之间存在着有关能力的事先（ex ante）非对称信息时，或者存在着了解他人能力高低的可能性、并且调查费用也不是很高时，那些才能出众但不富有者才有可能成为职业经理。

本书当然不是探讨企业家职业选择一般均衡的第一个模型。

事实上，开创性的工作早已由凯尔斯特姆和拉丰特（Kihlstrom，Laffont，1979），卢卡斯（Lucas，1978），坎伯（Kanbur，1979）以及埃文斯和杰文诺维克（Evans，Jovanovic，1989）等作出。然而，与我们的模型相比较，这些模型都存在着下述一些问题。

首先，作者未能提供充足的理由来解释为什么企业家拥有剩余索取权以及为什么成为企业家的选择要受到个人财富的约束。所有模型都是简单地假设而不是导出这两个论点。

其次，上述每个模型只讨论问题的某一侧面。在凯尔斯特姆—拉丰特模型中，每一个体被假设为具备相同的才能，并拥有相同的（充分大）财富，只是在风险态度上有所差异；因而均衡的结果是，低风险规避度者成为企业家，而高风险规避度者成为工人。在卢卡斯的模型中，不确定性被排除，而且资本约束亦未被考虑，[1]个体为风险中性者，作为工人他们在生产能力上没有差别，但作为企业家他们在管理才能上有差别。这样，在均衡条件下，将存在一个衡量才能的分割点，分割点以上的人成为企业家，分割点以下的人将成为工人。[2]卢卡斯模型与凯尔斯特姆—拉丰特模型基本等价，所不同的是，在凯尔斯特姆—拉丰特模型中重要的是风险态度，而在卢卡斯模型中，起相同作用的是个人经营才能。坎伯更注重国民风险意识对个人收入分配的影响，而不是去关心个人风险态度对企业家职业选择的影响。据

---

1 既然排除了不确定性，自然也就无需考虑资本约束。
2 卢卡斯在其论文中使用"管理者（的）"而非"企业家（的）"。也许他意识到，没有了不确定性，"企业家"职能就不重要了。

他看来，在风险态度无差别的经济中，每一个体在均衡条件下对成为工人或成为企业家持无所谓态度。一个社会风险规避度越高，企业家的比例就越小，不过，风险态度与收入分配不均之间的关系并非呈现单调性。当他考察风险态度不同的经济时，坎伯得出的结论与凯尔斯特姆—拉丰特模型并无大的不同。在他的模型中，资本约束未予以考虑，个人之间的企业家才能被假定为不同，但由于没有人能确切了解自己的才能，因此，这一模型与那种无才能差异但面临不确定环境的模型并无差别。埃文斯与杰文诺维克（1989）首次正式建立资本约束条件下的企业家选择模型。他们根据美国的资料发现，资本是开始经营活动必不可少的条件，资金约束（liquidity constraint）趋向于排斥那些个人财产不充足者成为企业家。特别地，他们发现，平均而言，一个人开始风险创业时可动用的最大资本额不超过自有资本的1.5 倍。[1]然而，由于他们主要关心的是去检验奈特所提出的流动性约束假说是否与经验数据相吻合，而不是首先从理论上探讨为什么流动性约束会存在，或者资本的分配会怎样地影响到企业家职业的选择，因此，他们未能刻划出一般均衡的特性。

第三，除埃文斯—杰文诺维克模型外，其余每一个模型都提供了工人与企业家均衡关系的比较静态的结果。例如，在凯尔斯特姆—拉丰特模型中，风险规避度的普遍上升将使得均衡工资水平下降；在卢卡斯模型中，人均资本的增加将提高相对于边际企业家租金的工资

1　他们的一些其他发现也很有趣，包括（i）企业家可能是相对来讲只挣微薄工资的工人；（ii）企业家才能与个人资产呈负相关关系。

水平；而在坎伯模型中，风险规避度的上升将增加企业家的平均收益而降低工人的工资水平。然而，这些模型都很少提到经营者与资本家的关系。

缺乏综合性的企业一般均衡企业家模型应归因于问题本身的复杂性。企业家的职业选择要受到包括社会文化等在内的诸多因素的影响。对经济分析来说，经营才能、个人财富与风险态度无疑是三个主要因素。排除其他因素而只就其中某一因素建立模型虽便于数学处理，然而这种做法会丧失一些重要结论，因为不同要素之间的相互作用并不是一维模型所能概括得了的。正是这种考虑促使我们试图建立一个包括三种要素在内的模型。我希望模型构造上的不完善可以被其产生的有趣结果所补偿。

本章的基本结构是：第 2 节建立基本模型；第 3 节概括企业家选择及企业家群体特征；第 4 节考察均衡的存在性；第 5 节讨论比较静态学；第 6 节证明我们建立的模型能包揽其他所有模型。第 7 节在前面得出基本结论的基础上进一步对模型进行扩展，以便考察高能力者与资本家的合作关系；第 8 节将以直观性的描述来作为本章的结束语。

4.2 模型

经济由连续的个体所组成，每一个体由三维向量 $v=(\theta, W_0, \rho)$ 所识别，这里 $\theta \in [0, \infty)$ 代表经营才能，$W_0 \in [0, \infty)$ 代表（用于资本投入的）初始个人财富存量，$\rho \in [0, \infty)$ 代表风险规避度指数。当且仅当 $v_A \equiv v_B$ 时，个体 A 与个体 B 被认为是完全一样的，否则两者就互不相同。个体 v 的冯·纽曼—摩根斯顿效用函数由参数化函数 $U=U（W_1，\rho）$ 表示，这里 $W_1 \in [0，\infty)$ 代表最终收入。据此我们可以作出如下假设：

假设 1：$U（W_1，\rho）$ 为 W_1 的二阶连续可导函数，且 $U_w > 0$；$U_{ww} \le 0$。[1]

假设 2：绝对风险规避度的阿罗—普拉特度量（the Arrow-Pratt measure of absolute risk-aversion）为 ρ 的非减函数，即对于 $W_1 \in [0，\infty)$ 有：

$$\rho_1 > \rho_2 \Rightarrow -\frac{U_{ww}(W_1,\rho_1)}{U_w(W_1,\rho_1)}$$
$$\ge -\frac{U_{ww}(W_1,\rho_2)}{U_w(W_1,\rho_2)} \text{ for all } W_1 \in [0,\infty) \tag{4.1}$$

或

$$-\frac{\partial^2 \ln U_w}{\partial\rho\partial W_1} \ge 0 \tag{4.2}$$

即 ρ 值越高，风险规避度就越高。[2] 特别地，我们规定 $\rho = 0 \Leftrightarrow U_{ww} = 0$。值得注意的是，我们假定个体 v 或者是风险中性者或者是风险规避者，但不可能是风险爱好者。

第一阶段，假设仅仅存在两种可供选择的职业：或者做一名拥有剩余索取权的企业家，或者做一名获得契约收入（下文加以定义）的工人。如果做一名企业家，他作为企业家的总产出（y）是雇佣劳动

---

1 这里下标分别代表一阶与二阶导数。注意：我们假定效用函数独立于经营才能。
2 我采纳了凯尔斯特姆—拉丰特（1979）的形式化。

力（L）、资本投入（K）和经营能力（θ）的随机函数。定义如下：

$$Y = f(L, K, \theta, s) \tag{4.3}$$

这里 $s \in [\underline{s}, \overline{s}]$ 是状态变量，服从分布函数 $\Phi(s)$（密度函数以 $\Phi(s)$ 表示）。注意：L 不包括企业家本人的劳动投入，因为该劳动投入已被作为企业的创立成本处理。

假设 3：$f(L, K, \theta, s)$ 为 L，K，θ，s 的二阶连续可微函数，且满足下列特性：（i）对于所有的 $L \geq 0$ 时，有 $f_L > 0$，$f_{LL} < 0$；对于所有的 $K \geq 0$ 时，$f_K > 0$，$f_{KK} < 0$；$f_\theta > 0$，$f_{\theta L} > 0$，$f_{\theta K} > 0$，且 $f_s > 0$，$f_{sK} > 0$，$f_{sL} > 0$；（ii）$f(0, K, \theta, s) \equiv f(L, 0, K, s) \equiv f(L, K, 0, s) \equiv f(L, K, \theta, \underline{s}) \equiv 0$。

假设（i）简单明了无需作出解释。假设（ii）说的是，劳动力和资本均是正产出的必要条件；才能最低者不可能成为具有生产力的企业家；不管劳动力、资本与经营能力如何，最坏的结果将会是产出为零。[1]

假定经营能力属于私人信息，个人财富属于公共信息，并且，个人最终财富不能够低于零，那么，以第三章导出的论点为基础，我们可以作出下面的假设：

假设 4：企业家对劳动力投入与资本投入（L，K）的选择要受到他个人财富的约束。

应该注意到，与假设 1—3 不同，假设 4 属于制度方面的假设而非技术性假设。这一假设是基于对为什么是资本雇佣劳动的观察与论

1　这里仅仅是为了简化分析。最差状态下的总收入是为零或者为正，仅仅影响到边界点，并不改变关系的变化方向。

证结果（见第三章）而作出的。本模型与标准的一般均衡模型在处理个人财富约束上的主要差别是，在本模型中，个人财富约束是假设的一个起点和均衡的特征之一，而在标准模型中，个人财富约束则被认为是不均衡一个特征。

现实生活中，财富约束可能呈现两种基本形态：所付利息率与工资对自有财富的依从；贷款最高限额的约束。或者说，无论"价格"还是"数量"都依赖于企业家的个人财富。然而，为便于分析问题起见，我们只考察数量约束。据此，我们假定企业家都面临相同的利息率与工资率，只有企业规模大小才受个人财富所约束。如果数量约束规则意味着所有的企业家都将面临相同的破产可能性，那么这种简化并不是没有道理的。[1] 尤其，我们假定个人财富约束规则（the personal wealth constraint rule，简写为 PWCR）取下列线性形式：

$$wL + rK \leq \lambda W_0 \tag{4.4}$$

这里 w 代表劳动力的市场工资，r 代表资本的市场租价（等于 1+ 利息率）。而 λ（$\lambda > 1$）代表个人财富约束规则参数，该参数反映出企业家选择的非价格约束的总体信息。我们将会看到，λ 与（w，r）一起对决定均衡起着至关重要的作用。

对于（4.4）式应加注几点说明：首先，λ 对于所有想成为企业家的人是等同的，就是说，个人预算约束由个人财富所唯一决定，而与个人其他特征无关。这里遵循了这样一个隐含假设，即个人经营才能

1　人们可能认识到，这种假设至少大致与现实生活相吻合。观察表明，即使借款者愿意支付较高的利息，相当数量的贷款申请依然会被拒绝。

　　　　　　　　　　　　　　　企业的企业家—契约理论

（服从共同分布函数）属于私有信息，不易被外部投资者所观察到。W_0是个人财富约束规则的唯一决定因素，因为W_0是唯一能被公众直接观察到的个人特征变量。现实生活中，如果存在与经营才能相关的其他信息，个人财富约束规则也有可能以"其他信息"为基础。尤其是，如果高才能意味着较高说服他人相信自己能力的能力，个人财富约束规则可能直接取决于他的才能。然而，只要对才能的观察不可能是完全的，那么上述简化就可以说是可以成立的。

其次，在（4.4）式中，劳动力与资本被看成是相互对称的。当然，我们可以对劳动力或资本进行加权处理，甚至只考虑资本这一项。但对称处理的好处是，不管约束规则能否生效（binding），对于给定的生产技术$f(L, K, \theta, s)$与分布函数$\Phi(s)$，劳动力与资本的组合总会是最优的。[1]例如，假设产出遵循柯布—道格拉斯函数$Y = \theta s L^\alpha K^{1-\alpha}$，这里$0 < \alpha < 1$，对于所有的产出水平，$\left(\dfrac{K}{L}\right)$最优值将满足$\dfrac{K}{L} = \dfrac{(1-\alpha)w}{\alpha r}$。把它代入到（4.4）式中去，我们得到个人财富约束规则如下表达式：

$$K \leq \lambda \frac{(1-\alpha)}{r} W_0$$

第三，我们假定$K \leq W_0$总是可行的（feasible），即是说，只要企业家的资本投资不超出其个人财富，个人财富约束规则就不具有束缚力。这也意味着λ严格大于1。在上述例子中，我们$\lambda \geq \dfrac{r}{1-\alpha} > 1$。[2]此外，我

1　因为效用函数只依赖于最终收入，而不论这种收入如何得来，因此，资本与劳动力的最佳组合将独立于效用函数。然而，一般来说最优组合依赖于产出水平，因此，个人财富约束规则生效与不生效时的$\left(\dfrac{K}{L}\right)$最优值将大不一样。

2　因为我们把财富当作资本看待，如果λ不严格地大于1，资本市场就不能实现均衡。

们假定工资在期末支付，从而借贷款项将为（$K-W_0$）。[1]

在对个人财富约束规则进行详细阐述之后，我们现在转而去分析企业家所面临的决策问题。

以 $s^*(\geq \underline{s})$ 表示"临界破产状态"（the critical bankruptcy state）。当 $wL+r(K-W_0) \leq 0$ 时，有 $s^* \equiv \underline{s}$（即仅当 $W_0 > K$ 时，$rW_0 \geq wL+rK$）。否则，s^* 将满足下述条件：

$$f(L,K,\theta,S^*)-(wL+r(K-W_0))=0 \qquad (4.5)$$

$$f(L,K,\theta,S)-(wL+r(K-W_0)) \leq 0，对所有 s \leq s^* \qquad (4.6)$$

式（4.5）定义：

$$s^* = s^*(L,K,w,r,\theta,W_0) \qquad (4.7)$$

$$\Phi(s^*) = \Phi(s^*(L,K,w,r,\theta,W_0)) \qquad (4.8)$$

那么，假定消费为非负值并满足标准化条件 $U(0,\rho)=0$。则企业家问题变成为：

$$\underset{(L,K)}{最大化} \int_{s^*}^{\bar{s}} U(f(L,K,\theta,s)-(wL+r(K-W_0)),\rho)\Phi(s)ds$$

满足条件：

$$wL+rk \leq rW_0 \qquad (4.9)$$

这里，$\pi=f(L,K,\theta,s)-(wL+r(K-W_0))$ 代表 s 状态下企业家的利润值。

我们对效用函数与生产函数所作出的假定保证了（4.9）式解的存在。我们现在分别以 L^* 与 K^* 表示最优劳动力投入与最优资本投入，

1　如果工资在期初支付，借贷需求应为（$K+wL-W_0$）。

　　　　　　　　　　　　　企业的企业家—契约理论

那么我们有:

$$L^* = L(\theta, W_0, \rho; w, r, \lambda) \qquad (4.10)$$

$$K^* = K(\theta, W_0, \rho; w, r, \lambda) \qquad (4.11)$$

式（4.10）与（4.11）说的是，企业家对劳动力与资本的需求依赖于三个个性特征（θ，W_0，ρ）和三个市场参数（w，r，λ）。它们之间的特定关系将在以下两节中予以详细简述。

将（4.10）式与（4.11）式代入效用函数中，可以得到企业家的间接期望效用函数如下:

$$V = EU(\pi, \rho) = V(\theta, W_0, \rho; w, r, \lambda) \qquad (4.12)$$

如果个体 V 选择当工人（或消极资本家），那么他只能在市场上出售其劳动力与资本禀赋以挣取契约收入（工资或租金）。潜在购买者（企业家）面临破产的可能性意味着即使一个消极资本家—工人的契约收入也具有风险性。所以他必须考虑将其劳动力与资本卖给谁才能获得最佳预期效果。用一个一般均衡模型同时分析企业家选择与（消极资本家）工人选择是很诱人的一件事，但处理起来难度较大。为分析问题方便起见，我们不去考虑工人选择问题，而假定消极资本家或工人将其选择权"委托"于多样化经营的工资保险公司或金融中介机构（银行），从而其契约收入不具有风险性。[1] 这一假设也意味着所有的消极资本家或工人取得相同的工资率与利润率。根据上述论

---

[1] 这种假说至少对资本市场来说并非不合理。现实生活中，大多数消极资本家把金融资产存入银行。而银行又将资金贷给企业家。正是银行才将个人财富约束规则强加给借款者。此外，既然在企业破产后工人一般能拥有优先索取权，因而工资较之于贷款其风险性要小。

点，我们可以将消极资本家或工人的确定收入效用表述如下：[1]

$$U = U(w + rW_0, \rho) \tag{4.13}$$

在（w，r，λ）为给定条件下的竞争性市场中，个体 v 在作出当企业家或当工人的决策选择中，当且仅当

$$V(\theta, W_0, \rho; w, r, \lambda) \geq U(w + rW_0, \rho) \tag{4.14}$$

时，他才会选择当企业家，反之，他将选择当工人。

由于在均衡条件下对所有人来讲（w，r，λ）是相同的，因而当企业家或当工人的选择完全取决于个体的个性特征（θ，W_0，ρ）。

以 E 表示企业家集合；Z 表示工人集合；定义

$$(\mathrm{i}) E = \{(\theta, W_0, \rho) : V(\theta, W_0, \rho; w, r, \lambda) \geq U(w + rW_0, \rho)\} \tag{4.15}$$

$$(\mathrm{ii}) Z = \{(\theta, W_0, \rho) : V(\theta, W_0, \rho; w, r, \lambda) < U(w + rW_0, \rho)\} \tag{4.16}$$

以 Ψ 表示人口中（θ，W_0，ρ）的联合分布函数，定义少 $\Psi = \Psi$（θ，W_0，ρ）：$[0, \infty) \times [0, \infty) \times [0, \infty) \rightarrow [0, 1]$。边际分布分别记为少 $\Psi^\theta = \Psi(\theta)$，$\Psi^W = \Psi(W_0)$，$\Psi^\rho = \Psi(\rho)$。均衡由一组（$w$，$r$，$\lambda$）和人口的分割（$E$，$Z$）定义，以 $R = \{(w^*, r^*, \lambda^*); (E, Z)\}$ 表示，它满足 $E \cap Z = \varphi$ 和 $E \cup Z = W = [0, \infty) \times [0, \infty) \times [0, \infty)$，即，

$$1 - \iiint_E d\Psi(\theta, W_0, \rho) = \iiint_Z d\Psi(\theta, W_0, \rho)$$
$$= \iiint_E L(\theta, W_0, \rho; w^*, r^*, \lambda^*) d\Psi(\theta, W_0, \rho) \tag{4.17}$$

1　保险公司与银行的参与约束意味着，由企业家所支付的工资和利息率应该高于工人与消极资本家所拿到的工资和利息率。从技术上讲，这相当于对无风险的工资和利息率加征税收。由于这不影响到主要论点，故此我们未予以考虑。

$$\iiint_E K(\theta, W_0, \rho; w^*, r^*, \lambda^*) d\psi(\theta, W_0, \rho) = \int_0^\infty W_0 d\psi(W_0) \tag{4.18}$$

这里（a） $\iiint_E d\Psi(\theta, W_0, \rho)$ 代表人口中企业家的比例,（b） $\iiint_Z d\Psi(\theta, W_0, \rho)$ 代表工人的比例,（c） $\iiint_E L(\theta, W_0, \rho; w, r, \lambda) d\Psi(\theta, W_0, \rho)$ 代表人均劳动需求量,（d） $\iiint_E K(\theta, W_0, \rho; w, r, \lambda)$ 代表人均资本需求量,（e） $\int_0^\infty W_0 d\Psi$ 代表人均个人财富（资本禀赋）。条件（4.17）表明,来自工人对劳动力的供给量等于来自企业家对劳动力的需求量。条件（4.18）表明,来自人口对资本的供给量等于来自企业家对资本的需求量。

在给定时刻的给定社会中,（ θ, W_0, ρ）的联合分布及个体特征都是给定的。这样,均衡只有通过对市场工资（ w）、市场资本价格（ r）、个人财富约束规则参数（ λ）进行调整才能实现。不同的少（ θ, W_0, ρ）量会产生不同的均衡 R={（ w, r, λ）;（ E, Z）}。换言之,企业家选择的一般均衡将由经营才能、个人财富与风险态度的联合分布函数所决定。

4.3　企业家职业选择的特征

我们把均衡存在性的证明留在下一节。在本节中,我们将概括出均衡条件下企业家职业选择的特征。我们所关心的是,给定参数合（ w, r, λ）,个体对成为企业家还是成为消极资本家或工人的选择与其个性特征（ θ, W_0, ρ）存在什么样的关系? 换言之,企业家是怎样生成的?

第一步将分别考察劳动力与资本需求函数（4.10）与（4.11），即是说，假如个体 v 要当企业家，其最优需求 L^* 和 K^* 与其个性特征（θ，W_0，ρ）存在什么样的依存关系？

首先考虑企业家对劳动力和资本的最优需求如何依赖于其个人财富。为分析问题方便起见，定义：

$$G(L,K) = \int_{s}^{\bar{s}} U\big(f(L,K,\theta,s) - (wL + r(K-W_0)), \rho\big)\varphi(s)ds \qquad (4.19)$$

$$H(L,K) = \int_{s^*}^{s} U\big(f(L,K,\theta,s) - (WL + r(K-W_0)), \rho\big)\varphi(s)ds \qquad (4.20)$$

这里 s^* 由 f（L，K，θ，s）－（$wL+r$（$K-W_0$））$\equiv 0$ 定义。[1]

那么，目标函数变为：

$$EU(L,K) = \begin{cases} G(L,K) & \text{当 } wL + rK \leq rW_0 \\ H(L,K) & \text{当 } wL + rK \geq rW_0 \end{cases} \qquad (4.21)$$

以（L^G，K^G）代表（4.19）式极大化值，（L^H，K^H）代表（4.20）式极大化值，记（L^{U*}，K^{U*}）为无约束需求（即当不存在个人财富约束规则时），（L^{U*}，K^{U*}）最大化（4.21）。我们可以导出：

引理 1：假定假设 1—3 成立，个体拥有不变的绝对风险规避度。那么，当 H（L，K）有唯一局部极大点时，（ⅰ）存在一个 W_0'，对所有 $W_0 \geq W_0'$，（L^{U*}，K^{U*}）=（L^G，K^G），而对所有 $W_0 < W_0'$ 时，（L^{U*}，K^{U*}）=（L^H，K^H），这里（L^H，K^H）>（L^G，K^G），（ⅱ）对所有 $W_0 < W_0'$，（L^H，K^H）是 W_0 的递减函数。

（证明见本章附录 A）

1　技术上讲，允许 $s^* \leq 0$。

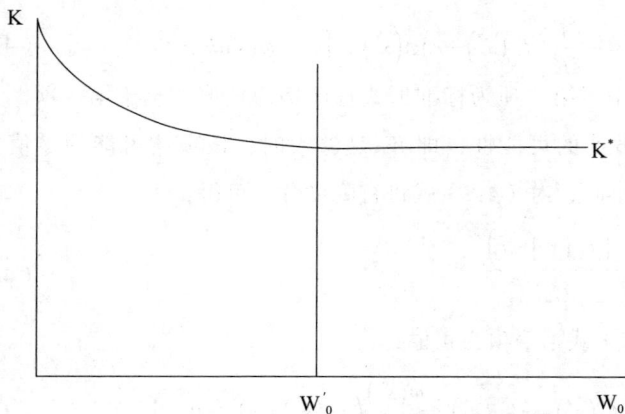

图 4-1　无财产约束的最优投资

引理 1 的图解见图 4-1 引理说明，假定有不变的阿罗—普拉特绝对风险规避度度量，企业家对劳动力与资本的非约束需求随个人财富而递减，一直到 $W_0=W_0'$，然后，$(L^{U*}, K^{U*}) \equiv (L^G, K^G)$。[1] 更重要的是，在 $W_0<W_0'$ 时的无约束需求必定大于当 $W_0 \geq W_0'$ 时的无约束需求。直观上讲，除非 $W_0 \geq W_0'$，否则劳动力和资本的预期边际成本与预期边际效益对个人财富的依从关系是不对称的，当 $W_0<W_0'$ 时，对企业家来说，劳动力与资本投入的边际增加将产生两种不同的影响：对边际产出的影响与对破产概率的影响。前一种影响为负影响，后一种影响为正影响。这可以通过目标函数对资本（劳动力）的二阶导数得到证实：[2]

_____

1　应该注意到，不变绝对风险规避度对于结果而言只是充分条件而非必要条件。
2　这里我们所考虑的是风险中性的情况。

$$\frac{\partial^2 EU}{\partial K^2} = -\frac{\partial s^*}{\partial K}\left(f_K\left(s^*\right)-r\right)\varphi\left(s^*\right) + \int_{s^*}^{\bar{s}} f_{KK}\varphi(s)ds \qquad (4.22)$$

（4.22）式中，第二项为标准形式且严格为负值。至于第一项，只有当不存在破产的可能性，即 W_0 足够大时，该项才可能为零值。当 W_0 相对较小时，对（4.5）式进行隐微分，可得：

$$\frac{\partial s^*}{\partial K} = -\frac{\left(f_K\left(s^*\right)-r\right)}{f_{s^*}} \qquad (4.23)$$

从而（4.22）式第一项为正值：

$$-\frac{\partial s^*}{\partial K}\left(f_K\left(s^*\right)-r\right)\varphi\left(s^*\right) = \frac{\varphi\left(s^*\right)}{f_{s^*}}\left(f_K\left(s^*\right)-r\right)^2 > 0 \qquad (4.24)$$

这种边际产出的正效应部分地抵消了负效应（第二项），从而，企业家的最优意味着比只有负效应出现时更大的需求。而且，因为正效应随个人财富而递减，所以，（L^{U*}, K^{U*}）与（L^G, K^G）之间的差距会随 W_0 而递减并在当 $W_0=W_0'$ 时消失。

这为资本约束提供了进一步的合法性。它显示，如果进入资本市场不受个人财富限制，那么总资本将被不富有者耗光。[1]因为 G（L, K）不产生外部效应且它系社会计划者的目标函数，所以结论显示资本约束符合社会利益。这样就导出一种有别于传统观点的论点。传统观点认为，如果借方不能在给定利息率下借到所需款项，个人投资水平将小于社会最优水平。我们的分析意味着，一个不太富有者的借款需求之所以难以得到满足，恰是因为他的需求太大（与社会

---

1 这一论点也适用于劳动力市场。如果不存在个人财富约束，较穷的企业家将会雇佣很多工人。

最优相比）。[1]

现在转而考察受约束的需求，即考虑个人财富约束规则出现时的情况。

定理 1：假定假设 1—3 成立，个体具有不变的绝对风险规避度量，$H(L, K)$ 具有唯一的局部极大值。那么，对给定的 θ 和 ρ，存在一个 $W_0^b(<W_0')$，使得：（i）当且仅当 $W_0 \leq W_0^b$ 时，个人财富约束规则才生效；（ii）当 $W_0 \leq W_0^b$ 时，(L^*, K^*) 随 W_0 而递增；（iii）当 $W_0 \geq W_0^b$ 时，(L^*, K^*) 先随 W_0 递减，之后将保持不变。

定理 1 的证明非常简单。既然不受约束的需求随 W_0 而递减，由个人财富约束规则所定义的可行集合将随 W_0 从零起开始扩张，必然存在转换点 W_0^b，$W_0^b < W_0'$ 来自假设"$K \leq W_0$ 总是可行的"，它意味着，个人财富约束规则向非约束区间转换点总是出现在无破产转换点前。据引理 1，我们可以导出条件（ii）与条件（iii）。直观图解说明见图 4-2。[2]

前面的分析对于了解企业规模、企业家个人财富与个人财富约束规则的约束力之间的关系具有重要意义。如果个人财富约束规则不存在，不富有的企业家将会比富有的企业家经营更大的企业。然而，个人财富约束规则的引入将使情况变得复杂化。由于个人财富约束规则的存在，大企业往往被"中等"富有的企业家所经营。

---

1 生动的例证是在社会主义国家中普遍观察到的"投资饥饿"现象，在那里，投资的个人收益与投资失败的成本呈不对称关系。

2 本模型中，个人财富与对劳动力与资本的需求之间不存在单调关系。然而，现实生活中，由于某些个人财富不具备生产性但能用于抵押，非约束转换点可以出现在无破产转换点之后。如果属这种情况，受约束的需求将单调递增直到 W_0'。

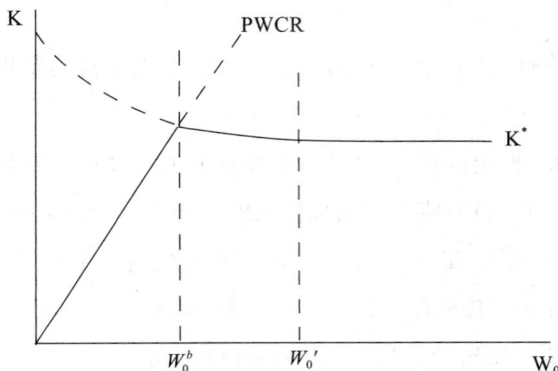

图 4-2 有财产约束的最有优投资

定理 2：在假设 1—3 下，L^* 和 K^* 可能随 θ 递减或递增，取决于破产概率、边际产出与风险规避度三种效应之间的平衡。

证明：在个人财富约束规则不存在的情况下，$\dfrac{\partial K^*}{\partial \theta}$ 的符号与一阶条件对 θ 的导数的符号相同：

$$\frac{\partial^2 EU}{\partial \theta \partial K} = -\frac{\partial s^*}{\partial \theta} U_\pi(s^*)(f_K(s^*) - r)\varphi(s^*)$$
$$+ \int_{s^*}^{\bar{s}} (U_{\pi\pi} f_\theta(f_K - r) + U_\pi f_{\theta K})\varphi(s)ds \qquad (4.25)$$

（4.25）式的第一项表示破产概率效应，它可以为负或为零，依 W_0 而定。积分号中第一项表示风险规避效应，由于 $U_{\pi\pi} < 0$，因而它不可能为正值；根据假设，积分的第二项为严格正数。因而（4.25）式的符号是不定的。证毕。

定理 2 意味着，即使不考虑个人财富约束规则，具有较高才能的企业家也不一定会去经营较大的企业。直观地讲，尽管才能的增加会提高劳动力与资本的边际产量，因此对 L^* 与 K^* 产生一种正效应，它同时也提高企业家对工人和债主支付契约工资和利息的可能性（即破产状态减少）。此外，既然才能的增长会提高给定劳动力与资本投入的预期剩余，害怕风险的企业家会宁愿少投资而不是多投资。然而对于足够富有（$s^*=s$）的风险中性者（$U_{\pi\pi}=0$）来说，无疑，才能较高的企业家将比才能较低者经营更大的企业，因为在这种情况下，两种负效应将消失。这也就意味着，与不富有且风险规避度高的企业家相比，对富有且风险规避度低者来讲，经营才能与企业规模更有可能呈现正相关关系。而且，既然 s^* 以 s 为下界，我们可以预料到，经营才能对企业规模的净效应对于具有很高才能的企业家来说更有可能为正值，除非个人财富约束规则是生效的，从而受约束的最优劳动力与资本投入不随才能而变化。

定理 3：在假设 1—4 下，L^* 和 K^* 为 ρ 的非增函数。

证明：要证明的是非约束的一阶导数是 ρ 的非增函数。

$$\frac{\partial^2 EU}{\partial \rho \partial K} = \int_{s^*}^{\bar{s}} U_{\pi\rho}(\pi, \rho)(f_K - r)\varphi(s)ds$$

$$= \int_{s^*}^{\bar{s}} \left(\frac{U_{\pi\rho}(\pi, \rho)}{U_\pi}\right) U_\pi(f_K - r)\varphi(s)ds$$

$$= \left[\left(\frac{U_{\pi\rho}(\pi, \rho)}{U_\pi}\right)\left(\int_s^s U_\pi(f_K - r)\varphi(s)ds\right)\right]_{s^*}^{\bar{s}}$$

$$- \int_{s^*}^s \frac{\partial}{\partial \rho}\left(\frac{\partial \ln U_\pi}{\partial \pi} f_s\right)\left(\int_{s^*}^s U_\pi(f_K - r)\varphi(s)ds\right)\varphi(s)ds$$

$$= \int_{s^*}^s \frac{\partial}{\partial \rho}\left(-\frac{\partial \ln U_\pi}{\partial \pi} f_s\right)\left(\int_{s^*}^s U_\pi(f_K - r)\varphi(s)ds\right)\varphi(s)ds$$

$$\leq 0$$

因为对于所有 $s < \bar{s}$，有 $\dfrac{\partial}{\partial \rho}\left(-\dfrac{\partial \ln U_\pi}{\partial \pi} f_s\right) \geq 0$ 和 $\int_{\underline{s}}^{s} U_\pi (f_K - r) \varphi(s) ds < 0$。值得指出的是，推导第二个等式时，我们运用了分步积分法。[1]

比如，如果对风险规避度低的企业家来说，(L', K') 是最优解，那么，对于风险规避较高的企业家来说，向下偏离 (L', K') 所导致的风险成本的减少将大于预期利润的减少。因此，风险规避度高的企业家将使用较少的劳动力与资本投入。

证毕。

定理 3 意味着，对于给定的 W_0 和 θ，风险规避度低的企业家将比风险规避度高的企业家可能经营更大的企业。这与凯尔斯特姆和拉丰特模型（1979）所得出的结论相吻合。结合定理 2 与定理 3，可以有把握地说，在 W_0 为给定情况下，由才能出众、风险规避度低的企业家所经营的企业不会比才能低、风险规避度高的企业家所经营的企业小。个人财富约束规则对 L^* 与 K^* 之间或 θ 与 ρ 之间关系的影响是显而易见的，当个人财富约束规则生效时，L^* 和 K^* 对 θ 和 ρ 的变化不敏感。应该注意到，个人财富约束规则的约束力不仅依赖于 W_0，而且也依赖于 θ 和 ρ。从引理 1 来看，在 θ 和 ρ 为给定情况下，不富有的企业家更有可能受到约束，这不仅是因为他的预算约束低，而且也是因为其非约束需求太高。定理 3 意味着，对于给定的 W_0 和 θ，个人财富约束规则更有可能约束才能出众、风险规避度低的企业家而

1　这实际上是戴蒙德与斯蒂格利茨（1974）定理 4 的运用。使用我们的符号，定理说明，如果 ρ 增加代表风险规避度提高，那么，如果存在 s' 使得当 $s < s'$ 时，有 $\pi_L = (F_L - W) \leq 0 (\geq 0)$，而当 $s \geq s'$ 时，有 $\pi_L = (F_L - W) \geq (\leq 0)$，则控制变量 $L^*(K^*)$ 随 ρ 而递减（递增）。在本模型中，一阶条件保证了这样一个 s' 确实存在。

不是才能平庸而且风险规避度高的企业家。

在描述了企业家需求函数之特点后，我们现在转而考察个体对成为企业家或成为工人的选择，为便于分析起见，我们把"企业家效用租金" Π 定义为：

$$\Pi = V(\theta, W_0, \rho; w, r, \lambda) - U(rW_0 + w, \rho) \tag{4.26}$$

这里，$V(\cdot)$ 由（4.12）式所定义。那么，当且仅当企业家效用租金大于或等于零时，个体才会选择成为企业家；否则他将选择成为工人。刻画企业家选择特征相当于去找到函数 $\Pi(\theta, W_0, \rho) \equiv 0$。

定义 $v^o = \Pi^{-1}(0) = \{(\theta, W_0, \rho) : \Pi(\theta, W_0, \rho) \equiv 0\}$。我们称 v^0 为"边际企业家超曲面"。设 $(\theta^o, W_0^o, \rho^o)$ 合 v^o 中的一个点，我们可以得出：

定理 4：（i）当且仅当 $\theta \geq \theta^o$ 时，有 $\Pi(\theta, W_0^o, \rho^o) \geq 0$；（ii）当且仅当 $\rho \leq \rho^o$ 时，有 $\pi(\theta^o, W_0^o, \rho) \geq 0$；（iii）给定 θ^o，和 ρ^o，（a）如果存在两个不同的 W_0，分别记为 W_0^{o-} 和 W_0^{o+}，这里 $W_0^{o-} < W_0^{o+}$，使得 $\Pi(\theta^o, W_0^{o-}, \rho^o) = \Pi(\theta^o, W_0^{o+}, \rho^o) = 0$，那么，对于所有 $W_0 \in [W_0^{o-}, W_0^{o+}]$ 有 $\Pi(\theta^o, W_0, \rho^o) \geq 0$，而对于所有 $W_0^{o-} \geq W_0 \geq W_0^{o+}$ 有 $\Pi(\theta^o, W_0, \rho^o) \leq 0$；（b）如果满足 $\Pi(\theta^o, W_0^o, \rho^o) = 0$ 的 W_0^o 是唯一的，那么对于所有 $W_0 \geq W_0^o$ 有 $\Pi(\theta^o, W_0^o, \rho^o) \geq 0$。

证明：

（i）等同于证明 $\pi(\cdot)$ 是 θ 的非减函数，对（4.26）式就 θ 进行求导，可以得到：

$$\frac{\partial \Pi}{\partial \theta} = \frac{\partial V}{\partial \theta} + \frac{\partial V}{\partial L^*} \frac{\partial L^*}{\partial \theta} + \frac{\partial V}{\partial K^*} \frac{\partial K^*}{\partial \theta} \tag{4.27}$$

因为，$\dfrac{\partial V}{\partial \theta} = \dfrac{\partial EU}{\partial \pi} \dfrac{\partial f}{\partial \theta} > 0$，当个人财富约束规则不具约束力时，$\dfrac{\partial V}{\partial L^*} = \dfrac{\partial V}{\partial K^*} = 0$；当个人财富约束规则具约束力时，$\dfrac{\partial L^*}{\partial \theta} = \dfrac{\partial K^*}{\partial \theta} = 0$，所以，

$$\frac{\partial \Pi}{\partial \theta} = \frac{\partial V}{\partial \theta} > 0 \tag{4.28}$$

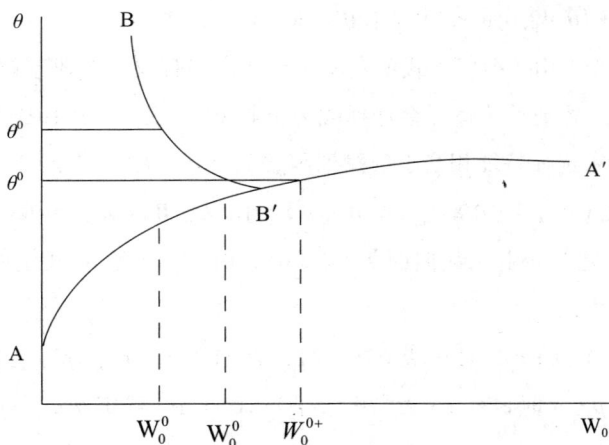

图4-3　边际企业家

（ii）参考凯尔斯特姆与拉丰特（1979）中的论证。

（iii）最好利用（W_0，θ）空间图解进行说明：

从第 3 章的定理 1 与本章的引理 1 中我们知道，当个人财富约束规则不存在时，临界经营才能在 $W_0 \leqslant W_0{}'$ 范围之内系个人财富 W_0 的增函数，如图4-3中曲线 AA' 所示。个人财富约束规则意味着只有当 W_0 大于最小值（记为 W_0^{o-}）时，Π（0）才能为正，这样 $(L,K) = \left\{ (L,K): wl + rk = \lambda W_0^{o-} \right\}$ 才足够赢利。根据（i）部分，W_0^{o-} 是 θ 的减函数，如曲线 BB' 所示（BB' 的推导参见下文）。显然，一个给

　　　　　　　　　　　　　　企业的企业家—契约理论

定的 θ° 可以有两个不同的 W°_0 与之对应。如果的确如此，对于所有 $W_0 \in \left[W_0^{o-}, W_0^{o+}\right]$ 有 $\prod(\theta^\circ, W_0, \rho^\circ) \geq 0$；而对于所有 $W_0^{o-} \geq W_0 \geq W_0^{o+}$ 有 $\prod(\theta^\circ, W_0, \rho^\circ) \leq 0$。另一方面，如果 θ° 只对应一个 $W^\circ_0 (= W_0^{o-})$，对于所有 $W_0 \geq W^\circ_0$ 有 $\prod(\theta^\circ, W_0, \rho^\circ) \geq 0$。

证毕。

大致地讲，定理3说明，在均衡条件下，才能出众、较富裕、风险规避度低者将成为企业家，而才能低下、较贫穷、风险规避度高者则成为工人。但是第（iii）部分意味着这种观点并不总是正确的。可能在那些由经营能力"一般"水准所组成的团体中，只有那种"中等"富裕的人才成为企业家，而不是相对贫穷或相对富裕者成为企业家。

重要的是，定理3意味着这些（边际）企业家集合的个体特征可能比较复杂。尤其在决定边际企业家的三个个性特征之间可能存在着某些程度的替代性。例如，如果我们把"一般"才能、"适度"风险规避和"平均"个人财富边际企业家典型特征比较，我们将发现，许多边际企业家偏离了这些典型特征：某些人的风险规避度低于"适度"水平而才能低于"一般"水平；另一些人的才能高于一般水平而风险规避度低于"适度"水平；还有一些人才能高于一般水平但财富却低于"平均"水平。以下的分析将对企业家集合，特别是边际企业家超曲面进行更加严密的论证。鉴于问题本身的复杂性，我们将论证局限于两维空间。

首先，我们考察经营才能与风险规避度的组合。在 (θ, ρ) 中，对于给定的 W_0（假定它足够大以致存在 θ 和 ρ 可使得 $\prod \geq 0$），$\prod \geq 0$ 表示企业家集合（记为 $E(\theta, \rho)$）。第一，对所有 $\rho \geq 0$ 必然存

在一个 $\theta_{\min}$，对于所有 $\theta \geq 0$，必然存在一个 $\rho_{\max}$，使得：

$$\left\{ (\theta, \rho): \theta < \theta_{\min} \bigcup \rho > \rho_{\max} \right\} \notin E(\theta, \rho) \qquad (4.29)$$

（4.29）式非常直观。它说明，如果一个人的经营才能低于某个下限，或者风险规避参数大于某个上限，那么他决不会选择成为企业家。$\theta = 0$ 或 $\rho = \infty$ 即为例证。第二，$\Pi = 0$ 定义的边际企业家曲线具有下述斜率：

$$\frac{d\theta^0}{d\rho^0} = -\frac{\dfrac{\partial \Pi}{\partial \rho^0}}{\dfrac{\partial \Pi}{\partial^\circ}} \geq 0 \qquad (4.30)$$

因为 $\dfrac{\partial \Pi}{\partial \rho^0} \leq 0$ 和 $\dfrac{\partial \Pi}{\partial^\circ} \geq 0$。（4.30）式说的是，经营才能与风险规避在边际企业家的构成中具有某种替代性。沿着边际曲线，风险规避度越高的企业家经营能力越强（换言之，对于选择成为企业家的个体而言，临界经营能力随风险规避度而递增）。直观地讲，要使得一个人在作为企业家与作为工人之间无差异，较高的风险规避度要求较高的预期收益，从而要求较高的经营才能。在图 4-4 中，A 与 B 均是边际企业家，但因为 B 较之于 A 更趋于规避风险，所以 B 的才能远高于 A。C 的才能较 A 高且较 B 敢担风险，但他不是企业家，因为与 A 相比，他所高出的才能不足以"弥补"他较高的风险规避态度，而与 B 相比，他的风险规避不足以低至"弥补"他的才能。

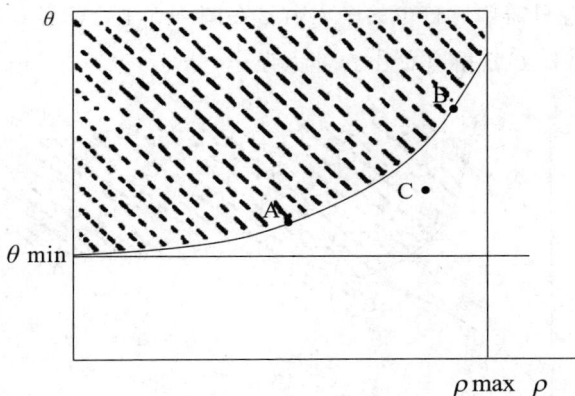

图 4-4 (θ, ρ) 空间的企业家集合

其次，我们考察由 $E(\theta, W_0)=\{(\theta, W_0):\Pi \geq 0$，给定 $\rho \leq \rho_{max}\}$ 所定义的 (θ, W_0) 空间上企业家集合。在图 4-5 中，$E(\theta, W_0)$ 是由曲线 AA' 与曲线 BB' 所围成的半开空间。曲线 AA' 是基于第 3 章定理 1 中的非约束边际企业家曲线，曲线 BB' 是由如下方式所导出的受约束的边际企业家曲线。第一，对于给定的经营才能 θ（假定足够大），当且仅当 $W_0 \geq W_0^{o-}$（或许局部值）时，存在某一依赖于 θ 的最低私人财富要求使得 $\Pi \geq 0$。第二，既然在 W_0^{o-} 时，个人财富约束规则具有约束力，则：

$$\frac{d\theta^0}{dW_0^{o-}} = -\frac{\frac{\partial \Pi}{\partial W_0}}{\frac{\partial \Pi}{\partial \theta}} < 0 \tag{4.31}$$

即 BB' 是负倾斜的。直观上讲，与才能较低者相比，才能较高者作为企业家时只需要较少投资便能"收支平衡"，即当 λ 为给定时，才能较高者只需要比较少的个人财富在图 4-5 中，C 与 D 均为边际企业家，D 比 C 富裕但 C 比 D 能力强。

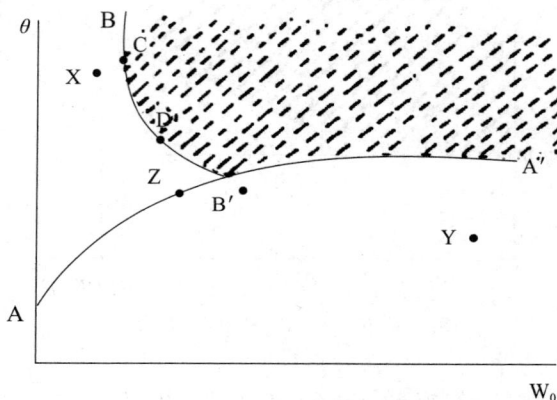

图 4-5 （θ，W_0）空间的企业家集合

图 4-5 说明，对于想要成为企业家的个体来说，经营能力与个人财富都是基本的。某些人被排除在企业家行业之外，或者因为才能低下、或者由于不够富有，或者两种原因兼而有之。如图 4-5 中，X 擅长经营，但由于不够富有而不能成为企业家；另一方面，Y 富有，但由于经营才能不够高，他也不会选择成为企业家；至于 Z，则既缺乏经营才能也不富有。上图也说明，给定个人财富，才能较高的意愿企业家较之于才能较低者而言，更有可能在个人财富约束规则下变成实际企业家。

值得强调的是，虽然 X、Y、Z 都变成为工人，但他们所面对的职业选择机制却不同。X 和 Z 成为工人是迫于个人财富约束规则而被迫无奈，而 Y 的选择则出于自愿。虽然 X 和 Z 被排除在企业家行列

　　　　　　　　　　　　　　　　企业的企业家—契约理论

之外，但个人财富的变化可能会对各自的选择产生不同的影响。W_0的提高可能使 X 从被迫的工人变成受约束的企业家，但却使 Z 从被迫的工人变成自愿工人。究其原因，X 是优等意愿企业家，他之所以现在不能成为企业家不过是因为他贫穷，即使当他变得富有时，成为企业家的动力依然如故。而 Z 属于劣等意愿企业家，他之所以想成为企业家是因为贫穷的缘故，一旦他变得富有，成为企业家的动力也就荡然无存。

风险态度对企业家选择的影响也可以结合到 (θ, W_0) 空间之中。从图 4-6 中可以看出，越是风险规避越要求有较强的能力来加以弥补，所以当 ρ 增加时，AA' 曲线将向上移动，而 BB' 曲线将向右移动。

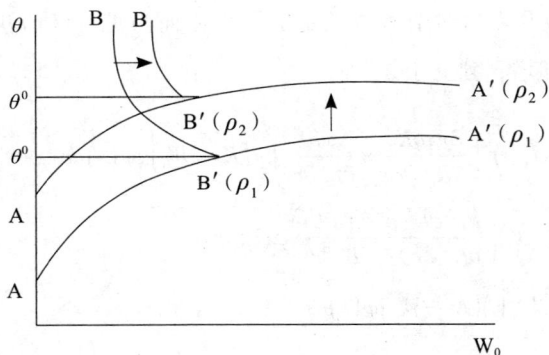

图 4-6   风险规避度变化对企业家集合的效应

4.4   均衡的存在性

在本节我们将证明一般均衡的存在。首先将考察企业家的需求

函数 L^*（w，r，λ）和 K^*（w，r，λ），以及边际企业家超曲面怎样随（w，r，λ）变化而变化。结论表述在下述引理中。

引理 2：(i) L^* 随 w 递减、K^* 随 r 递减，而 L^* 与 K^* 都随 λ 递增或非递减；(ii) θ° 和 $W_0^{\circ-}$ 都随（w，r）递增，对 λ 非递减；ρ° 随（w，r）递减并随 λ 而非递减。

证明：(i) 对 w 和 r 的证明属于微观经济学的普通常识。[1] 对于 λ 而言，当个人财富约束规则不起作用时，λ 的微小变化将对 L^* 和 K^* 不起作用。当个人财富约束规则起作用时，λ 的增加（类似于放松约束）将导致 L^* 和 K^* 的递增，而 λ 的下降（类似于抽紧约束）将导致 L^* 和 K^* 的递减。

(ii) 根据上一节中的定理 4，只要证明企业家租金 Π 是 w 和 r 的递减函数和 λ 的递增函数就足够了。显而易见，U（rW_0+w，ρ）随 w 和 r 而递增，独立于 λ。

$$
\begin{aligned}
\frac{\partial V}{\partial r} &= \int_{s^*}^{\bar{s}} U_\pi(.)\left(\left(\frac{\partial \pi}{\partial K}\frac{\partial K^*}{\partial r}+\frac{\partial \pi}{\partial L}\frac{\partial L^*}{\partial r}\right)-\left(K^*-W_0\right)\right)\varphi(s)ds \\
&= \int_{s^*}^{\bar{s}} U_\pi(.)\left(\frac{\partial \pi}{\partial K}\frac{\partial K^*}{\partial r}+\frac{\partial \pi}{\partial L}\frac{\partial L^*}{\partial r}\right)\varphi(s)ds \\
&\quad - \int_{s^*}^{\bar{s}} U_\pi(.)\left(K^*-W_0\right)\varphi(s)ds
\end{aligned}
\tag{4.32}
$$

---

1 当个人财富约束规则不起作用时，这一问题类似于消费者选择预算约束条件下的预期效用最大化问题。w（r）的递增有两种效用："收入"效用与替代效用。由于劳动力与资本两者均是正常商品，故观点成立。然而我们无法对 w（r）的变化所产生的交叉效用作过多的评述。

如果个人财富约束规则不起作用，则：

$$\int_{\underline{s}^*}^{\overline{s}} U_\pi(.)\left(\frac{\partial \pi}{\partial K}\frac{\partial K^*}{\partial r} + \frac{\partial \pi}{\partial L}\frac{\partial L^*}{\partial r}\right)\varphi(s)ds$$

$$= \frac{\partial K^*}{\partial r}\int_{\underline{s}^*}^{\overline{s}} U_\pi(.)(f_K - r)\varphi(s)ds$$

$$+ \frac{\partial L^*}{\partial r}\int_{\underline{s}^*}^{\overline{s}} U_\pi(.)(f_L - w)\varphi(s)ds = 0 \qquad (4.33)$$

因为，根据一阶条件：

$$\int_{\underline{s}^*}^{\overline{s}} U_\pi(.)(f_K - r)\varphi(s)ds$$

$$= \int_{\underline{s}^*}^{\overline{s}} U_\pi(.)(f_L - w)\varphi(s)ds = 0 \qquad (4.34)$$

因此，当 $K^* \geq W_0$ 时：

$$\frac{\partial V}{\partial r} = -\int_{\underline{s}^*}^{\overline{s}} U_\pi(.)\left(K^* - W_0\right)\varphi(s)ds \leq 0 \qquad (4.35)$$

而当 $K^* < W_0$ 时，$\dfrac{\partial V}{\partial r} = -\displaystyle\int_{\underline{s}}^{\overline{s}} U_\pi(.)\left(W_0 - K^*\right)\varphi(s)ds > 0$，然而，

$$\frac{\partial \Pi}{\partial r} = \frac{\partial V}{\partial r} - \frac{\partial U}{\partial r} = -\int_{\underline{s}}^{\overline{s}} U_\pi(.)\left(W_0 - K^*\right)\varphi(s)ds$$

$$- \int_{\underline{s}}^{\overline{s}} U_\pi(.)W_0\varphi(s)ds \qquad (4.36)$$

$$= -K^*\int_{\underline{s}}^{\overline{s}} U_\pi(.)\varphi(s)ds < 0$$

如果个人财富约束规则起作用，则（4.34）式不能成立（严格地大于 0）。然而，由于资本—劳动力比率总是最优的，故下列条件成立：

$$f_L = \left(\frac{W}{r}\right)f_K \qquad (4.37)$$

将（4.37）式代入（4.32）式中，我们得到：

$$\frac{\partial V}{\partial r} = \left(\frac{\partial K^*}{\partial r} + \left(\frac{w}{r}\right)\frac{\partial L^*}{\partial r}\right)\int_{\underline{s}^*}^{\overline{s}} U_\pi(.)(f_K - r)\varphi(s)ds$$

$$- \int_{\underline{s}^*}^{\overline{s}} U_\pi(.)\left(K^* - W_0\right)\varphi(s)ds \qquad (4.38)$$

因为当个人财富约束规则起作用时，$wL^* + rL^* \equiv \lambda W_0$，故下列条件成立：

$$w\frac{\partial L^*}{\partial r} + K^* + r\frac{\partial K^*}{\partial r} = 0 \tag{4.39}$$

将（4.39）代入（4.38）中，

$$\begin{aligned}\frac{\partial V}{\partial r} &= -\frac{K^*}{r}\int_{s^*}^{\bar{s}} U_\pi(.)(f_K - r)\varphi(s)ds \\ &\quad - \int_{s^*}^{\bar{s}} U_\pi(.)(K^* - W_0)\varphi(s)ds < 0\end{aligned} \tag{4.40}$$

同理，我们可以证明 $\dfrac{\partial V}{\partial w} < 0$。因此 $\dfrac{\partial \Pi}{\partial w} < 0$。

对 λ 来说，当个人财富约束规则起作用时，λ 的增加会使得 L^* 和 K^* 增加，从而 V 亦递增，因为 L^* 和 K^* 都低于无约束的最优水平。当个人财富约束规则不起作用时，在边际状态下，V 独立于变量 λ。因此，随着 λ 的增加，Π 增或非递减。

上述观点可以通过图 4-7 与图 4-8 直观地说明。在图 4-7 中，当工人的效用随 $w(r)$ 而递增，而当企业家的效用却随 $w(r)$ 而递减；仅当 $w \leq w'(r \leq r')$ 时，个体才选择成为企业家。在图 4-8 中，当工人的效用随 λ 的变化而保持不变，而当企业家的效用却随 λ 的变化首先递增，然后保持不变；仅当 $\lambda \geq \lambda'$ 时，个体才选择当企业家。

证毕。

定理 5：对于一给定的联合分布函数 $\Psi(\theta, W_0, \rho)$，至少存在一种均衡 (w, r, λ)，用 (w^*, r^*, λ^*) 表示，满足：

$$\begin{aligned}1 - \iiint_E d\Psi(\theta, W_0, \rho) &= \iiint_E d\Psi(\theta, W_0, \rho) \\ &= \iiint_E L(\theta, W_0, \rho; \omega^*, r^*, \lambda^*) d\Psi(\theta, W_0, \rho)\end{aligned} \tag{4.41}$$

企业的企业家—契约理论

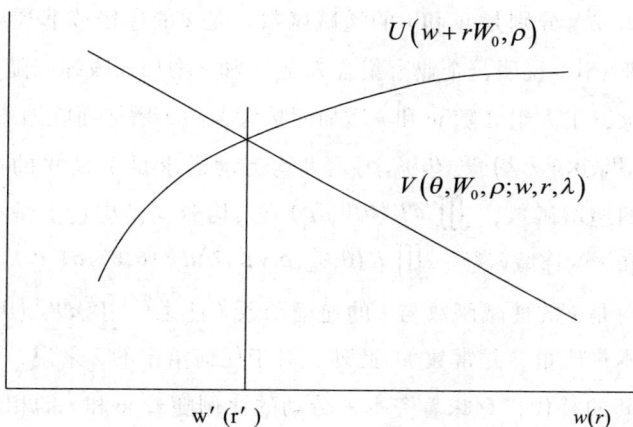

图 4-7　均衡工资（w）与均衡利率)(r)

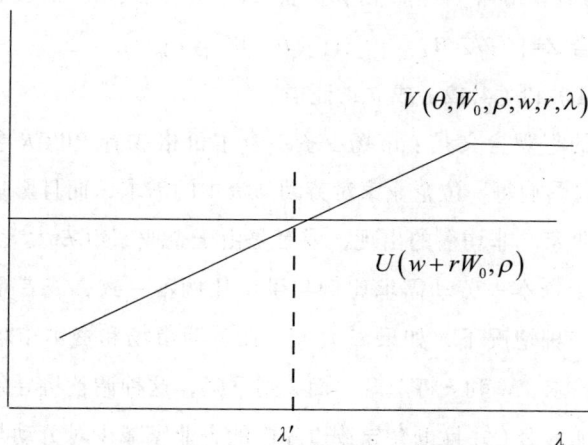

图 4-8　均衡个人财富约束规则参数(λ)

$$\iiint_{E} K\left(\theta, W_{0}, \rho; w^{*}, r^{*}, \lambda^{*}\right) d\Psi\left(\theta, W_{0}, \rho\right) = \int W_{0} d\Psi^{W}\left(W_{0}\right) \qquad (4.42)$$

证明：引理（ i ）说明，$L\left(\theta, W_{0}, \rho; w, r, \lambda\right)$ 和 $K\left(\theta, W_{0},\right.$

ρ；w，r，λ）分别是 w 和 r 的递减函数，是 λ 的递增或非递减的函数；引理（ii）说明，企业家集合 E 随 w 和 r 增加而收缩，随 λ 的增加而扩大，工人组 Z 随 w 和 r 增加而扩大，随 λ 增加而收缩。因此，$\iiint_F L(\theta, W_0, \rho; w, r, \lambda) d\Psi(\theta, W_0, \rho)$（人均劳动需求量）是 w 的递减函数和 λ 的递增函数，$\iiint_Z d\Psi(\theta, W_0, \rho)$（人均劳动供应量）是 w 的递增函数和 λ 的递减函数；$\iiint_E K(\theta, W_0, \rho; w; r, \lambda) d\Psi(\theta, W_0, \rho)$（人均资本需求量）是 r 的递减函数与 λ 的递增函数（注意，$\int W_0 d\Psi^W(W_0)$ 代表人均资本供应量，是常数）。此外，对于任何给定的 λ 来说，劳动与资本之间的替代，意味着资本—劳动的比例随着 w 和 r 的相应变化而得到调整。因此，必然存在一个（W^*，r^*，λ^*），将全体居民划分为企业家集合 E={（θ，W_0，ρ）:Π（θ，W_0，ρ；w^*，r^*，λ^*）≥ 0} 和工人集合 Z={（θ，W_0，ρ）:Π（θ，W_0，ρ；w^*，r^*，λ^*）<0}，使得式（4.41）和（4.42）成立，证毕。

定理的直观含义是：市场工资、资本价格或者 PWCR 参数 λ 的变化，不仅影响每一位企业家对劳动与资本的需求，而且影响多少人将成为企业家。非均衡的出现，或者是由于企业家组 E 太大或太小，或者是由于资本—劳动需求比例与供给比例不一致，或者是两者兼有。在第一种情况下，如果 E 太大，在劳动市场和资本市场上都会有过多的需求，w 和 r 将上升，而 λ 则下降，这种调整将导致某些边际企业家加入 Z（并且也会导致边际内的企业家减少对劳动与资本的需求）；如果 E 太小，则在劳动与资本市场上必定有供给过剩，w 与 r 将下降，而 λ 则上升，这种调整将导致某些边际工人加入 E（并且也将导致边际内的企业家增加对劳动与资本的需求）。在第二种情况，

　　　　　　　　　　　　　　　企业的企业家—契约理论

λ可能保持不变（记住，我们假设 *PWCR* 对劳动与资本的影响是对称的），如果劳动市场上需求过多而资本市场上供应过多，则 *w* 将会上升而 *r* 将会下降，或者情况相反，则 *w* 将下降而 *r* 将上升。在第三种情况下，调整将复杂得多。一种可能性是虽然在 *E* 中有太多的企业家，但劳动市场上供应仍太多，这只有在 *w* 太高而 *r* 太低的情况下才能发生。那时调整将按下述方式进行：λ下降，逼使某些边际企业家加入 *Z* 组；*w* 下降而 *r* 上升，这样所有剩下的企业家增加对劳动的需求并减少对资本的需求。调整将一直进行到均衡为止。

这种均衡是否是唯一的？很有可能不是。原因是只有两个要素但却有三种"价格"。因此可能存在不同的构成均衡的组合（*w*，*r*，λ）。特别是，在一定范围内可能存在 *r* 与 λ 之间的替代。这反映在图4-9。图4-9中假设 *r* 与 λ 有正相关联系。$\lambda^*_{min}>1$ 是任何资本市场存在的必要条件；λ^* 的上限条件为 λ^*_{max}，否则的话个人财富约束就不会存在。在 $[\lambda^*_{min}, \lambda^*_{max}]$ 区间内，$r^*(\lambda^*)$ 曲线上的任何点都是可能的。由于 λ^* 的增加会产生对资本的过分需求，要有 r^* 的增加所冲销，因此，$r^*(\lambda^*)$ 曲线是向上倾斜的。在图4-9中，在下述意义上即 $\Psi_A(\theta, W_0, \rho) \equiv \Psi_B(\theta, W_0, \rho)$。经济 *A* 和经济 *B* 被假设是相同的。但是 *A* 的均衡与 *B* 的均衡是不相同的。因为边际企业家能够由具有不同特征的人的组成，而不同特征的人对于 *r* 及 λ 的敏感性又极不相同，不同的均衡（w^*，r^*，λ^*）可能产生居民在企业家和工人间的不同划分，尽管不同划分之间的差别不会太大。图4-10描绘了均衡的两个极端情况。由（r^*_{min}，λ^*_{min}）决定的企业家集合和由（r^*_{max}，λ^*_{max}）决定的企业家集合是不同的。特别是，（r^*_{min}，λ^*_{min}）有利于富有者，而（r^*_{max}，λ^*_{max}）则有利于高能力者。直觉告诉我们，高能力但较少财富的个人，在具有个人财富约束规则的经济中，更有可能被排除在企业家队伍之外。[1]

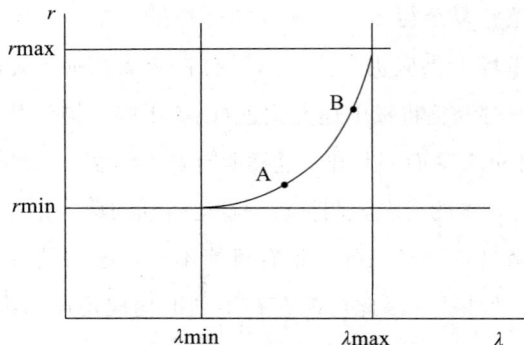

图 4-9　不同的均衡

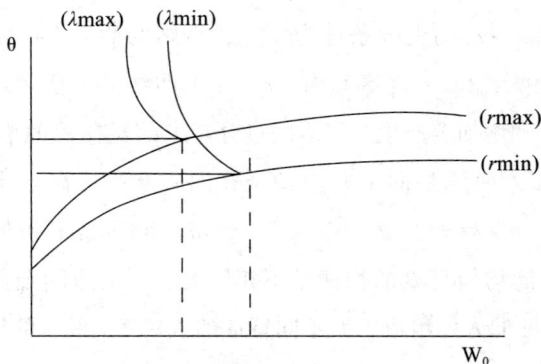

图 4-10　不同的企业家集合

1　现实中,不同经济均衡上的差别多少反映了有关经营能力的信息不对称程度。模型预言,信息不对称越严重,经济越接近于（r^*_{min}，λ^*_{min}），而有较为对称信息的经济则更接近于（r^*_{max}，λ^*_{max}）。这意味着改善信息将会改善高能力但是低财富个人的地位。

　　　　　　　　　　　　　　　　　企业的企业家—契约理论

4.5 比较静态学

上述分析表明：对于给定的 $\Psi(\theta, W_0, \rho)$，至少存在一个均衡 $R=\{(w^*, r^*, \lambda^*);(E^*, Z^*)\}$，使得企业家对劳动与资本的需求等于工人的劳动供给和社会资本存量。既然均衡 R 不仅代表企业家集合与工人集合的分割，而且也代表企业家与工人之间的相对关系、劳资之间的相对关系、能力与财富之间的相对关系，一个有趣的问题是：联合分布函数 $\Psi(\theta, W_0, \rho)$ 的变化如何影响 $\{(w^*, r^*, \lambda^*), (E^*, Z^*)\}$？现在我们转向这一问题。由于问题的复杂性，下述分析是非常初步和非正式的，较为使人满意的分析不得不推迟到以后去做。

定理 6：假设 θ，W_0 和 ρ 是独立分布的。那么（i）能力分布 Ψ^ρ 在一阶随机控制意义上的改进将增加 w^* 和 r^*，减少 λ^* 并使 E 的边界向不利于能力的方向移动；（ii）个人财富分布 Ψ^W 在一阶随机控制意义上的改进将减少 r^*，增加 w^* 和 λ^*，并使 E 边界向有利于能力的方向移动；（iii）整个经济范围内 ρ 的增加，将减少 w^* 和 r^*，并增加 λ^*。

证明：（i）在独立分布假设下：

$$\Psi(\theta, W_0, \rho) = \Psi(\theta)\Psi(W_0)\Psi(\rho) \tag{4.43}$$

均衡条件变为：

$$\iiint_E L(\theta, W_0, \rho; w, r, \lambda)\Psi(\theta)\Psi(W_0)\Psi(\rho)d\theta dW_0 d\rho \\ = \iiint_Z \Psi(\theta)\Psi(W_0)\Psi(\rho)d\theta dW_0 d\rho \tag{4.44}$$

$$\iiint_E K(\theta, W_0, \rho; w, r, \lambda)\Psi(\theta)\Psi(W_0)\Psi(\rho)d\theta dW_0 d\rho \\ = \int W_0\Psi(W_0)dW_0 \tag{4.45}$$

$\Psi(\theta)$ 的改善意味着低能力居民的比例降低，而高能力居民的比例上升。由于 E 组的平均能力大于 Z 组的平均能力，在独立分布情况下 $\Psi(\theta)$ 的改进意味着，对于给定的最初均衡（w^*, r^*, λ^*）来说，式（4.44）和（4.45）的左边增加，而式（4.44）的右边减少，式（4.45）的右边则不变。这就是说，最初的均衡已经被打破。为了恢复均衡，w^* 与 r^* 必须上升，λ 必须下降；使得或者每一个企业家的需求降低，或者某些边际的企业家退出，或者是两者都有。

为了观察 E 的变化，注意，λ 的减少要使 BB' 曲线（代表 $PWCR$）向右转移，而 w^* 和 r^* 的增长将使 AA' 曲线向上移动。因此，跟随能力分布的改进，企业家集合要"收缩"。特别是，图 4-11 说明，经营决策能力和边际企业家的个人财富两者都在增加，这使得高能力但是低财富的人们变成企业家较为困难了。可是，企业家在居民中的比例究竟是增加、不变或下降，是不确定的。

（ii）给定最初的均衡（w^*, r^*, λ^*），个人财富分布上的改进，产生资本市场上过剩供给和劳动力市场上过剩需求。为了明白这一点，首先请注意：因为 E 组的平均 W_0 大于 Z 组的平均 W_0，因此高 W_0 人们的比例上升，企业家比例将上升而工人的比例将下降。[1] 在资本市场上，随着 $\Psi(W_0)$ 的改进，式（4.45）的右边上升（这就是说，整个资本的供应量增加）。给定（w^*, r^*, λ^*），式（4.45）的左边也上升。可是，由于某些高 W_0 的人们不是在 E 组，左边的增加必然小于右边的增加。这意味着资本市场上有过剩的供应量。为了恢复

---

1 没有 $PWCR$ 和分布独立性假设，该论点就可能不能成立。

均衡，r^* 必须下降，而 w^* 与 λ^* 则必须上升。

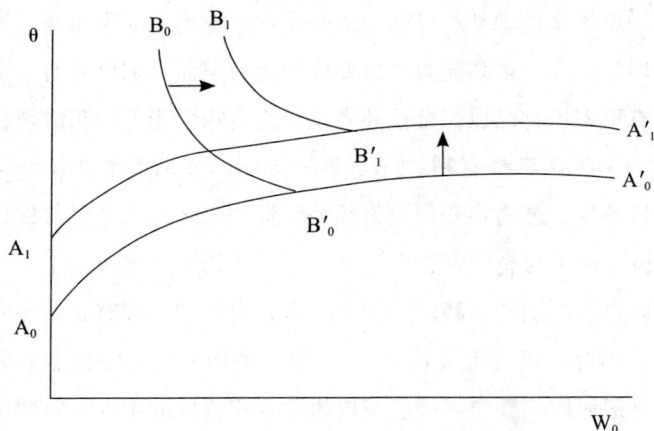

图 4-11　比较静态

$\Psi(W_0)$ 的改进对 E 的效果也能用图式加以说明。在图 4-12 中，因 λ^* 上升，BB' 曲线向后移动；AA' 曲线则由于 r^* 下降而向下转移。因此，E 扩大，结果边际企业家的 θ 和 W_0 在下降。这就是说，高能力的人想要成为企业家时较少受个人财富的约束。

（iii）整个经济范围内风险规避的增长意味着在给定的（w^*，r^*，λ^*）下，$\Psi(E)$ 减少而 $\Psi(Z)$ 增加。这在劳动市场与资本市场两者产生了过剩的供应。为了满足均衡的条件，w^* 和 r^* 降低，而 λ^* 上升。

证毕。

调整的基本途径如下：（i）在均衡状态下，只有当一个人的能力超过某种水平（这决定于他个人的财富与风险规避程度），他才能成为一个企业家。由于高能力的人们人数增加，更多的人们进入企业家市场并为资本与劳动力而竞争。这将促使市场工资与资本价格上升，这本身又反过来推动某些以前的边际企业家退出企业家市场。因为资本并未增加，当更多高能力者想要成为企业家而寻求借款时，资本家将要求有更多抵押品以保证偿还资本；这意味着能力的相应增长将对工人及资本家两者都有利。（ii）另一方面，如果资本增加而居民的能力保持不变，能力将变得更为稀缺。资本家之间的竞争将促使资本价格下降，而 λ 与企业家租金将上升。这将诱使一些边际工人（在以前被个人财富所制约）转向成为企业家，也增加了现有企业家对劳动的需求。因此，市场工资将上升。（iii）平均来说，因企业家较工人较为不规避风险，整个经济范围内风险规避程度的增加，将减少企业家的比例，而增加工人的比例。这趋向降低均衡工资和均衡资本价格，而提高均衡 λ^*。[1]

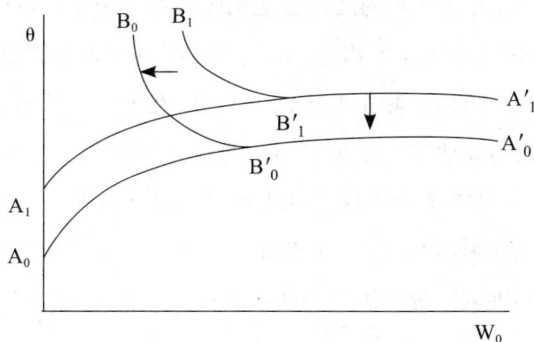

图 4-12　比较静态学

---

[1] 可是，由于反馈效应，这一效应并不像在凯尔斯特姆和拉丰特（1979）那里那么强。当 w 和 r 减少而 λ 增加时，由于个人财富的制约或能力的制约的边际工人将转而成为企业家。

　　　　　　　　　　　　　　　　　　企业的企业家—契约理论

上述论点是建立在独立分布的假设上的。在现实生活中该假设可能不成立。当分布不独立时，联合分布函数变化的效果要复杂得多，也是不容易分析的。

但是，经营决策能力和个人财富相互关系对 λ^* 的效果是确定的。用 $r_{\theta W_0} \in [0，1]$ 表示相关系数。[1] 那么，个人财富约束的基本理由意味着：

$$\frac{\partial \lambda^*}{\partial r_{\theta W_0}} \leq 0 \qquad\qquad (4.46)$$

就是说，当经营决策能力和居民个人财富的相关度增加时，PWCR 将较为严格，因此高能力但较少财富的人要变成企业家变得较为困难。对此有两种解释。第一，相关度的增加，将使财富提供有关能力的更多信息，以致一个人所能得到的最大限度借债更多地取决于自有财富。例如，假如 $r_{\theta W_0}=0$，则一个穷人是高能力的可能性和一个富人是高能力的可能性是完全相等。另一方面，假如 $r_{\theta W_0}=1$，则第一可能性是 0 而第二可能性是 1。显然，较不富有的人在第一种情况下比在第二种情况下更有可能得到外部资金。式（4.46）的第二种解释是，当更多的富人变成高能力者时，更多的资本将被财富所有者自己投资，因此留给其他使用者的钱将更少。非常有趣的是，单个人经营决策能力的增加将放松对其成为企业家的限制，而整个经济内经营能力的普遍提高将使财富约束更紧。另一方面，个别人的个人财富增加和国民

---

1 我们排除掉负相关的可能性。

财富的增加两者都将放松财富约束。[1]

4.6 讨论

如果我们假定所有个人在经营决策能力 θ 和个人财富 W_0 方面都相同，只是在风险态度 ρ 上不同，此外，再假定生产不取决于资本，而 $wL \leq W_0$ 成立，则（4.17）式简化为：

$$1 - \Psi^\rho (E) = \Psi^\rho (Z) = \int_E L(\rho, w) d\Psi(\rho)$$

这就是凯尔斯特姆—拉丰特模型（1979）的均衡条件。在这一模型中，总人口的分割 $\{E, Z\}$ 由 ρ 的分割点所给定：$E = \{\rho : \rho \leq \rho°\}$ 和 $Z = \{\rho : \rho \geq \rho°\}$，式中 $\rho°$ 是分割点。

现在假设所有个人是风险中性者，但经营决策能力不同，并假设 $\lambda = \infty$，那么式（4.17）与（4.18）就简化为：

$$1 - \Psi^\theta (E) = \Psi^\theta (Z) = \int_E L(\theta, w, r) d\Psi(\theta)$$

$$\int_E K(\theta, w, r) d\Psi(\theta) = \int W_0 d\Psi(W_0)$$

这是卢卡斯模型（1978）的均衡条件，模型中，人口的职业分割 $\{E, Z\}$ 由 θ 的分割点所给定：$E = \{\theta : \theta \geq \theta°\}$ 和 $Z = \{\theta : \theta \leq \theta°\}$，式中 $\theta°$ 是分割点。

如果个人在经营决策能力上有区别，但是没有一个人知道他自

1　上述论点的含义是，如果经营决策能力能在某种程度上通过教育得到改进，假设公共教育（由国家提供基金）对于整个经济内的经营能力分布和整个经济财富分布都有对称的效果，则公共教育的发展将减少个人成为企业家的财富约束。

　　　　　　　　　　　企业的企业家—契约理论

己的 θ，每个人将 θ 的分布函数作为相应的风险，如果所有人在风险规避度 ρ 上是相同的，则式（4.17）就简化为：

$$1-\Psi^{\theta}(E)=\Psi^{\theta}(Z)=\Psi^{\theta}(E)\int L(\theta)d\Psi(\theta)$$

这是坎伯（1979）模型的均衡条件。在坎伯的模型中，均衡确实存在，但企业家是随机选中的，因为没有关于能力方面的私人信息，任何人都不会在意究竟他是企业家，或者是工人（当坎伯引入"参差的风险态度"，即就像在凯尔斯特姆—拉丰特模型中那样确实有 ρ 的分割点后，情况就不再如此了）。

最后，假使我们只关心检验究竟对于一个想要成为企业家的人来说流动性约束是不是存在的，我们可以简单地假设个人是风险中性者和 λ 是固定的参数。那么，根据个人财富约束规则 $PWCR$，很容易看出，一个高能力的人由于其不受制约的最佳资本投资较高，更有可能成为受约束的企业家。这就是埃文斯—杰文诺维克（1989）的结果。

4.7　能力与财富之间的合作："职业经理"的出现

在上述模型中，我们假设个人可选择的职业只有两种，或者是企业家，或者是工人。尽管我们不时提到"资本家"，但他们并不是单独一个集合。由于只有两种可供选择的职业，一个资本家或者是企业家或者是工人。虽然我们区分了积极的（active）资本家和消极的（passive）资本家，除非一个资本家成为企业家，否则他永远不会是积极的。当然，我们一直隐含地假定，成为一个企业家的个人财富约束是由资本家（以及工人们）强加的。可是，即使在这种情况下，资本家还是非常消极的，因为他们的作用被一个由市场所决定的 λ 简单地代替了。一个工人—资本家会把他的资本借给任何一位企业家—资本家，只要后者的个人财富约束规则是满足的。企业家—资本家在他的 $PWCR$ 范围内能从任何工人—资本家那里借到资本。另外，为了分析的方便，我们假设有从零到巨大资本财富的资本家连续集。我们的基本结论是，第一，一位企业家必须是一个有钱的资本家，但是一位有财富的资本家并不必然是一个企业家；第二，一位企业家必须赋有高水平的经营决策能力，但是一位高能力者并不必然是一位企业家。

上述论点的基本假设是个人财富是公共信息，而经营决策能力是私人信息。我们一直假设，所有外部投资者对于一个人的经营决策能力同样无知。我们也排除了一个外部投资者通过搜寻（search）活动了解某位个人能力的可能性。这看来太过于严格并且不太现实。事实上，在外部投资者中，某些人比另一些人对某位个人的能力可能较为了解。通过某些花费成本的交流活动也可以获得关于某人能力的某些不完全知识。在本节中，我们考虑这一事实以探讨高能力但少财富的人和低能力但较有财富的人之间的合作，以及职业经理的出现。

让我们从个人财富约束规则及其对职业分割的影响开始。$PWCR$ 的主要功能是把劣等候选人排除于企业家之外。可是，$PWCR$ 是一把双刃刀。这能从图 4-13 中看出。在图 4-13 中，AA' 曲线把居民分为两组：意愿企业家集 $\check{E}$ 和意愿工人集 $\check{Z}$。让 $\theta^{\#}$ 是"社会"的临界经营决策能力，它把 $\check{E}$ 分成两个子集：子集 $\check{E}_l$（劣等）和子集 $\check{E}_s$（优等）。令 E 是实际企业家集，Z 是 E 的补集。那么，如果没有

　　　　　　　　　　　　　企业的企业家—契约理论

$PWCR$，$E=\check{E}$ 和 $Z=\check{Z}$。$PWCR$ 的目的是保证 $\check{E}_I \notin E$。在图 4-13 中，BB' 曲线成功地把 $\check{E}_I$ 从 E 中排除掉了。但是，BB' 曲线也把 $\check{E}_s$ 分割为两个子集 $\check{E}_{SQ}$（够格的、优等的、意愿企业家）和 $\check{E}_{SU}$（不合格的、优等的意愿企业家）。这样，$E=\check{E}_{SQ}$，$Z=\check{Z}+\check{E}_I+\check{E}_{SU}$。此外，$\check{Z}$ 按个人财富能被分成两个子集：$\check{Z}_P$（贫穷组）和 $\check{Z}_R$（富有组）。这样，$Z=\check{Z}_R+(\check{Z}_P+\check{E}_I)+\check{E}_{SU}$。这就是说，非企业家组 Z 包括三个不同的类型：$\check{Z}_R$——富有但低能力的；$\check{E}_{SU}$——高能力但是贫穷的；$(\check{Z}_P+\check{E}_I)$——低能力和贫穷的。从现在起，在 $\check{Z}_R$ 组的人叫做"纯粹的资本家"（与"企业家—资本家"相区别）。

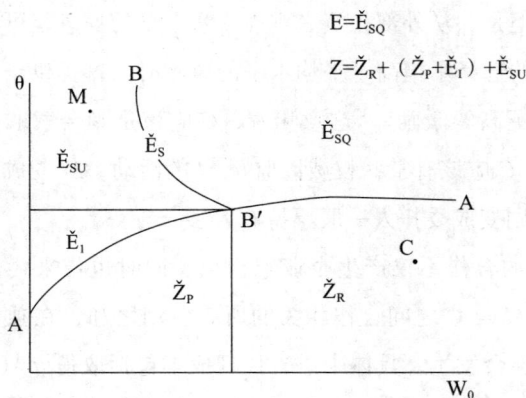

图 4-13　个人财富约束规则对职业划分的影响

在 $(\check{Z}_P+\check{E}_I)$ 中的人没有方法取得任何企业家租金。但是，对于 $\check{Z}_R$ 中的纯粹资本家和 $\check{E}_{SU}$ 中的人们来说却存在着机会。举 $M \in \check{E}_{SU}$ 和 $C \in \check{Z}_R$ 作为例子。M 不能成为一个企业家，因为他太穷；C 不想成为一个企业家，因为他的能力低。但是如果 M 和 C 结合在一起对企业家的个人财富约束和经营决策能力约束就不再成为问题。当然，只有 C 具有（或是能够得到）关于 M 能力的某种知识，这种合作才能产生。

作为合作的成果，M 和 C 变成了"联体企业家"（joint entrepreneur）。"决定做什么以及如何去做"的经营决策权威委派给 M，因为他有高经营决策能力，而选择 M 的权威是由 C 所掌握，因为他有很好的个人财富。C 的主要职能是识别 M 并保证 M 属于 $\check{E}_{SU}$ 而不属于 $\check{E}_{I}$。当 C 决定为 M 做"赞助人"（sponsor）时，他在事实上是给外部投资者（潜在的工人和贷款人）传递信号，说 M 起码在他的判断中是有才能的人。但是，从外部投资者观点来看，C 的信息是可信的，只有当他为自己的选择承担高于平均水平的风险时，这提供给他发现高能力的经理的更高的激励。[1] 这意味着，C 应该是剩余索取者，这反过来又意味着，C 应该有某些权威以监督 M 的活动。M 变成了代理人—经理，而 C 则变成委托人—股票持有人。

M 与 C 的合作不仅产生企业家租金，同时也带来代理成本。代理成本是与 M 及 C 之间合作相关的所有费用之和，在独立企业家情况下，它将不会发生。具体来讲，代理成本包括取得 θ_M（但不是 θ_C）信息的费用，企业家租金分配的讨价还价费用以及监督 M 任务的执行情况等等的费用。在现实中，代理成本取决于许多因素。例如，如果 M 是 C 的兄弟而不是由 C 的兄弟介绍给 C 的另外一人，则代理成本就会较低。只有当企业家租金超过代理成本时，合作才是有利可图

1　"平均风险"意思是指贷款人因破产而承担的风险。

　　　　　　　　　　　　　企业的企业家—契约理论

的。可是，代理成本本身对于契约安排来说至少部分地是内生的，契约安排涉及剩余索取权和控制权在 M 及 C 之间的分配。[1] 特别是，因为 M 的活动极不容易监督，所以必须保证他有某些剩余索取权的激励。这意味着在提供激励以使 C 选择高能力的管理人才和提供激励以便让 M 努力工作之间有一个交替（trade-off）。

正式地，让我们用 $(\theta_M, W_{0M}, \rho_M)$ 和 $(\theta_C, W_{0C}, \rho_C)$ 分别代表个人 M 和个人 C。为了简化，假设 M 和 C 两者都是风险中性者（这就是，$\rho_M=\rho_C=0$）。此外，假设当 C 和 M 合作时，C 不得不花费所有时间寻找和监督 M。那么，他们作为联体企业家的问题是：

选择 $\{L, K\}$ 最大化：

$$\bar{\pi}(L,K) = \int_{\underline{s}}^{\bar{s}} \left(f(L,K,\theta_M,s) - wL - r(K-(W_{0M}+W_{0C})) \right)\varphi(s)ds$$

满足条件 $wL + rK \leq \lambda(W_{0M}+W_{0C})$ （4.47）

用 L^* 和 K^* 表示（4.47）的解，则有：

$$L^* = L(\theta_M, W_{0M}+W_{0C}; w, r, \lambda) \qquad (4.48)$$

$$K^* = K(\theta_M, W_{0M}+W_{0C}; w, r, \lambda) \qquad (4.49)$$

注意，W_{0C} 的作用是放松 M 所面临的个人财富约束，这样，θ_M 可以用于经营决策。

假设，企业家收益在 M 与 C 之间的分配取下列线性形式：

$$W_{1M} = \alpha_M + \beta(\pi - \alpha_M - \alpha_C)$$

$$W_{1C} = \alpha_C + (1-\beta)(\pi - \alpha_M - \alpha_C) \qquad (4.50)$$

---

1 詹森和麦卡林（1976）假设代理成本是 $\bar{W} = \dfrac{W_{0M}}{W_{0M}+W_{0C}}$ 的递减函数，试中 $\bar{W}$ 是 M 拥有的"股票"。

式中 W_{1M} 与 W_{1C} 分别是 M 和 C 的最终所得；α_M，$\alpha_C \geq 0$ 是固定项；$0 \leq \beta \leq 1$ 是给 M 的剩余份额（所以（$1-\beta$）是给 C 的剩余份额）。

用 c 表示代理成本。那么，c 是（α_M，α_C，β）的函数。因为 π 是 θ_M 的函数 θ_M 取决于 C 的激励，π 必然是（α_M，α_C，β）的函数。M 与 C 的重要问题是选择（α_M，α_C，β）以最大化（$\bar{\pi}-C$）。

如果 M 与 C 并不合作，他们两人都成为工人。他们的确定性收益分别为：

$$W_{1M} = w + rW_{0M}$$
$$W_{1C} = w + rW_{0C} \tag{4.51}$$

假设代理费用由 C 直接负担。那么，M 和 C 将选择成为联体企业家，当且只当下列条件得到满足：

$$\bar{\pi} - c \geq \left(w + rW_{0M}\right) + \left(w + rW_{0C}\right) = 2w + r\left(W_{0M} + W_{0C}\right)$$
$$\alpha_M + \beta\left(\pi - \alpha_M - \alpha_C\right) \geq w + rW_{0M}$$
$$\alpha_C + \left(1-\beta\right)\left(\pi - \alpha_M - \alpha_C\right) - C \geq w + rW_{0C} \tag{4.52}$$

否则，他们将选择成为工人。第一个条件是集体理性条件，即剔去代理费用以外的全部企业收益必须不少于他们作为工人时的确定收益。后两个条件是个人理性条件，每一方的所得必须不低于他作为工人时的所得。因为 $W_{0C} \geq W_{0M}$，C 的初始位势好于 M。这使得 C 在收益分配上有较大的谈判能量。

M 的来自合作的企业家租金用下式表示：

$$\Pi_M = \alpha_M + \beta\left(\pi - \alpha_M - \alpha_C\right) - \left(w + rW_{0M}\right) \tag{4.53}$$

C 的来自合作的企业家租金用下式表示：

$$\Pi_C = \alpha_C + \left(1-\beta\right)\left(\pi - \alpha_M - \alpha_C\right) - c - \left(w + rW_{0C}\right) \tag{4.54}$$

　　　　　　　　　　　　　　企业的企业家—契约理论

对于 $\beta \neq 0$，1 的契约（α_M，α_C，β）来说，Π_M 和 Π_C 两者都随 θ_M（和 W_{0C}，如果 $PWCR$ 是起作用的）而递增。特别是，当 $PWCR$ 起作用时，则 $\dfrac{\partial \Pi_M}{\partial \theta_M}$ 和 W_{0C} 是正相关，并且 $\dfrac{\partial \Pi_C}{\partial \theta_M}$ 总是和 W_{0C} 正相关。这意味着，M 寻找与 C 合作的激励，正的取决于他自己的经营决策能力和 C 的财富。C 的激励同样如此。换句话说，高能力的人总喜欢跟随富有的资本家，而富有的资本家则总喜欢抓住高能力的人。

究竟在均衡中合作能否产生取决于代理成本。相当一部分代理成本是获得 M 类型人们能力的知识和监督 M 执行任务情况的费用。如果获得 M 能力的知识以及监督 M 的成本非常大，则合作将不会发生。

假设代理费用相当地低，以致合作在均衡中出现。那么，总人口将分成四组：企业家组 E，工人组 Z，经营管理者组 M，和纯粹资本家组 C，如图 4-14 所示。注意，由于代理费用问题，并不是所有在 $\check{E}_{SU}$ 的人们都能变成经营管理人员。"现实"显然复杂得多；但是，这框架能作为现实的抽象描述。

（θ，W_0，ρ）联合密度函数的特性决定了这四组人员之间的均衡关系。特别是，在联体企业家中，用自主权来衡量，经理在何种程度上看起来像一个独立的企业家，取决于能力和资本的相对比例。为了说明这一点，举一简单的例子。假设一个经济由 100 个人组成，他们的经营决策能力和个人的财富独立地服从二点分布：L（低），H（高）。为了简化，我们忽视风险态度。现在考虑下列三种情况，情况 1：人口中 10% 的人是高能力者，10% 的人是高个人财富者。这样，高能力的人总数是 10，富人的总数也是 10，但有资格成为一个独立的企业家的仅仅是一个（10%×10%=1%）。如果剩下的9个高能力的人和9个富有者相互成对地合作，我们就有10个企业，一个由独立的企业家领导，而其他的9个是联体企业家。情况2：人口中10%的人是高能力者，20%是富有者。在这情况下，全部高能力者是10人，全部富有者是20个，2人（10%×20%=2%）具有当独立企业家的资格；高能力者和富有者的合作将产生8个联体企业家企业。情况3：20%人口是高能力者，10%的人口是富有者。在这种情况下，全部高能力者是20个，全部富人是10个，2个人有资格当独立的企业家；高能力者和富人间的合作将创造多于8个少于18个（取决于每个企业的投资量）联体企业家企业。和每个资本家有一位管理人才搭档的情况1相比较，在情况2中，18个资本家为8个潜在的管理人才而竞争，而在情况3中，18个潜在的管理人才为8个资本家而竞争。显然，在均衡状态，管理人才的地位在情况2最强，而在情况3最弱。

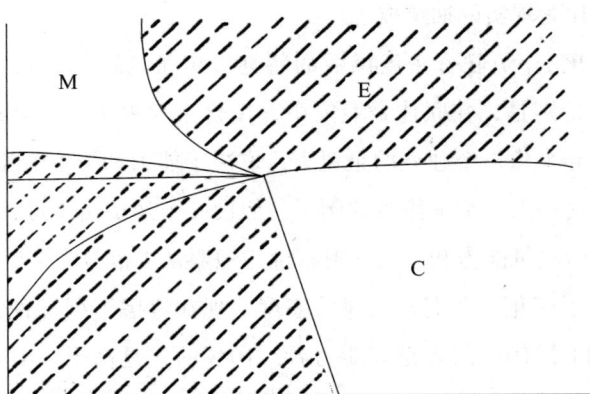

图 4-14　职业分割

4.8　结束语：一个例子

想象有一个竞争性的企业家市场，在那里个人或是出卖他的经营决策能力（雇佣工人和资本以做一位企业家）或是买其他人的经营决策能力（选择当一名工人和给市场提供资本）。所有市场的潜在参加者，具有相同的偏好——特别是，他们都是风险中性者，但是在经营决策能力及个人财富方面则不同。所有人都知道，做一个企业家意味着承担风险，但最低收入不低于零；从另一方面，做一个工人意味着挣固定收益，但如果企业的收益达不到合同许诺的全部固定支付额时，则这固定收益可能不能充分兑现。假设有一个国家银行，它能接收资本家的存款并给私人企业家提供贷款。一个不愿选择做企业家的资本家，能或者把他的私人财富存入银行以取得确定收益，或者是直接贷款给个别企业家以取得固定的收益，但具有正的违约可能性。想象一下市场区域内有两大讲台，A 与 B。讲台 A 容纳想成为企业家的人，讲台 B 容纳想成为工人（或者消极的资本家）的人。假设一个做公证的官员在每个人的脑门上作标记，证明他的个人财产究竟有多少。现在市场的门打开。我们看到许多人走进来，每个人脑门上有表明他个人财富的戳子。一些人走向讲台 A，而另一些人则走向讲台 B。让我们看一看什么样的人走向哪个讲台。第一个发现可能非常混乱，因为讲台 A 和讲台 B 两者都有各种类型的人：从身无分文者到百万富翁。但是，仔细考虑一下，我们能在 A 与 B 之间作出区分：显然，走向讲台 B 的人或者是因为其经营能力是如此之低，以致在其最好状态他的企业家收入也不足弥补机会成本，或者是因为他在个人财富上是如此富有，以致不值得他去承担风险。可是，讲台 A 的局面并不如此透明。唯一确切的是，走向 A 讲台的富人必定是擅长经营决策的，否则他们将是非理性的。一个走向 A 的身无分文的人可能确实有天才，但也可能是企图试试财运，没人知道。所有想成为企业家的人以许诺固定的支付为获得工人和资本而竞争。具体地讲，假设 W（工人）先生在 B 讲台上等待被雇用，R（富人）先生和 P（穷人）先生在 A 讲台上为雇佣 W 先生而竞争，P 先生许诺 W 先生支付多于 R 先生许诺工资的两倍。W 先生应该和谁签订合同呢？W 先生有充足的理由怀疑 P 先生可能是位不顾一切的投机家，他的许诺是不可靠的。相比之下，R 先生更值得信赖。一个简单的计算告诉他，比如说，$1 \times 90\% > 2 \times 30\%$。所以，他毫不犹豫地接受了 R 的出价。因为所有讲台 B 上的人都和 W 先生一样是理性的，所有富有的意愿企业家在雇佣资源上做得都很成功，而没有几个贫穷的意愿企业家是成功的。在他们的企图失败后，一些穷困的意愿企业家就转到讲台 B 上以便成为受雇佣的工人，但是，那些经营决策能力很好的人，可能不服输，假设我们可怜的 P 先生就是这么一个人。一旦他认识到工人跟着资本走，他开始寻找资本家的援助。他可能走向 B 讲台向消极资本家游说："C 先生（资本家），相信我，我确实擅长经营决策。不信？你可以问问 X 先生和 Y 太太，他们对我很了解。他们是您的朋友。他们不会说谎。如果您允许我使用您的资本，我能为您赚好多钱，比银行支付给您的活期利息多得多。我的计划是……"C 先生信服了。他想这样的冒险是值得的。他把他的存款从银行中取出并对 P 先生说："好，P 先生，让我们办一个企业。您负责经营决策，

企业的企业家—契约理论

我不会干预很多。但是，听着！如果我发现你刚才所说的不对头，我就要解雇你，你明白吗？"P 先生知道，在这样的协定下他将不会像 R 先生那样是一位独立的企业家，而仅仅是一个受雇佣的管理者。但是他接受了这一建议，因为否则的话，他没有机会做经营决策以赚取比市场工资更高的收益。当其他想要当工人的人以及消极的资本家发现 C 先生愿意给 P 先生的经营提供资金时，他们所想到的是 P 先生大概是非常有才能的，否则，C 先生怎么愿意承担这样的风险呢？现在，P 先生在雇佣工人和获得更多的资本上没有问题了，因为 C 的出资行动告诉其他人他是可靠的。通过传递关于 P 先生经营决策能力的信号，C 先生的资本并不仅仅为 C 先生挣利率以上的纯粹利润，而且也给他赢得了委托人资格。或者，这故事可能以如下方式展开。在起初，C 先生拒绝来自 P 类型的人的任何建议，因为他并不信任他们。所以他把他的资本贷给 R 先生。但是他发现 R 先生为自己的资本比他人的资本挣得要多得多。他理解到，这主要是因为某些高经营能力的人由于财富约束不能成为企业家。用他的资本赚大钱的诱惑促使他走向讲台 A 并和 P 类型的想成为企业家的人闲聊。经过寻找，他发现 P 先生可能善于经营决策。他对 P 先生说："除非你跟我合作，否则任何人将不会信任你。你做经营决策而我提供资本。"……我们可以发现许多对的 P 先生和 C 先生，挽着手从企业家市场上走出来。

附录 A：引理 1 的证明：

首先注意到，虽然被积函数 $U(\cdot)$ 是凹函数，$H(L, K)$ 可能不是凹函数，因为下限 s^* 也取决于 L 和 K，所以 $EU(L, K)$ 同样可能不是凹函数。但是，既然 s^* 上有界，最优解肯定存在。[1] 由于 L 和 K 分析上的对称性，我们将只对 K 作出证明（所有论点适用于 L）。

（ⅰ）根据定义，在 $wL+rK=rW_0$ 时，下述等式成立：

$$G(L,K) \equiv H(L,K)$$

$$\frac{\partial G(K)}{\partial K} \equiv \frac{\partial H(K)}{\partial K} \tag{A.1}$$

但是，对于所有 $wL+rK>rW_0$，因而 $s^* > \underline{s}$，

$$\Delta(L,K) = H(L,K) - G(L,K)$$
$$= -\int_{\underline{s}}^{s^*} U\big(f(L,K,\theta,S) - (wL+r(K-(W_0))),\rho\big)\varphi(s)ds > 0 \tag{A.2}$$

（$A.1$）和（$A.2$）一起意味着 $H(K)$ 曲线与 $G(K)$ 曲线在 $wK+rK=rW_0$ 相切，如图 A 所示。

对于 $W_0 \leq \left(\dfrac{w}{r}\right)L^G + K^G$，因为 $G(K)$ 是严格凹函数，并且在 $K=K^G$ 时，下述一阶条件成立：

$$\frac{\partial G}{\partial K} = \int_{\underline{s}}^{s^*} U_\pi(.)(f_K - r)\varphi(s)ds = 0 \tag{A.3}$$

我们有：

$$K^{u^*} = K^H \in \arg\max H(K) \tag{A.4}$$

此外，因为，

$$\frac{\partial \Delta}{\partial K} = -\int_{\underline{s}}^{s^*} U_\pi(.)(f_K - r)\varphi(s)ds > 0 \tag{A.5}$$

---

1 直观地讲。当 L 和 K 增加以致于 $s^* \to \bar{s}$，$EU(L,K) \to 0$，因此，最大值必然在某些 $s^* < \bar{s}$ 达到。

就是说，H（K）和 G（K）之间的差距单调地递增，[1]

$$K^{u^*} = K^H > K^G \in \arg\max G(K) \qquad （A.6）$$

对于所有 $W_0 \geq \left(\dfrac{\omega}{r}\right)L^G + K^G$，在 $\left(\dfrac{w}{r}\right)L + K = W_0$，$\dfrac{\partial H}{\partial K} = \dfrac{\partial G}{\partial K} \leq 0$。如果对所有的 $\left(\dfrac{w}{r}\right)L + K \geq W_0$，$H$（$K$）是单调地递减的，即，

$$\frac{\partial H}{\partial K} = \int_{\underline{s}}^{\overline{s}} U_\pi(.)(f_K - r)\varphi(s)ds \leq 0 \qquad （A.7）$$

那么：

$$K^{u^*} = K^G \in \arg\max G(K) \qquad （A.8）$$

尽管假设 1—3 不能保证对于所有 $W_0 \geq \left(\dfrac{w}{r}\right)L^G + K^G$，$H$（$K$）是单调的，$U_{\pi\pi} < 0$ 和 $f_{KK} < 0$ 意味着必然存在这一个 W_0'，以致对于所有 $\left(\dfrac{w}{r}\right)L + K \geq W_0' \geq \left(\dfrac{w}{r}\right)L^G + K^G$，（A.7）成立。第（ii）部分意味着如果（A.7）对 W_0' 成立，则它必然对所有 $W_0 \geq W_0'$ 成立，从而：[2]

$$\left(L^{u^*}, K^{u^*}\right) = \left(L^G, K^G\right) \in \arg\max G(K) \text{ 对所有 } W_0 \geq W_0' \qquad （A.9）$$

（ii）

$$\frac{\partial^2 H}{\partial W_0 \partial K} = \frac{\partial s^*}{\partial W_0} U_\pi(s^*)\left(f_K(s^*) - r\right)\varphi(s^*)$$
$$+ \int_{s^*}^{\overline{s}} U_{\pi\pi}(.)r(f_K - r)\varphi(s)ds \qquad （A.10）$$

对（4.5）隐微分，我们有：

$$\frac{\partial s^*}{\partial W_0} = \frac{r}{f_{s^*}} < 0 \qquad （A.11）$$

将（A.11）代入（A.10）：

1　图形上，H（K）曲线不会在 G（K）之前向下弯曲。
2　我们能用第（ii）部分的论据，因为它的证明并不需要现在的论据。

$$\frac{\partial^2 H}{\partial W_0 \partial K} = \frac{\partial s^*}{\partial W_0} U_\pi(s^*)(f_K(s^*) - r)\varphi(s^*)$$
$$+ \int_{s^*}^{\bar{s}} U_{\pi\pi}(.)r(f_K - r)\varphi(s)ds \tag{A.12}$$
$$< 0$$

因为，在不变的绝对风险规避度假设下，

$$\int_{s^*}^{\bar{s}} U_{\pi\pi}(.)r(f_K - r)\varphi(s)ds$$

$$= r\frac{U_{\pi\pi}}{U_\pi} \int_{s^*}^{\bar{s}} U_\pi(.)(f_K - r)\varphi(s)ds = 0$$

给定局部最大值是唯一的，则不等式（A.12）保证所要求的结果。

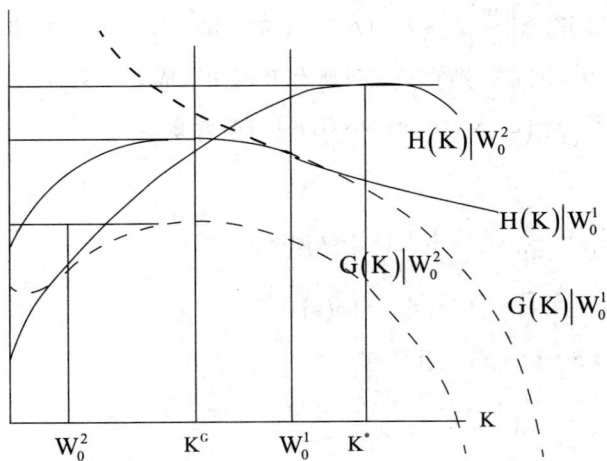

图 A

　　　　　　　　　　　　　　　　企业的企业家—契约理论

5

结　论

　　一个完整的企业理论至少必须回答以下三个相互关联的问题：
（1）企业为什么会出现？（2）委托权（剩余索取权与控制权）是如
何在企业成员间进行分配的？（3）委托人用以控制代理人的最佳合
约是什么？目前大多数有关企业理论的文献都集中在第一和第三个
问题上，本书的意图则是为理解第二个问题做一份贡献。我们主要观
点可概括如下。

　　企业是不同的参与者（要素所有者）之间的一种合作组织。从
功能的观点看，所有参与者可分为三类：经营者、生产人员及资本所
有者。经营者就"做什么及如何去做"（奈特，1921）的问题作出决
策，或"发现相关的价格"（科斯，1937）；生产人员则执行这些决
策，将投入转化为产出；而资本所有者为企业提供资本。由于资本与
其所有者的可分离性，资本所有者不需要与他们的资本形影不离，因
而他们有可能成为"外部成员"（outside members）。相反，经营成

员与生产成员一般是"内部成员"（inside members）。资本所有者成为内部成员的一个必要条件是，他也充当经营成员或生产成员。换言之，一名内部资本所有者必须扮演双重角色。因为明显的理由，我们经常把经营成员称为决策者，而把行使经营的权力称为决策权。

经营活动的重要性来源于企业面临的不确定性（奈特，1921）。事实上，没有不确定性，也就不必要有企业。不确定性使得经营或作决策在决定企业收益上起着关键的作用。企业在以低成本生产一种"错误"产品时，比以高成本生产一种"正确"产品时更容易破产。虽然每一个人都可能具备一定的经营能力，但观察的结果是人们在经营能力上是互有差别的。之所以如此，不仅仅是因为不同的人面对着不同的收集与加工信息的成本，而更主要是因为经营能力在很大程度上取决于个人的"机敏"（alertness）（柯斯纳）、"想象力"（imagination）（沙科）及"判断力"（judgement）（卡森）。所有这些个人特征起码部分地是与生俱来而非后天养成的。正是个人间经营能力的这种差别，为人们相互联合建立"企业"创造了一个机会。在企业中，那些具备高经营才能的人专司经营，另一些不擅经营的则负责生产。然而问题在于，经营能力不是一个容易观察的变量。给定这个约束，如果企业想要生存并盈利，则必须有一种机制，能保证只有具备足够经营才能的人才可成为经营成员。

经营成员的重要性并不意味着生产成员与资本所有者不相关或无足轻重。企业的收益是所有成员的行为及提供的服务的随机结果。因为不确定性的存在和团队生产方式（阿尔钦和德姆塞茨，1972），不可能做到针对每个成员对企业总收益的贡献，按固定的合约报酬去奖励所有成员。这就引发出一个激励问题：某些成员可能采取损人利己的行为（如，偷懒），因此，必须有一种机制保证尽可能地让每个成员对他自己的行为负责。

上述两个问题互相作用，因为企业的收益是由能力和行为共同决定的。观察到的资本主义企业的组织结构可理解为对这两个问题的最好回答。简略地讲，这两个问题是通过委托权（伴随着监督权的剩余索取权）的分配来解决的。按照字面意义，剩余索取权是一项有权索取剩余（总收益减去合约报酬）的权力。由于合约报酬（在正常情况下）独立于总收益，剩余索取者不得不对所有成员行为的不确定后果承担风险（或责任）。反过来讲，他也就有了监督其他成员的权威（奈特，1921）。

我们对企业内委托权的最佳分配的分析由三个步骤组成。第一步（第二章），我们证明从激励的角度讲，剩余索取权应该分配给经营成员。这不仅仅是因为经营成员在决定企业剩余多寡方面有举足轻重之功，还因为与其他成员相比，他的行为更难以监督（所谓不对称监督）。[1] 经营活动的相对重要性意味着，与其他任何成员相比，经营成员积极性的损失带来的成本更大，因此为了前者（经营成员）牺牲后者（其他成员）是值得的。监督的不对称意味着，将剩余索取权分

---

1 正如我们所指出的，监督的不对称是直观的。只需一瞥就能知晓生产成员是否正在工作；而尽管你注目而视，也很难知道经营成员正在想些什么。

配给经营成员可能会带来较低的"总"积极性的损失。[1] 这两个因素结合起来，意味着与生产成员充当剩余索取者时相比，经营成员索取剩余时的福利损失要小。因此经营成员成为企业家，而生产性成员成为薪水工人。[2] 这就是企业家型的企业（entrepreneurial firm）。

我们的第二步工作是要证明，为什么充当企业家的优先权要让给资本所有者，或者说为什么企业家精神一般都是由资本家来提供的（第三章）。我们的分析表明，在经营能力不易被观测的假设下，职业的自由选择意味着将有太多的无能之辈吹嘘自己能从事经营。原因如下。由于非负的消费约束（non-negative Consumption Constraint），一个人的个人资产越少，他当企业家时的收入下限从而净收益预期越高。这意味着与一个拥有巨额资产的人相比，一个相对贫穷的人更有积极性"虚报"他的经营能力。换言之，就经营能力而言，当一个富人选择做企业家时，他更显得诚实和可信。充当企业家的优先权之所以让给资本所有者，是因为在显示经营能力方面，富人的选择比穷人的选择更有信息量，从而其他人都理性地追随想成为企业家的富人而不是想成为企业家的穷人。上述论点为古典资本主义的一些制度特征提供了依据：一个企业家同时又是一个资本所有者，而剩余则表现为

1　这个观点可借助下述例子进一步阐述。假设一个生产团队有 A 和 B 两人，他们只在月上树梢的夜晚工作。生产技术上的安排要求 A 在月光下工作，而 B 在阴影里工作。产出无法按每个人的边际努力给以度量。然而很显然地，让 B 索取剩余比让 A 索取剩余更有效，这是因为，A 无法看清 B 在做什么，而 B 却能轻易观察到 A 是在勤奋工作还是偷懒。在企业内，经营成员就类似在黑暗处工作的 B，而生产成员则是在月光下工作的 A。

2　此处按照奈特（1921）的意思，我们知道企业家有双重功能：作决策及承担风险。

　　　　　　　　　　　　　　　企业的企业家—契约理论

资本的收益。这样，我们便有了一个被称为"资本雇佣劳动"的制度。

虽然我们在第二、三章中的正式模型着重于古典资本主义企业，发展的理论也能够解释股份公司的出现。观点如下（参见章节3.7、4.7）。资本雇佣劳动的作用在于能把劣等的人选从企业家队伍中排除出去。然而资本的约束是一把双刃刀。由于人口中经营能力与个人资产的分配是不对称的，资本的约束也有可能将那些有能力却缺乏资产的人排除在企业家行列之外。结果，一方面，高能力的人拥有的资本通过信息传递作用，除能挣取其要素价格外，还能获得一部分纯利（租金），而低能力者拥有的资本，由于没有能力可显示，只能挣取其要素价格；另一方面，高能力的富人能够挣取企业家租金，而高能力的穷人却只能挣取市场工资。这就意味着在高能力低资本与低能力高资本的人之间存在着一个合作并可赢利的机会。虽然一个富人因缺乏能力无法从直接经营中获利，但如果他认识某些高能力的人（如他的亲属），或寻求高能力的人花费不是太大，他也许可以通过使用自己的资本去显示他人的能力的方法增加自己的收益。类似地，虽然高能力低资产的人不能独立获取企业家租金，但如果他能使资产所有者相信他有高能力，而说服后者的成本又不算太高，他就能通过为某些资本所有者提供自己能力的方法来增加自己的收益。更进一步讲，每一个体寻求另一合作对象的积极性是他们各自资源（能力或财富）的递增函数。因为一个人的财产（经营能力）越多（高），如果互相寻求成功的话，则他所获取的租金就越高。结果，他们成为一种联体企业家：高能力者被称为管理者，从事经营活动，而富人被称为"持股者"，有权索取剩余并负责挑选合格的管理者。这便是股份公司的起源。

在第三步中，我们建立了一个企业的企业家一般均衡模型，用以说明人口划分为四种不同职业（企业家、管理者、纯粹资本家与工人）的均衡特性，并将企业内不同成员间的均衡关系与人口中经营能力、个人财产和风险态度的联合分布相联系（第四章）。我们已经证明，在均衡中，（a）高能力、私产富有及低风险规避态度的人成为企业家；（b）能力低、私产少又高风险规避态度的人成为工人；（c）高能力但少财产的人成为被资本家雇佣的管理者；（d）低能力但多私产的人成为雇佣管理者的"纯粹"资本家。我们还证明了，（a）人口中经营能力的改进会使富有的资本家和工人受益，但不利于高能力—低资本的人（职业管理者）；（b）个人财产分布的改进有利于高能—低资者及工人，但无益于富裕资本家；（c）经济中风险规避态度的增长会同时降低市场工资及利率，并因此同时损伤工人和有钱的资本家。

在其完成形态，企业的合约安排是，资本所有者是委托人，他将决策权"委托"给管理者（称代理人），后者又转而"雇佣"工人（亚代理人）；他们之间的关系演变为"委托人设计一种激励机制（或监督机制）以诱导（或强迫）代理人为委托人的最佳利益而工作；在设计这样一个激励机制时，委托人面临约束是，代理人不至于投靠另一委托人或拂袖而去（参与约束），并且从自己的利益出发心甘情愿地做委托人希望他做的事——因为这是他自己的最佳选择（激励相容约束，incentive compatibility constraint）"。[1] 这一完成形式掩盖了

---

[1] 这是委托—代理文献的基础框架。参见哈特和霍姆斯特姆（1987）。

　　　　　　　　　　　　　　　企业的企业家—契约理论

有关资本主义企业及其发生形态的许多深层内幕。经济学家们很少提出为什么资本所有者成为委托者的问题，这种状况使得人们在理解企业制度结构的演进时，产生了许多迷惑和混淆。

我们的理论有一个十分重要的暗示。因为资本对劳动的优势来源于有关经营能力信息的不对称，我们也许可以预言，当其他有关能力的信号可以利用时，资本对劳动的这些优势将会减弱。教育就是这样一种信号，它能够反映出经营能力的某些信息，因而有助于工商管理硕士文凭的持有者成为管理者。[1] 在极端的情况下，如果有关能力的信息变得很完备，则资本就成为一种纯粹的生产要素并失去对劳动的所有优势，资本家也就会丧失掉委托人资格。[2] 然而，如果我们相信经营能力在某种意义上讲是一种天赋，不可全赖教育而成，则资本在显示某人能力的信息方面，依然能享受对劳动的优势。如果有人不满意资本所有者的社会地位，他应该要求政府去做提高个人能力的社会可观察度的事情（比如改进教育），而不应该要求政府通过国有化将资本所有者清除掉。[3]

本书所表达的理论很是抽象。但我们的大部分观点都建立在一种对可观察到的资本主义经济历史演进的直觉知识的基础之上。我们

---

1 教育之成为信号未必是因为它能提高某人的能力，而是因为高能力者与低能力者相比，教育的成本更低。参见斯宾塞（1973）。
2 但是在这种情况下，没有人在经营方面对其他人有任何优势，因而企业本身即为科斯意义上的多余物。
3 我在这方面的研究工作部分地受到我在中国的个人经验的激发。在中国，由于缺乏个人财产制度，许多国有企业的管理岗位由滥竽充数者所占据。所幸，随着改革过程的推进，越来越多的资产所有者在中国出现，这肯定有助于改进中国企业经营者的平均素质。

从简单解释为什么企业从经营成员与生产成员之间的劳动分工发展而来开始，又解释了为什么经营成员能取得企业家的身份而生产成员只作为挣取工资者，还探究了为什么企业家也是一个资本所有者，最终分析了股份公司出现的原因。这个故事看来很与资本主义企业的发展史相吻合。尽管如斯蒂格利茨所指出的，在模型化经济关系时，即使你在某个方面有所推进，你有时也许总体上讲反而使事情变得更糟糕，我们希望，通过对资本主义企业的起源及其演进的认识，我们的理论模型能改进经济学家们对资本主义企业制度的全盘理解，而不是强化一点恶化其余。

应该指出的是，虽然我们的目的是为了解释资本主义企业的不对称合约安排，但我们的理论也可用以解释另外一些可观察到的企业现象。例如，第二章所阐述的观点就能解释为什么合伙制企业多半存在于这样一些行业内，即在该行业的企业中，成员们在生产上同等重要，在监督上也同样困难（参见章节2.4）；而第三章所阐述的观点则可说明"劳动雇佣资本"的现象为何大多集中于如下一类行业：通过诸如教育凭证之类的容易观察到的信号，重要的能力容易被识别。我们相信律师、会计、咨询及学术研究等属于该种行业，在该行业内合伙公司或劳动管理型企业很普遍。

已经做了这许多的工作，然而还有很多有待去做。特别是，我们还未能正式模型化股份公司里股东与管理者之间的合约关系。正如我们已指出的，该种合约必须能够处理让经营者有积极性努力工作与让股东有积极性去挑选高能力的管理者这两者间的转换关系。我们相信这些合约的许多可观察到的特征与这一问题有关。由于大部分现存文献都注意管理者一方的激励问题，因而强调股东一方的激励问题是非常重要的。未来的研究将沿此线索展开。我们提出如下欠成熟的论点作为本书的结束。

股份公司内能力与资本之间的合作（或曰决策权与剩余权的分离）伴随着一系列的代理关系问题。第一，由于观察的不充分和显示能力的成本，资本家在挑选管理者时不可避免地要犯些错误。一些人初看起来能力很强，但在合作的过程中却有可能被证明为滥竽充数者。如果真是如此，就应该给资本家一个纠正错误的机会（当然，错误的纠正只能够减少而不能消除错误所造成的成本，否则没有人会把错误当回事）。相反的形式可能是：一个能力很强的管理者由于资本家的误断，可能被视为低能儿。因为解雇一名管理者，向市场传递的是有关这个人的能力的坏消息，高能力的管理者可能会受到不公正的伤害。应该有一种机制使管理者免受这种对待。第二，因为经营活动的重要性以及对其监督的困难，在管理者一方就存在一个严重的激励问题。因此管理者的收入必须与企业的效益紧密联系，而不应靠合约给固定化。换言之，管理者应该分享部分剩余！第三，当资本所有者是企业的一个外部成员时，资本本身更容易遭受滥用的危害。[1] 由于资本的滥用能通过多种方式使管理者受益，资本所有者有必要在资本的使用方面取得部分发言权。第四，当资本的需求量很大时，股东人数将会很多。这就在资本所有者一方引申出一个监督的激励问题，因

---

1 管理者滥用资本的方法很多，其中一种是出于职业前程考虑而过度投资（见霍姆斯特姆科斯塔，1986）。

为这时监督的成本是集中的，而监督所带来的利益却分而散之。因此必须建立一些机制来缓和这一问题。

上述问题的严重性取决于决策权与剩余索取权的重叠程度。后者可用管理者自己的"赌注"占总股本的百分比来衡量，而这一比例又受到其他机制的可利用性和有效性的影响。让管理者持有一高比例的赌注通常能够缓和代理问题。[1]如果不存在其他一些有效的机制，则企业家企业（指管理与剩余索取权完全重叠）将成为企业的唯一形式。经营与资本重叠度低的企业的普遍存在现象说明，上述机制确实存在。通过股东大会和董事会（"用手投票"）和股市（"用脚投票"）实行的控制即可视为两种处理代理问题的主要机制。他们既相互依赖又相互替代。"用手投票"作出的更换经营者的决定通常取决于"用脚投票"的得分数（score，即股票价格）。一个有效率的股票市场肯定能够降低直接控制的重要性。这与警察勤于巡逻能降低监狱的拥挤度的道理相仿。股票市场不仅仅是一种制约管理者行为的机制，而且同样可约束股东的行为。例如，股票的可转让性可以使资本家轻易地纠正他们在判断管理者能力时所犯的错误，而股本的不可赎回性又能保护高能力的管理者免受持股人的不公正评价；股票的市场价格不仅可用以度量管理者的绩效，还可评价股东的绩效。管理层的更换通常发生在股东更换之后，股东先于管理者受到损害。挑选一个有才干且

1　关于资本结构的代理理论是由詹森和麦克林（1976）初创的。他们将代理问题分解为两类冲突：一类发生在持有不足100％股份的管理者与外部股东之间；另一类发生在股东与债权人之间。他们认为，资本的结构取决于代理成本的最小化。关于这一文献的综述，请参见哈里斯和雷维夫（1991）。

勤勉的管理者是股东的责任。如果他们不为自己的轻率所犯的错误付出代价，又由谁来支付代价呢？管理者报酬与企业绩效之间的紧密关系的证据说明，由管理者实际掌握的剩余赌注要比他的名义股份大得多。[1]

---

1 关于该问题的综述，请参见罗森（Rosen，1992）。

参考文献

Aghion, Philippe and Bolton, Patrick, 1992, "An Incomplete Contracts Approach to Financial Contracting", *Review of Economic Studies*, 59: 473-494.

Aghion, Philippe and Tirole, Jean, 1994, "Formal and Real Authority in Organization", mimeo.

Akerlof, G., 1970, "The market for 'lemons' : Quality and the market mechanism", *Quarterly Journal of Economics*, 84: 488-500.

Alchian, Armen and Demsetz, Harold, 1972, "Production, Information Costs, and Economic Organization", *American Economic Review*, 62 (50) , pp. 777-795.

Aoki, Masahiko, 1984, *The Cooperative Game Theory of the Firm*, Oxford: Clarendon Press.

Aoki, Masahiko, Bo Gustafsson and Oliver Williamson, eds. , 1990, *The Firms as a Nexus of Treaties*, London: Sage Publications Ltd..

Azariadis, C, 1975, "Implicit Contracts and Unemployment Equilibria" , *J. P. E.* , 83: 1183-1202.

Baily, M. ,1974, "Wages and Employment with Uncertain Demand" , *Review of Economic Studies*, 41: 3754.

Barnea, Amir, Robert A. Haugen and Lemma W.Senbet, 1981, "Market imperfections, agency problems and capital structure" , *Financial Management*, Vol. 10, No. 3, 722.

Baumol, W.J. , 1959, *Business Behavior, Value and Growth*, New York: Macmillan.

Berle, A.A. and Means, G.C. , 1932, *The Modern Corporation and Private Property*, New York: Harcourt, Brace and World, Inc. , revised edition 1967.

Blanchflower, David G. and Andrew J. Oswald,1990, "What Makes An Entrepreneur?" , Working Paper, Dartmouth College, NBER and Centre for Economic Performance,

LSE.

Bolton, Patrick and David S. Scharfstein, 1990, "A Theory of Predation Based on Agency Problems in Financial Contracting", *American Economic Review*, 80: 93-106.

Casson, Mark, 1982, *The Entrepreneur: An Economic Theory*, Oxford: Martin Robertson.

Chang, Chun, 1987, "Capital Structure as Optimal Contracts", Working Paper, Carlson School of Management, University of Minnesota.

Cheung, Steven N. S. , 1969a, "Transaction cost, risk aversion and the choice of contractual arrangements", *Journal of Law and Economics* , 12, pp. 23-42.

Cheung, Steven N. S. , 1969b, *The Theory of Share Tenancy*, The University of Chicago Press.

Cheung. Steven N. S. , 1983, "The contractual nature of the firm", *Journal of Law and Economics*, 26 (1) , 1-21.

Cheung, Steven N. S. , 1992, "On the New Institutional Economics", in L. Werin and H. Wijkander (eds) , *Contract Economics*, Oxford: Basil Blackwell Publishers.

Clark ,John Bates, 1899, *The Distribution of Wealth*, New York: Macmillan Co..

Coase, Ronald.H., 1937, "The Nature of the Firm", *Economica*, IV, pp. 368-405.

Coase, Ronald H., 1960, "The problem of social costs", *Journal of Law and Economics*, 3 (1) , 1-44.

Coase, Ronald H., 1988, *The Firm, the Market and the Law*, Chicago: The University of Chicago Press.

Coase,Ronald H. ,1992, " Comments " (on Cheung's "On the New Institutional Economics") ,in L. Werin and H. Wijkander (eds) , *Contract Economics*, Oxford: Basil Blackwell Publsihers.

Deaton, Angus and Muellbauer, John, 1980, *Economics and Consumer Behaviour*, Cambridge University Press.

Diamond, D. W., 1984, "Financial intermediation and delegated monitoring", *Review of Economic Studies*, LI, 393-414.

Diamond, D. W. , 1989, "Reputation acquisition in debt markets", *Journal of Political Economy*, 97: 828-862.

Diamond, Peter A., and Stiglitz, Joseph E., 1974, "Increases In Risk and Risk Aversion", *Journal of Economic Theory*, 8: 337-360.

Domar, E. , 1966, "The Soviet Collective Farm as a Producer Cooperative" , *American Economic Review.*

Dow, Gregory K., 1993a, "Democracy versus Appropriability: Can Labour-Managed Firms Flourish in a Capitalist World?" , in Samuel Bowles, Herbert Gintis, and Bo Gustafsson, eds., *Democracy and Markets: Problems of Participation and Efficiency,* New York: Cambridge University Press.

Dow, Gregory K., 1993b, "Why Capital Hires Labour: A Bargaining Perspective" , *American Economic Review,* Vol. 83 (1) , 118-134.

Eswaran, Mukesh and Kotwal, Ashok, 1989, "Why are Capitalists the Bosses?" , *The Economic Journal,* 99 (March) , 162-176.

Evans, David S. , and Boyan Jovanovic, 1989, "An Estimated Model of Entrepreneurial Choice Under Liquidity Constraints" , *Journal of Political Economy,* Vol. 97, No. 4, 808-827.

Fama, Eugene, 1980, "Agency Problem and the Theory of the Firm" , *Journal of Political Economy,* 88: 288-307.

Fama, Eugene, and Michael Jensen, 1983, "Separation of Ownership and Control" , *Journal of Law and Economics,* Vol. 26: 301-325.

Fama, Eugene, and Michael Jensen, 1983, "Agency Problems and Residual Claims" , *Journal of Law and Economics,* Vol. 26: 327-349.

Farmer, Roger, 1985, "Implicit Contracts with Asymmetric Information and Bankruptcy: The Effort of Interest Rates on Layoffs" , *Review of Economic Studies,* LII, 427-442.

FitzRoy, Felix R. and Dennis Mueller, 1984, "Cooperation and Conflict in Contractual Organization" , *Quarterly Review of Economics and Business,* 24 (4) .

Fudenberg, Drew, Begnt Holmstrom and Paul Milgrom, 1990, "Short-term Contracts and Long-term Agency Relationship " , *Journal of Economic Theory,* 51, 1-31.

Gale, D., and M. Hellwig, 1985, "Incentive compatible debt contract: the one-period problem" , *Review of Economic Studies,* LII, 647-663.

Grossman, Sanford J. and Oliver Hart, 1982, "Corporate financial structure and managerial incentives" ,in J. McCall, ed.: *The Economic of Information and Uncertainty,* Chicago: The University of Chicago Press.

Grossman, Sanford J. and Oliver Hart, 1983, "An Analysis of the Principal-Agent Problem" , *Econometrica,* 51: 7-45.

Grossman, Sanford and Hart, Oliver, 1986, "The Costs and Benefits of Ownership: A Theory of Vertical and Lateral Integration", *Journal of Political Economy*, Vol. 94.

Grossman, Sanford and Oliver Hart, 1988, "One share - one vote and the market for corporate control", *J. of Financial Economics*, 20, 175-202.

Haltiwanger, John and Michael Waldman, 1986, "Insurance and Labour Market Contracting: An Analysis of the Capital Market Assumption", *J. of Labour Economics*, Vol. 4, no. 3, 335-375.

Hansmann, Henry, 1988, "Ownership of the Firm", *Journal of Law, Economics and Organization*, Vol. 4 No. 2, 267-304.

Harris, Milton and Begnt Holmstrom, 1982, "A Theory of Wage Dynamics", *Review of Economic Studies*, 49: 313-333.

Harris, Milton and Artur Raviv, 1988a, "Corporate control contests and capital structure", *Journal of Financial Economics*, 20: 55-86.

Harris, Milton and Artur Raviv, 1988b, "Corporate Governance: voting rights and majority rules", J. of Financial Economics 20, 203-235.

Harris, Milton and Artur Raviv, 1989, "The Design Of Securities", *J. of Financial Economics*, 24, 255-287.

Harris, Milton and Artur Raviv, 1991a, "The theory of capital structure", *The Journal of Finance*, Vol.XLVI, No. 1, 297-355.

Harris, Milton and Artur Raviv, 1991b, "Financial Contracting Theory", Working Paper No. 82, Kellogg Graduate School of Management, Northwestern University.

Hart, Oliver and Begnt Holmstrom, 1987, "The Theory of Contracts", in Bewley, T. eds: *Advances in Economic Theory.*

Hart, Oliver and Moore, John, 1989, "Default and Renegotiation: A Dynamic Model of Debt", Working Paper, MIT, August.

Hart, Oliver and Moore, John, 1990a, "A Theory of Corporate Financial Structure Based on the seniority of Claims", Working Paper No. 560, MIT.

Hart, Oliver and Moore, John,1990, "Property Rights and the Nature of the Firm", *Journal of Political Economy*, Vol. 98.

Hay, Donald, 1990, "The Public Joint Stock Company: Blessing or Curse?", unpublished, Jesus College, Oxford.

Hay, Donald and Derek Morris, 1991, *Industtrial Economics and Organization: Theory and Evidence*,Oxford: Oxford University Press.

Heinkel, Robert, 1982, "A theory of capital structure relevance under imperfect information", *The Journal of Finance*, 37: 1141-1150.

Hirshleifer, Jack and Riley, John G., 1992, *The Analytics of Uncertainty and Information*, New York: Cambridge University Press.

Holmstrom, Begnt, 1979, "Moral Hazard and Observability", *Bell Journal of Economics*, 74-91.

Holmstrom, Begnt, 1982, " Moral Hazard in Teams", *Bell Journal of Economics*, 13, 324-340.

Holmstrom, Begnt and Joan Ricart I Costa, 1986, "Managerial Incentives and Capital Management", *The Quarterly Journal of Economics*, 835-860.

Holmstrom, Begnt and Milgrom, Paul, 1987, "Aggregation and linearity in the provison of intertemporal incentives", *Econometrica*, 55: 303-328.

Holmstrom, Begnt and Milgrom, Paul, 1991, "Multitask Principal- Agent Analyses: Incentive Contracts, Asset Ownership and Job Design", *Journal of Law, Economics and Organization*, Vol. 7（Spring）, 24-52.

Holmstrom, Bengt and Milgrom, Paul, 1993, "The Firm as an Incentive System", mimeo.

Holmstrom, Bengt and J. Tirole, 1989, "The theory of the firm", in Schmalensee, R. and R. Willig eds, *Handbook of Industrial Organization*, North Holland, 1989.

Holtz-Eakin, D., Joufaian, D. and Rosen, H.,1994, "Sticking It Out: Entrepreneurial Survival and Liquidity Constraints ", *Journal of Political Economy*, Vol. 102（1）: 53-75.

Y. Huang, 1973, "Risk, Entrepreneurship,and Tenancy", *J. P. E.*, 81. pp. 1241-1244.

Israel, Ronen, 1991, "Capital structure and the market for corporate control", *The Journal of Finance*.

Itoh, Hideshi, 1991, "Incentives to Help in Multi-Agent Situations", *Econometrica*, 59, 611-637.

Jensen, Michael C. and William Meckling, 1976, "Theory of the firm: managerial behaviour, agency costs, and capital structure", *Journal of Financial Economics*, 3: 305-360.

Jensen, Michael C. and William Meckling, 1979, "Rights and Production Functions: An Application to Labour Managed Firms and Codetermination", *Journal of Business*, 52: 469-506.

企业的企业家—契约理论

Jensen, Michael and William Meckling, 1992, "Specific and General Knowledge, and Organizational Structure", in L. Werin and H. Wijkander (eds), *Contract Economics*, Oxford: Basil Blackwell Publishers.

Jensen, Michael C. and Jerold Warner, 1988, "The Distribution of power among corporate managers,shareholders, and directors", *Journal of Financial Economics*,20: 3-24.

Johnson, D., 1950, "Resource Allocation under Share Contracts", *J. P.E.*, 58, pp. 111-123.

Jovanovic, Boyan, 1979, "Job Matching and the Theory of Turnover", *J. P. E.*, Vol. 87, No. 5, 972-987.

Jovanovic, Boyan, 1979, "Firm-specific Capital and Turnover", *J.P.E.* Vol. 87, No. 6, 1246-1260.

Kanbur, S. M. , 1979, "Of Risk Taking and the Personal Distribtuion of Income", *Journal of Political Economy*, Vol. 87, No. 4, 769-795.

Kilhstrom, Richard E.and Jean Jacques Laffont, 1979, "A General Equilibrium Entrepreneurial Theory of Firm Formation Based on Risk Aversion', *Journal of Political Economy*, Vol. 87, No. 4 pp: 719-748.

Kilhstrom, Richard E. and Jean-Jacques Laffont, 1982, " A Competitive Entrepreneurial Model of a Stock Market", In J. McCall, ed.: *The Economic of Information and Uncertainty*, Chicago: The University of Chicago Press.

Kirzner, I. M. , 1979, *Perception, Opportunity and Profit*, Chicago : The University of Chicage Press.

Klein, B., Crawford, R. and Alchian, A., 1978, "Vertical Integration, Appropriable Rents and the Competitive Contracting Process", *Journal of Law and Economics* ,21: 297-326.

Knight, Frank, 1964 (1921) , *Risk, Uncertainty and Profit*, New York: A.M. Kelley.

Kreps, David M. , 1990, *A Course in Microeconomic Theory*, Harvester Wheatsheaf.

Layard, P.R.G., and A.A. Waiters, 1987, *Microeconomic Theory*, Chapter 13, pp. 360-361, McGraw-Hill Book Company.

Laffont and Tirole, 1986, "Using Cost Observation to Regulate Firms ", *Journal of Political Economy*, 94, 614-641.

Lazear, Edward, 1979, "Why Is There Mandatory Retirement", *J.P.E.*, Vol. 87, No. 6, 1261-1284.

Leland, Hayne and David Pyle, 1977, "Information asymmetry, financial structure, and financial intermediation", *The Journal of Finance*, 32: 371-388.

LeRoy, Stephen and Larry D. Singell, 1987, "Knight on Risk and Uncertainty", *The Journal of Political Economy*, 394-406.

Lewis, Tracy R., and Sappington David E. M., 1991, "Technological Changes and the Boundaries of the Firm", *American Economic Review*, Vol. 81 No.4, 887-900.

Lucas, Robert Jr., 1978, "On the Size Distribution of Business Firms", *The Bell Journal of Economics*,pp. 508.

Marris, R. , 1964, *The Economic Theory of Managerial Capitalism*, London: Macmillan.

McAfee, R.Preston and John McMillian, 1991, "Optimal Contracts for Teams", *International Economic Review*, Vol. 32 (3) , 561-577.

Malcomson, James M., 1984, "Work Incentives,Hierarchy, and Internal Labour Markets", *Journal of Political Economy*, Vol. 92 (3) : 486-507.

Meade, J. E. , 1972, "The Theory of Labour-Managed Firms and of .Profit Sharing", *The Economic Journal* , 82: 402-428.

Meyer, Margaret, 1992, "The Internal Organization of Firms", presented as the *Review of Economic Studies Lecture* at the Royal Economic Society Conference, London, March 1992; mimeo, Oxford: Nuffield College.

Meyer, Margaret, Paul Milgrom and John Roberts,1992, "Organizational Prospects, Influence Costsand Ownership Changes", *Journal of Economics and Management Strategy*, Vol. 1.

Milgrom, Paul and Roberts, John, 1992, *Economics,Organization and Management*, New Jersey: Prentic-Hall International, Inc.

Mirrlees, J. A., 1974, "Notes on Welfare Economics, Information and Uncertainty" in *Essays on Economic Behaviour under Uncertainty*, Balch, McFadden and Wu, eds. Amsterdam: North Holland, 1974.

Mirrlees, J. A. , 1975, "The Theory of Moral Hazard and Unobservable Behaviour, Part I" , unpublished mimeo, Nuffield College, Oxford.

Mirrlees, J. A. , 1976, "The Optimal Structure of Incentives and Authority within an Organization" , *Bell Journal of Economics*, Vol. 7: 105.

Modigliani,Franco and H. Miller, 1958, "The cost of capital, corporation finance, and the theory of investment" , *American Economics Review* ,48: 261-297.

Mueller, Dennis, 1986, "Information, Mobility and Profit" , in D. Mueller, *The Modern*

Corporation, Sussex: Wheatsheaf Books Ltd.

Myers, Stewart C. and Nicholas S. Majluf, 1984, "Corporate financing and investment decisions when firms have information that investors do not have", *Journal of Financial Economics*, 13: 187-221.

Putterman, Louis, 1984, "On some recent explanations of why capital hires labour", *Economic Inquiry*, Vol. 22, 171-187.

Putterman, Louis and Skillman, Gil Jr., 1988, "The Incentive Effects of Monitoring Under Alternative Compensation Schemes", *International Journal of Industrial Organization*, 6 (1) : 109-119.

Rao, C. H., 1971, "Uncertainty, Entrepreneurship and Sharecropping in India", *J. P. E.*, 79,pp.578-595.

Rees, Ray, 1985, "The Theory of Principal and Agent: Part I", *Bulletin of Economic Research*.

Riordan, Michael H., 1990, "What Is Vertical Integration?", in M. Aoki, Bo Gustafsson and O.Williamson, eds., *The Firm as a Nexus of Treaties*, London: Sage Publications Ltd.

Rosen, Sherwin, 1985, "Implicit Contracts: A Survey", *Journal of Economic Literature* (September 1985) , 1144-1175.

Rosen, Sherwin, 1992, "Contracts and the Market for Executives", in L. Werin and L. Wijkander (eds.) , *Contract Economics*, Oxford: Basil Blackwell.

Ross, Stephen, 1973, "The Economic Theory of Agency: The Principal's Problem", *American Economic Review*, 63: 134-139.

Ross, Stephen, 1977, "The determination of financial structure: The incentive signalling approach", *Bell Journal of Economics*, 8: 23-40.

Sehumpeter, J. A. , 1936, *The Theory of Economic Development*, Harvard Unversity press, Cambridge, Mass.

Schumpeter, J.A., 1943, *Capitalism, Socialism and Democracy*, London: Unwin Unversity Books.

Schumpeter, J.A., 1954, *History of Economic Analysis*, London: Allen and Unwin.

Shackle, G. L. S., 1979, "Imagination, Formalism and Choice", in Rizzo, Mario, J. (ed.) , op. cit. p.19.

Spence, M., 1973, "Job market signalling", *The Quarterly Journal of Economics*, 87: 355-374.

Spence, M. and Zeckhauser, R., 1971, "Insurance, Information, and Individual Action", *American Economic Review*, Vol. 61, No. 2, 552-579.

Stiglitz, Joseph E.,1974, "Incentive and Risk Sharing in Sharecropping", Rev. *Economic Studies*, 41, pp. 219-255.

Stiglitz, Joseph E. and Andrew Weiss, 1981, "Credit rationing in markets with imperfect information", *American Economic Review*, Vol. 71, No.3, 393-410.

Stiglitz, Joseph E. "A reexamination of the Modigliani - Miller Theorem", *American Economic Review*, Vol. LIX, No. 579-493.

Stiglitz, Joseph, 1989, "Principal and Agent", in Palgrave.

Stulz, Rene, 1988, "Managerial control of voting rights: Financing policies and the market for corporate control", *Journal of Financial Economics*, 20: 25-54.

Tirole, Jean, 1986, "Procurement and Renegotiation", *Journal of Political Economy*, 94, 235-259.

Tirole, Jean, 1988, *The Theory of Industrial Organization*, Cambridge: MIT Press.

Townsend, Robert M., 1979, "Optimal Contracts and Competitive Markets With Costly State Verification", *Journal of Economic Theory*, 21: 265-293.

Vanek,Jaroslav,1970, *The General Theory of Labour Managed Market Economics*, Ithaca, New York: Cornell University Press.

Vickers, John and Yarrow, G. K, 1988, *Privatization: An Economic Analysis*, MIT Press.

Waldman, Michael, 1990, "Up or Out Contracts: A Signalling Perspective", J. of *Labour Economics*, Vol. 8, no. 2,230.

Ward, B. , 1967, *The Socialist Economy*, Random House.

Williams, Joseph, 1989, "Monitoring and Optimal Financial Contracts", Working Paper, University of British Columbia.

Williamson, O. E. , 1964, *The Economics of Discretionary Behaviour: Managerial Objectives in a Theory of the Firm*, Englewood Cliffs, New Jersey: Prentice Hall.

Williamson, O.E., 1975, *Markets and Hierarchies: Analysis and Antitrust Implications* , New York: The Free Press.

Williamson, O. E., 1979, "Transaction Cost Economics: The Governance of Contractual Relations", *Journal of Law and Economics* , 22: 233-261.

Williamson, O. E. , 1980, "Organization of Work: A Comparative Institutional Assessment", *Journal of Economic Behaviour and Organization*, 1: 5-38.

Williamson, O. E. , 1981, "The Modern Corporation: Origins, Evolution, Attributes",
Journal of Economic Literature , 19: 1537-1568.

Williamson, O.E.,1983, "Organization form,Residual Claimants, and Corporate
Control" , *Journal of Law and Economics* , 26: 351-366.

Williamson, O. E., 1985, *The Economic Institutions of Capitalism: Firms,Markets,
Relational Contracting,* New York: The Free Press.

Williamson, O., Wachter, M.and Harris, S.,1975, "Understanding the Employment
Relation" , *Bell Journal of Economics,* 6: 250-278.

Wilson, R., 1979, "The Structure of Incentives for Decentralization under
Uncertainty" , *La Decision,* No. 171.

Yang, Xiaokai and Borland, J. ,1991, "A Microeconomie Mechanism for Economic
Growth" , *Journal of Political Economy,* 99: 460-482.

Yang, Xiaokai and Ng, Yew-Kwang, 1993, *Specialization and Economic Organization: A
New Classic Microeconomics,* Elsevier Science Publishers B.N. (North-Horland) .

Yang, Xiaokai and Ng, Yew-Kwang, 1995, "Theory of the Firm and Structure of
Residual Rights" , *Journal of Economic Behaviour and Organization,* Forthcoming.

Zhang, Weiying, 1992, "Entrepreneurial Ability,Personal Wealth and the Assignment
of Principal-ship: An Entrepreneurial/Contractual Theory of the Firm" , M. Phil
thesis, Oxford University.

评论与回应

有恒产者有恒心

——评张维迎著《企业的企业家—契约理论》

汪丁丁

　　张维迎先生负笈英伦数载，成就专著《企业的企业家—契约理论》，并改写成中译本由上海三联书店与上海人民出版社于 1995 年联合出版。我喜欢这本书，因为：（1）它以作者长期参与中国经济改革的经验为背景，提出对主流经济学一个核心问题的解答；（2）它以一个特定的企业理论为题目，为中国年轻一代经济学者提供了一个方法论典范，即在系统把握了微观经济学以后如何将理论应用于具体问题以及如何在特定问题背景下叙述理论。这本书在两个方面的贡献使它成为中国经济学家在融入经济科学主流的过程中重建自己的学术传统的重要努力之一。

　　我的讨论将分为三个部分：首先，我希望交代清楚经济学企业理论的核心问题和本书的理论背景。其次，在第二节里，我希望重新阐释张维迎在他这本书里表述的理论的要点。最后，我想讨论张维迎理论框架中的一些具体问题作为学术商榷。由于角度和知识结构的差异，我的论述显然且应当与作者本人在书中的论述有所不同。

一、企业理论的核心问题

在科斯（Ronald Coase）提出并讨论"企业的实质"以前，企业理论在伦敦经济学院和其他主流经济学家那里是作为价格理论的一部分来讨论的，我们称为"厂商理论"。另一方面，老的制度经济学家（凡伯伦、康芒斯）从工业组织与技术进步不断发生冲突的角度讨论企业问题，他们并不关心他们的讨论是否能够形成"理论"。事实上老的制度经济学由于政策导向太强，从来没有形成统一的理论体系。在科斯的文章发表以后，企业理论在三个相关的方面得到训练有素的经济学家的推动。这三个方面是：（1）主要由芝加哥学派和加州大学洛杉矶分校的主流经济学家在 20 世纪 50 年代和 60 年代初期发展起来的不确定性经济学。包括斯蒂格勒（George Stigler）和阿尔钦（Armen Alchian）关于信息经济学的论文，托宾（James Tobin）和赫施莱佛（Jack Hershleifer）关于风险投资决策的研究（又称投资理论）。这一派经济学终于形成了目前在所有管理学院里讲授的资产组合理论和风险投资理论的核心——分离定理。也是在阿尔钦与赫施莱佛的影响下，早期的张五常提出了他自己的"佃农理论"。（2）主要由卡内基—梅隆学院的管理学家如西蒙（Herbert Simon）领导的行为学和组织理论的研究。威廉姆森（Oliver Williamson）的工作，照他自己的回忆，是深受他早年所在的卡内基—梅隆学院和西蒙教授的影响。管理学院的这种"案例研究"学术传统后来由威廉姆森带给了耶鲁大学和加州大学伯克利分校的新制度经济学派，影响了现在以博弈论研究制度的经济学家们。（3）由加州大学洛杉矶分校的德姆塞茨（Herald Demsetz）、科斯和当时在芝加哥大学教书的张五常（Steven Cheung），以及张五常后来任教授的华盛顿州大学的巴塞尔（Yoram Barzel）等人发展起来的交易的产权和契约理论。这一派理论，由于承接了西方道德哲学传统中社会契约和产权的思想，在经济学主流的各学派中显得格外深刻和扎实。影响所及，也包括了诺斯领导的"新历史学派"（见诺斯在其1990年那本书的一个脚注中对他所使用的"交易费用"概念的说明）。

通常我们把上述三个方面的经济学家总合起来叫做"新制度学派"。他们的学术传统各有利弊。不确定性经济学的传统直承新古典的经济学，有严谨的分析工具，它现在已经与案例分析的博弈论方法融合为一个更强有力的研究方向。威廉姆森的传统虽然缺乏理论体系，但基于大量案例，有血有肉，政策内涵丰富。产权和契约的研究传统深究人类社会根底，是政治、经济、宗教等制度研究的正宗。但是这个学派缺少有力的、严谨的分析工具，它正在融入以博弈方法为基本分析工具的制度研究。所有这些学派的努力事实上都是企图解释现实经济中出现的千差万别的协调社会生产的形式，例如"企业"，例如"家庭"，例如"政府"，例如"市场"。如此大量的研究工作似乎难以以一篇引论的方式总结清楚。我下面的讨论主要目的是引出张维迎这本专著的主题（读者还可以参考我在《经济研究》1992年5月和1994年7月的综述文章）。

凡是以"效率"为核心问题，并以行为者的主观选择为基本视角的研究都可以归入经济学主流学派。相反地，以"功能"为核心问题，并以行为群体的约束为基本视角的研究则属于社会学派（至少在"现象学的社会学"兴起之前）。

立足于主流经济学的新制度经济学家，注意到新古典理论的基本假设（例如完备信息的市场）不适于回答诸如"什么是市场的广度"、"什么是市场与企业的边界"、"为什么同一种产品同时以不同的组织形式被这个社会生产出来"这类问题，他们在放宽"信息完备"这一基本假设的同时，不打算放弃"个人利益最大化"基础上的主观选择理论。由此导出的基本观点就是：如果每个人的行为都是理性的，如果理性的人们选择了不同的交换方式来实现劳动分工的好处，如果这些不同的交换方式在不同的（关于资源有效配置的）信息条件下有着不同的交换效率，那么经济学家的任务就只能是（1）在特定社会环境中发现那些不同的信息条件；（2）说明为什么不同的交换方式所提供给个人选择的不同的激励机制可以在这些信息条件下表现出不同的效率；并且（3）以不同的信息条件来解释那些同样有效率的（从而同时存在着的）不同交换方式。

"企业"，尽管没有准确的经济学的（可操作的）定义，被人们理解为一种交换方式，被强调"理性选择"（从而强调个体的选择自由）的上述三派新制度经济学家们理解为是一种或一组"契约关系"，并经常被拿来与"市场"这种契约关系做比较研究。他们都推崇科斯定理的地位，后者认为当信息完备从而交易费用为零时所有的契约形式都是等价的（即同样有效率的）。于是制度研究的前提应当是"信息不完备"，从而不同契约下的激励机制对效率而言是不等价的。在

企业的企业家—契约理论

假设了信息不完备以后，企业理论的核心问题是，每一种契约关系决定的激励机制是否与所考察的交换环境中的信息结构相配从而使生产有效率。以这样的方式表述的这个核心问题也许过于抽象，让我从上述三个学派 70 年代的研究中各取一个例子来说明。

由于已经广为人知，首先以阿尔钦和德姆塞茨 1972 年提出的"团队"企业理论为例。这里基本的信息不完备假设表现为分工合作中测量（metering）每一个人对总产出的"边际贡献"是有成本的。于是任何测量都不可能无限准确（否则测量成本会无限高），于是产生了"偷懒（shirking）和监督（monitoring）问题"。在这样的环境下，如果人们仍然通过"市场"契约关系来进行交换，就会发生阿克劳夫（George Akerlof）所谓的，对制度研究至关重要的"the lemon's principle"（在"二手车"市场上劣币驱逐良币原理）。大体上说就是由于边际贡献测不准，人们只能以"平均贡献"来确定商品和劳务的价格。在"平均原则"下，质量高的商品与劳务（在特定技术条件下）最终被质量低的同类竞争驱逐，甚至导致"市场崩溃"（market collapse）。如果人们不通过市场进行交换，那么"企业"就是主要的交换方式之一了。企业的团队理论的核心是每一个"团队"（取代"市场"）有专人分工，负责测量和监督队员们的"边际贡献"。测量的准确性取决于监督人员努力和监督技术的规模经济，从而取决于团队内部的激励机制。一个常见的契约方式是，在可观测的"平均贡献"（从而平均工资）基础上，由分工监督的人员对每个人的边际贡献实行"甄别"，并据以实行奖惩。最后产出减去总成本（包括工资）所得的纯利润由分工监督的人分享。这是新奥地利学派企业家和利润理论的翻版。我们可以容易地看这个理论里企业与市场的区分：在后者，测不准的风险是由所有参与交换的人共同承担的；在前者，这个风险是由专人分工承担的。所以企业的"团队"解释实际上有赖于承担风险的规模经济效益。换句话说，如果在某个环境下，风险分摊的效益大于风险集中管理的效益，我们就会观察到"市场"而不是"企业"了。我的这个解释可以说是对阿尔钦和德姆塞茨理论的推广，而且在当代发达市场经济中可以观察到这种风险分摊型的企业和古典的风险集中型的企业并存。

其次是威廉姆森的研究，其著名的观点是把企业和市场看成不同程度的"科层组织"（hierarchy）。在现实中我们很难界定企业和市场，正如张五常在批评和澄清科斯的理论时所据香港企业的例子显示，许多服装制造商以"计件"的方式从家庭服装生产者那里收购产品。这时候每个家庭都是自身的管理者，整个生产过程的"科层"基本上是水平的。研究者常常很难判断这种契约关系到底是"计件工资"（在企业内部）制，还是"分包合同"（在企业之间即市场内部）制。威廉姆森的办法是把所有契约方式按照科层级数的多少连续排列，于是典型的、只在我们概念中存在的"企业"就排在层级最多的一端，而我们概念中的"市场"就在另一个极端。为了解释这些不同的科层组织的同时存在（也即同样有效率），我们假设在上级和下级之间以及在同一层级的个体之间的信息交换是有成本的，但是同级之间的信息交流次数在给定个体数目下远远大于一个上级管理多个下级时所需信息交流次数。于是信息交换的成本随科层级数的增加而下降。另一方面，我们假设使资源达到有效率配置的关于需求方面的信

　　　　　　　　　　　　企业的企业家—契约理论

息是从下层收集上来的，而配置资源的决策是从上层作出的。于是当信息在上级和下级之间传达时就发生扭曲。这种信息扭曲造成的损失随科层级数的增加而上升。威廉姆森在 1975 年的著作中证明了最有效率的科层组织应当在这两种信息费用之间达到边际均衡。他的工作最近又由钱颖一在《经济理论》杂志 1994 年的论文推广到连续科层函数的情况。

最后是张五常这一派的制度经济学研究，以张五常 1970 年在《法律与经济学》杂志发表的《契约结构与可耗尽资源经济学》一文为例。张五常把常见的交换方式按照契约结构列出若干类别，从日常生活中踩到别人脚需要说"对不起"这类社会契约关系，一直到缔约成本高昂的投资合作。他批评了德姆塞茨所谓的"外部效应"理论，认为那是一种空想的观念（misconception）。因为只要资源稀缺就必定有竞争，有歧视，有产权以及相应的"外部效应"（这是阿尔钦在 60 年代中期的思想）。私有产权并不像德姆塞茨想象的，是为了"内化"所谓的"外部效应"而建立的社会契约的关系。正相反，一切私有产权都不是完全和绝对有效的，从而都在产权的"边界"处变成了"公共财"，也就总是带有某种（正的或负的）"外部效应"。换句话说，德姆塞茨所说的那种外部效应只是交易费用的一种，另一种形式的交易费用是界定私有产权的费用，有时候会比外部效应引起的费用更为高昂（例如吸烟的外部效应与界定新鲜空气的私有产权的费用相比微不足道）。因此社会采用私有产权还是接受公共财（例如德姆塞茨研究的公社林地），或其他方式的契约关系，这要取决于执行契约的各项费用的比较。后者取决于信息在缔约各方的分布情况。例如一个"在外地主"（absentee landlord）由于信息成本而采用固定地租的契约，一个本地地主若非常熟悉农活则会采用固定工资的契约，而在特定气候水土环境之下，佃农与地主都不愿意独自承担过高的农业风险时，他们会采用"分成制契约"（share tenancy）。

以上各例旨在说明我在上面提出的，经济学主流学派所关心的企业理论的核心问题。下面我要转述张维迎专著里所论述的"企业的企业家—契约理论"的要点。张维迎论证的是在一个纳什均衡讨价还价博弈的企业模型里，具有企业家能力的管理者如何能够占有全部剩余价值，也即成为企业所有者（古典意义上的"资本雇佣劳动"）。而在市场社会里，财富往往成为人们判断一个企业家能力的"信号"，于是在"效率"意义上，资本应当雇佣劳动。张维迎得到的这个结论，虽然有些极端，在他的模型里却是有根有据的。从他的模型也可以导出劳动雇佣资本和劳动与资本分享利润的结果。只不过在他看来这后两个情况（至少对中国而言）不具有很大的现实意义。

二、关于"企业家能力"的信息成本

张维迎此书主体部分共分作五章。其中第一章是导论，第五章是结语，所以主干是第二、三、四章。其中第二章是理论的微观基础，主线是基于纳什（John Nash）非合作博弈和讨价还价理论。第三章是全书理论的着力点，试图用关于企业家能力的信息成本来解释"资本雇佣劳动"现象。第四章意在把局部均衡分析的结果拓展到一般的均衡，但是如我在下一节要讨论的，这一章的目的远远没有达到。所以这一节我重点转述张维迎在第二、第三章中的观点。

第二章的分析方法是标准新古典经济学的，从一组参数化的假设出发，推导出在个体理性选择下的均衡条件。然后对所有的参数做"比较静态分析"得到一组可检验的命题。作者使用了相当多的数学表述，有些我认为是不必要的。事实上，我下面的转述是采用了一个简单得多的二人博弈来推导出张维迎书中第二章的主要结论。

我先把他的基本假设总括在这里：（1）分工生产的规模经济是"单干户"结成"团队"的理由。这在书中以生产函数的交叉二阶导数来描述，它的大小被张维迎称为"协作程度"。（2）在分工生产中只有两类人，其一是管理者，其二是生产者。即便在相同的劳动投入下，这两类人对总产出所做的边际贡献也可以是不同的。这在书中以生产函数的要素边际产出弹性来描述。（3）这两类工作受到有效监督的程度可以有差异，从而对这两类工作的监督成本不同。这在书中以要素的有效投入量作为监督量的正比函数来描述。（4）团队的总产出超过"单干"总产出的部分，即合作的净值，也叫"利润"，按照不同的协作程度参数、监督技术参数、要素的相对重要性参数和人们的风险回避参数，在参与分工的人们中间分配。

在这些假设下，张维迎得到的主要结论是：（1）当对生产行为和管理行为的监督完全无效率时，任何一方（生产者或管理者）独占利润都不会是最优的。但是利润分享的方式非线性地依赖于协作程度（即要素在多大程度上相互依赖）与要素相对重要性（即要素对总产出的边际贡献）的比较。这两者都是由生产技术确定的。例如，直观说来，当管理能力和产出弹性上升时，管理者应当分享更大的利润。但是这个利润份额增加的幅度又依赖于各要素在其创造边际贡献的过程中多大程度地依赖于其他要素的合作。这些就是定理一和它的两个引理的丰富内容的主要部分。（2）当监督在一定程度上有效时，利润的分享方式不仅取决于技术参数，还要取决于监督成本。直观来说，那些要素产出弹性高的人，如果其工作非常难以受到有效监督，他们就应当分享大部分利润。那些能够以较低成本监督他人的人，尽管其要素相对并不重要，还是可能成为利润的分享者。对称地，那些要素相对重要但监督他人成本极高的人也可能分享利润。这是定理二及其三个引理和若干推论的主要内容。（3）当人们不是风险中性时，那些更愿意承担风险的人，如果同时也是要素相对重要的和对他人监督成本较低的人，就会分享大部分利润。但张维迎的看法是，风险态度在决定谁分享大部分利润的博弈中并不是经济学研究的主要方面。我以为这个看法的正确性在于，就方法论而言，经济学的实证性使其必须回避对心理因素的研究。

下面我用一个简单的博弈模型来导出上面那些结论的要点。让我们从典型的囚犯悖论开始，即下图中所有参数为零的情况。其中 M 代表团队生产中管理者的角色，P 代表生产者的角色，T 表示加入团队的选择，H 表示选择"单干户"。

M \ P	T	H
T	$1+bQ,$ $1+(1-b)Q$	$r_1,$ $1+(1-b)Q-r_1$
H	$1+bQ-r_2,$ $-r_2$	$1,$ 1

图附-3

这时（我们仅仅考虑一次性博弈），唯一的纳什均衡就是（H，H）。张维迎的模型基于纳什均衡讨价还价博弈理论，这在我们的简单博弈中就是引进与张的模型性质相同的参数并考查在什么情况下（T，T）也可以成为纳什均衡，从而人们选择团队的生产组织方式。

从制度经济学角度来看，对企业的所有权就是对企业经营的"剩余"或利润的独占权利。因此谁拥有企业的问题在我们（以及张维迎的模型中）就是利润如何在生产者和管理者之间分享的问题。这里团队生产的利润就是其总产出减去一个固定的监督费用后的值超过单干总产出（1+1=2）的量，假设为 Q。在考虑到要素相对重要性时，可以假设 $Q=Q(M, P)$，此处参数 M 表示管理者的技术重要性，P 表示生产者的技术重要性。注意张维迎模型中的"协作程度"在这里已经假设为一个正的利润 Q。这个利润被委托权参数 b 决定其在两个参与者之间的分享（b 在 0 与 1 之间，M 的份额是 b，因此他的总收入是 $1+bQ$；P 的份额是（$1-b$）Q，因此他的总收入是 $1+(1-b)Q$）。张维迎模型里的监督技术参数在这里用固定不变的监督费用或介于 0 与 1 之间的参数 r_1 和 r_2 来表示。当管理者监督生产者时，他付出效用 $-r_1$，而生产者偷懒的效用中则要减去 r_1（假设这是在反监督中的损耗）。当生产者监督管理者时，他付出效用 r_1，而管理者营私舞弊的效用中则要减去 r_2（逃避监督的损耗）。当生产者偷懒而管理者诚实工作时，我们假设生产者的偷懒可以使他既占有单干时的效用（因为他可以把偷懒的时间用于单干）又占有全部的剩余（因为他仍有团队成员的讨价还价权利，在极端情况下他独占剩余），因此在这种情况下他的效用是 $1+(1-b)Q$。总结一下这种情况，当管理者对生产者的监督有效时，生产者在博弈格局（T，H）下得到的收益是1+（1–b）Q–r_1。而管理者得到负的效用0–r_1（因为全部剩余被生产者偷走，而管理者付出了监督成本r_1）。相应的讨论适用于管理者营私舞弊而生产者诚实工作的情况，即博弈格局（H，T）。这时管理者得到效用1+bQ–r_2而生产者得到0–r_2。

先排除所有的技术因素，假设Q=1，是常数。这时博弈格局（T，T）成为纳什均衡的条件是1–$r_2<b<r_1$。

显然，如果生产者对管理者的监督完全无效率并且管理者对生产者的监督完全有效率，即r_2=0，r_1=1，那么使团队成为双方理性选择的均衡状态的唯一的利润分享方式是b=1，也即由管理者独占"剩余"，成为企业产权的所有者。反之，如果管理者对生产者的监督完全无效，而生产者对管理者的监督完全有效，维持团队生产的利润分享方式就是b=0，即生产者独占"剩余"成为企业产权的所有者。在一般情况下，双方的监督都有一定效率，所以参数b可以在大于0和小于1之间取值。这就是"分成制"的契约。这些结果可以认为是在极简单的模型中对应于张维迎书第二章的主要结论。我也推导出了在生产函数$Q=Q$（m，p）中引进要素相对重要性和技术协调参数所得的主要结论，可以与张维迎的结论一一对应。在风险态度非中性的情况下，我必须在上面简单的博弈模型中就某些参数值讨论夏仙义（John Harsanyi）和西尔顿（R. Selten）在80年代引进的概念——风险优势均衡，并仍得到张维迎的相应结论。

所有这些结论都不是新的，例如读者可以参看阿尔钦和伍德沃德1988年在《经济文献》杂志发表的对企业理论的综述性文章。张维迎的贡献是在第二章严格的微观分析基础上，引入关于企业家能力的信息成本，从而导致出资本与劳动的各种雇佣关系和被雇佣关系。这就是他的第三章的内容。

张维迎书的第三章虽然没有很长的篇幅，却足以成为整个论文的要害部分。理论的基点是企业家能力在人群中的不均匀分布和难以观测。这对应于上一节说过的"lemon's principle"，在某种"平均原则"下，那些劣质的管理者会逐渐把那些优质的管理者逐出市场。因此一个有效率的市场必须实行某种"歧视政策"。这个歧视政策就是把一个人的企业家能力与他和个人财富挂钩。所以当市场观测到一个人的财富量时，它就根据企业家能力在拥有不同财富量的人群中的概率分布来决定这个人的企业家能力，并且据此制定他作为企业管理者所提供的服务的价格。这样在竞争性的管理者和生产者市场上，在那些管理工作很难受到监督的部门，财富多的人比较容易拥有企业的控制权甚至成为企业的所有者。

为什么市场必须把企业家才能同个人财富挂钩呢？张维迎给出了一个基于"风险不对称原理"的解释，如果我们接受信息经济学传统，用一个随机量的方差度量它所包含的风险，那么当一个人做投资或经营决策时，他所操纵的全部资本的值 K 所包含的风险就是 Var (K)。在竞争性资本市场上，由千百万人的投机行为生成的资产定价倾向于使每一项投资或企业的回报率与它所含的风险成线性的正比关系。所谓"风险不对称"就是说回报率与风险的关系偏离了线性正比关系。例如一个穷人，借了一笔资产 K 用于风险经营，如果他赚了钱（假设他成功的概率是 P），他可以偿还利息并将"剩余" R 独占。但是如果他亏损了，在废除"债务奴隶制"的社会里，他无法偿还这笔借款及其利息（假设他亏损概率是 $1-P$）。那么从这个人的立场来计算，他的期望收益将是 $PR+（1-P）0=PR$。现在假设一个富人用自己的资产 K 做相同的风险经营，则他的期望收益将是 $PR+（1-P）L$，此处 L 是亏损值，如上述，这个期望收益在竞争性资本市场里线性正比于 $\mathrm{Var}（K）$。假定这个富人的期望收益是 $RP+（1-P）L=f[\mathrm{Var}（K）]$。由于这个穷人做的是同样的风险的经营，市场回报给他的收益也应当是 $f[\mathrm{Var}（K）]$。显然，这个回报大于他期望的收益 PR。于是，在张维迎看来，穷人比富人有更大的积极性用别人的钱做风险经营。于是一个有效的市场必定歧视穷人，必须在贷款给穷人时依照"坏账风险"的程度收取更高的利息或一定比例的财富抵押。

张维迎把这一结论与他在第二章的分析结合起来，给出了一个社会分工的图景。那些没有财产也没有企业家能力的人在有效市场中选择了生产者的角色；那些有财产也有企业家能力的人选择了管理者和企业所有者的角色；那些没有财产但有企业家能力的人选择了管理者但不是企业所有者的角色；最后，那些有财产但没有企业家能力的人选择了企业所有者但不是管理者的角色。在他的模型中，人们的这些选择取决于生产技术和监督技术参数，取决于企业家能力的分布特征。这个结论的严格论证需要一般均衡模型。然而下面将会看到，把这类局部均衡结果推广到一般均衡时会遇到极大的困难，而且往往结论是不成立的。

三、结论与问题

张维迎的企业理论从假设到结论，都与中国经济体制改革密切相关。这正是他的理论的生命力所在。一个理论家的思想总是连贯的，有自身传统的。张维迎也不例外，他的企业理论正和他早年提出的"为钱正名"的思想一脉相承。在高度评价了他的这本著作之后，我想在这个结语中着重提出几点批评。

首先，张维迎企业理论建立在纳什非合作均衡和纳什讨价还价博弈均衡（Nash bargaining equilibrium）的基础上，这是有很大局限性的。在博弈理论家中，密歇根大学的宾默尔（Ken Binmore）长期致力于拓广纳什讨价还价博弈均衡，试图以此解释社会道德的形成。但是他在1994年的两卷本著作《社会契约与博弈论》里终于承认纳什讨价还价博弈均衡不足以解释社会契约。哈佛大学的密尔森（Roger Myerson）在其1991年的深入研究性著作《博弈论——冲突的分析》中指出，纳什讨价还价博弈均衡之局限性在于许多情况下合作博弈可以使人们分享比纳什讨价还价博弈均衡大得多的剩余。换句话说，在纳什均衡非合作博弈下效用的可能性边界可以被纳什讨价还价博弈均衡扩展到更大的范围；而后者的效用可能性边界又往往可以由合作博弈进一步得到扩展。这种现象尤其出现在超过四个人的博弈的场合。因为我们知道所有二人博弈要么是非本质性的，要么策略等价于"每个单干收益为0，两个人合作时总收益为1"的博弈。而此时纳什讨价还价博弈均衡下的分配与各种主要合作均衡概念下的分配往往是重合的。所有三人博弈要么是非本质性的，要么是本质性的常和博弈（即总收益为常数，不依赖于任何人的任何策略），策略等价于"每个人单干时的收益是 0，任意两个人合作的总收益是 1，三个合作的总收益是 1"，要么是本质性非常和博弈，策略等价于"每个单干时收益是 0，两两合作的总收益分别为 a，b，c，在 0 与 1 之间的实数，三个人合作的总收益是 1"。[1] 只是在最后一种情况下常常出现超过纳什讨价还价博弈均衡的总收益。

事实上为了解释每一个社会中具体存在着的各种交换方式，我们必须在某种程度上依赖合作博弈的假设。例如社会道德约束在某些方面足够强大从而人们不必每天讨价还价，人们可以放心地依赖他人的习惯和传统。乡镇企业的"社会性"约束足够强大，从而本地就业必须得到优先考虑，尽管这样牺牲了企业效率。但也许确实扩展了整个合作的效用可能性边界。在父子、夫妻、兄弟、姐妹、朋友之间，很多时候一方作出违反纳什讨价还价博弈的牺牲（即接受低于威胁点的效用值）是合作博弈的需要，而且确实扩展了所有人的利益。在这方面我们正看到博弈论的有意思的进展：如果把"威胁点"视为某种讨价还价的"参考点"，那么我们可以引进其他类型的参考点。这些参考点的用途在于讨价还价的双方根据每个参考点进行的讨价还价可以达到某个均衡。而所有参与博弈的人应当选择那些能够把讨价还价引导到使他自己利益最大的均衡所对应的参考点。[2] 在这样的看法

1　参阅 Petet Morris : *Introduction to Game Theory*，Springer-Verlag，1994，第六章。

2　参阅 James Friedman，*Game Theory with Applications to Economics*，2nd ed，Oxford University Press，1991。

企业的企业家—契约理论

里，参考点的设定实际上依赖于所考察的特定社会和文化历史背景。在这方面我相信张维迎有更深刻的体会。

其次，张维迎的理论基于纳什讨价还价博弈均衡分析。然而他的一般均衡分析则离开了博弈论的微观基础，有些类似新古典主义的对竞争性产品市场、资本市场和劳务市场的集结，由此集结得到的生产函数，与企业家能力的初始分布、财富的初始分布和劳动供给分布一起决定了一般均衡工资率、利息率和某种个人预算的财富约束参数，以及与这些参数相对应的个人选择的劳动力、财富和企业家能力在劳动、资本和管理三个方面的配置。在第四章最后部分，张维迎对一般均衡做了比较静态分析。当我试图把张维迎的博弈论分析从局部均衡推广到一般均衡时，我遇到第一个困难是：我们不清楚与企业家能力有关的生产函数的等产出曲线族是否满足凸性条件。大量关于收益递增的经济研究很可能证明企业家能力是与非凸性联系着的。一旦失去了凸性假设，不动点定理的应用就成了问题。所以沿着博弈论的方向推出一般均衡定理将会非常困难。在张维迎的假设体系中，生产函数为什么既依赖于企业家能力又服从对资本和劳力投入的收益递减率，这一点没有得到说明。在这种新古典假设下，为什么会产生利润和张维迎所谓"企业家效用租金"？我相信在假设了规模收益递减之后，我们没有办法再引进企业家能力的贡献而不发生矛盾。回避这种矛盾的办法是引进新的价格变量，这就是张维迎一般均衡模型中的"财富约束参数"。有了这个约束，相当于非均衡分析里的短边均衡，就产生了可以长期存在的"租金"。然后再调整财富约束参数使长期的企业家能力租金等于零。因此在我看来张维迎的一般均衡模型误置了问题的焦点。在第二章里至关重要的企业家能力在这里完全失去了经济学意义，被当成一种普通的生产要素了。对作者为了数学上的方便，如此明显地背离新奥地利学派和老芝加哥学派的企业家理论，我表示由衷的遗憾。

这本书当然还有一些细节上的技术性问题，我已经在另外的地方向作者指出了。这里的评论基本上是正面的、肯定的。因为作者确实写了这样一本好书，做出了这样出色的、在中国尚属先驱的规范的理论研究，为中国经济学提供了这样一个系统的从实践到理论，再从理论回到实践检验的研究模式。我为作者的成就骄傲，为他的理论在可见的将来可以预见的发展潜力感到兴奋。我希望能够加入到重建中国经济学研究传统的这个潮流中来，希望与作者一道探讨和作出贡献。

（本文发表于《中国书评》1996 年 5 月总第 10 期，经作者本人同意，收集于本书）

国有企业改革中的企业家问题

——兼评张维迎著《企业的企业家—契约理论》

张春霖

张维迎著《企业的企业家—契约理论》（上海三联书店，上海人民出版社 1995 年版，以下简称《理论》）出版后，引起了经济学界的广泛关注。本文拟对《理论》的研究成果作一些评论。不过，我们不打算对该书作全面的评论。具体来说，我们将不涉及《理论》在现代微观经济分析方面所作出的理论贡献，而是把重点放在另一方面，即《理论》对中国的国有企业改革的现实意义。为此，我们将运用《理论》的概念框架、主要结论和分析方法，探讨一个在笔者看来属于《理论》与实际之"结合部"的问题，即国有企业改革中的企业家问题。采取这样的方法应当说是很自然的，因为理论的意义就在于提供研究现实问题的工具，而工具的性能只有通过使用才能显示出来。本文的结构如下：第一、二、三节运用《理论》的概念框架、主要结论和分析方法，分别讨论国有企业中"企业家缺位"问题的表现、根源及解决的基本途径；第四节由此引申出关于国有企业改革的政策含义；第五节是一个总结性的评论。

一、行政干预下的内部人控制："企业家缺位"的表现

（一）国有企业治理结构的基本特征

中国的国有企业改革是整个经济体制由计划体制向市场体制转轨过程的一部分。计划经济中的国有经济乃至整个国民经济，是按照"社会大工厂"的模式组织起来的（吴敬琏，1994）。计划经济中的"企业"其实只是这种"社会大工厂"的"车间"、"班组"。国有企业改革的一个基本任务，就是要把这些"车间"、"班组"改造为真正意义上的企业。为达到这一目的，这些车间、班组式的企业中必须有人独立地行使经营决策权，计划经济中决策权高度集中的状况必须改变。但是，哪些人可以在企业中行使经营决策权呢？计划经济所留下来的只有两种人：或者是这些企业的经营管理人员（他们在行使经营决策权时经常得到工人的合作），即经济学家所称的内部人（insider）（青木昌彦，1995）；或者是政府行政机关的官员。在提出建立现代公司制度的目标之前，国有企业改革的内容在很大程度上就是决策权在这两种人之间的分配和再分配。国有企业中控制权分配的现存格局就是这样形成的，这种分配格局可以称之为行政干预下的内部人控制，它是国有企业现存的治理结构的基本特征（张春霖，1995a）。[1]

1　张春霖，1995a，《从融资的角度看国有企业的治理结构改革》，《改革》1995 年第 3 期。

　　　　　　　　　　　　　　　　　　企业的企业家—契约理论

行政干预下的内部人控制的实质是"企业家缺位"，就是说，在这种治理结构中，还不存在真正的企业家。这是因为，无论内部人，还是政府行政机关的官员，都既不是资本所有者，也不是资本所有者选定的利益代表。因此，一方面，他们的经营能力不曾经过资本所有者的筛选；另一方面，他们实际上不能为自己经营决策的后果承担责任。他们是《理论》所说的那种不名分文的意愿企业家（《理论》第135页，以下所注页码除注明者外均指此书）。

（二）"企业家缺位"与"劳动雇佣资本"

"企业家缺位"问题是以行政干预下的内部人控制为基本特征的治理结构的产物，而这种治理结构与劳动雇佣资本的理论模型有相通之处。暂时撇开行政干预，我们可以发现，在现实中，内部人所"雇佣"的资本有两大类。首先是国有资本。国有资本是一种被免费"雇佣"的资本，也可以说，使用国有资本的名义利率为零。在现存的体制下，"企业"对国家的货币形式或非货币形式的义务都不与所使用的国有资本的数额成比例，国有资本是一种"不用白不用、用了也白用"的资本。内部人所"雇佣"的另一类资本是通过银行而获得的民有资本，即居民所有的资本。使用民有资本的名义利率是大于零的。

注意到了行政干预下的内部人控制与劳动雇佣资本的理论模型之间的关联之后，《理论》与实际的"结合部"就比较清楚了。《理论》给自己提出的任务，就是要解释为什么是资本雇佣劳动而不是劳动雇佣资本（第14页）。关于劳动雇佣资本的体制《理论》有两个重要的观点。

其一，作为完美资本市场之特征的统一利率和自由信贷加上自由择业的假定，等价于一个劳动雇佣资本的体制（第137页）。换句话说，如果择业是自由的，那就意味着任何人都可以选择当企业家，开办企业；如果存在统一利率和自由信贷，那就意味着，任何想开办企业的人都可以按某一统一的利率借到他所需要的任何数额的资本。因此，在这样的条件下形成的体制将会是劳动雇佣资本。

其二，统一利率和自由信贷不可能是一种均衡状态，能力高、财富少的意愿企业家和潜在放款人或资本所有者[1]自然会引入财富依存的利率和信贷分配的机制，从而使劳动雇佣资本的体制转化为资本雇佣劳动的体制（第153—155页）。直观地看，这里的道理并不复杂。由于借款人的经营能力不相同，不能偿债的概率也不相同。所以，对放款人来说，把资本借给不同的借款人意味着不同的期望收益。既然如此，在统一利率的条件下，放款人当然只愿意把资本借给能带来最高期望收益的借款人。如果把资本借给某一借款人意味着较低的期望收益，那么，只有该借款人以较高的利率加以补偿，放款人才愿意借款给他。由于经营能力是私人信息，放款只能通过借款人的财富来推断其经营能力及相应的期望收益。这样，利率就成为"财富依存"的利率。对那些能力高、财富少的意愿企业家来说，付较高的

1　我将用"资本所有者"一词指《理论》中文版所说的"资本家"，以避免可能的含混不清。"资本家"一词在中文中已被赋予了相当固定的含义，这些含义与英文中"capitalist"一词，采用的是其基本含义，即资本所有者。例如，《理论》所谓"资本家—工人"（第139页）指的是兼有资本所有者身份的工人。若按"资本家"一词在中文中通常被赋予的含义，"资本家—工人"就是一个自相矛盾的说法。

利率去做企业家而不是做工人，是值得的。因此，他们会愿意付较高的利率，从而导致统一利率为财富依存的利率所取代。由于借款人承诺支付的利率越高，不能偿债而破产的概率也越高，而破产对放款人来说又意味着新的成本，即证实成本，所以，在一定条件下，放款人期望收益的降低可能无法由利率的提高得到补偿，因而会拒绝向某些借款人放款，导致信贷分配。这样，劳动就不能按统一利率自由"雇佣"资本了。

从以上分析中，可以很清楚地看到的一点是，统一利率和自由信贷之所以不是一个均衡状态，其关键原因在于，资本所有者能够以自己的利益最大化为准绳决定是否以及按什么条件把资本交给别人使用。换句话说，资本所有者是资本流动的交易中有充分行为能力的主体。这是《理论》所说的使资本雇佣劳动的体制得以产生的"市场力量"（第 137 页）的源泉。

运用《理论》提供的上述概念和观点来研究行政干预下的内部人控制，我们首先可以发现，以行政干预限制内部人控制，其意义类似于以信贷分配取代自由信贷。行政干预过程决定谁可以按统一的名义零利率使用国有资本，谁可以按某一统一的名义正利率使用民有资本。也就是说，并非所有愿意支付利息的人都可以获得使用资本的权利。因此，以行政干预来限制内部人控制，相当于对一种劳动雇佣资本的体制进行修改。这种修改的实质是，行政机关决定哪些人可以作为内部人按通行的利率"雇佣"多少资本。显然，我们这里讨论的已经是《理论》作者一再强调的"经营者选择机制"问题。如果我们问一下，为什么资本所有者会允许行政机关分配归他们所有的资本？我们便可以发现一个更深层次的问题：在行政干预下的内部人控制这种治理结构中，找不到资本所有者的地位和作用。是资本所有者没有行为能力？还是资本所有者的可选行为空间受到了限制？看来，这是一个值得详细讨论的问题。

二、资本所有者行为障碍："企业家缺位"问题产生的根源

如果我们分析一下，在现行的体制中，资本是怎样从其所有者手中流入到使用者手中的，或者说，现行的资本流动的体制是怎样运作的，我们就能发现，实际情况的要点[1]可以用图附 –4 中的五项交易来表示，每一项交易都是资本的一次流动。首先，我们不妨设想，所有的资本本来都是归居民所有的。因为，国家终究不过是一个组织，国家的一切财产归根结底是人民的财产。进一步设想，居民把自己所有的资本分成两部分，一部分交给了国家（交易①），形成了国有资本。国家以一部分国有资本投资于国有银行（交易②），另一部分投资于国有工商企业（交易③），这样，全部国有资本就表现为国家在国有银行和国有企业中的所有者权益。居民把他们所有的另一部分资本作为存款交给了国有银行（交易④），这部分资本也就是我们所说的民有资本，它表现为国有银行对居民的负债。民有资本通过国有银

1　图附 –4 没有考虑外国资本以及国家财政、国有企业在银行的储蓄，没有显示国民收入分配的实际过程，也没有列出民有资本流动的其他渠道。有兴趣的读者可参考张春霖（1996）中的示意图。

　　　　　　　　　　　　　　企业的企业家—契约理论

行作为贷款流入国有企业（交易⑤），进而表现为国有企业对国有银行的负债。从活动领域来看，居民作为资本的终极所有者，其活动领域仅限于交易①和交易④。国家作为国有资本所有者，其活动领域是交易②和交易③，交易⑤是作为金融中介机构的国有银行活动的领域。现在我们来进一步考察这五项资本流动交易的特征。

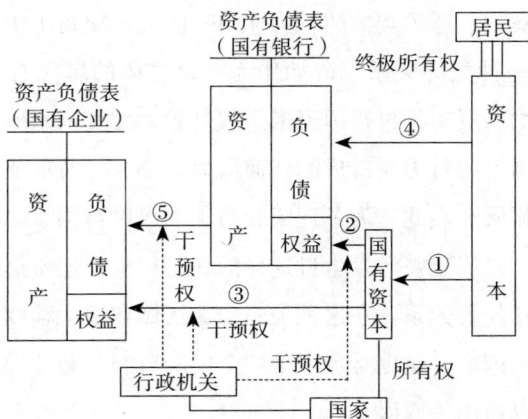

图附-4　现行的资本流动的体制

1. 交易①中居民与国家的关系和交易④中居民与国有银行的关系是不同的。居民与银行的关系是一种明确的契约关系，银行吸收居民存款，对居民负有还本付息责任。国家作为银行的唯一所有者，对银行欠居民的债务实际上承担着无限责任。但是，在交易①中，居民和国家之间存在的是另一种关系（参见张春霖，1995d）。[1]

1　张春霖，1995d，《存在道德风险的委托代理关系：理论分析及其应用中的问题》，《经济研究》1995 年第 8 期。

首先，这种关系与其说是居民个人与国家的关系，不如说是居民作为一个整体与国家的关系。每个居民都知道，国有资本的终极所有权属于包括自己在内的全体居民，但没有一个个人能清楚地定义出自己的份额。

　　其次，全体居民作为一个整体，没有与国家（或其他主体）谈判、订立契约、履约契约的行为能力。因此，交易①中居民与国家的关系不是一种契约关系。假如作为一个整体的居民有如此的行为能力，把他们的资本托付给国家来全权处置，接受国家所给予的任何回报，承担国家的行为所造成的任何后果，那么，所形成的体制也会和现行体制相同。因此，为了理解交易①中居民与国家之间的非契约关系，我们可以假定曾经发生过这样的托付行为，把所形成的关系理解为一种信任托管关系。在这种关系中，居民在很大程度上已将其所有权让渡给了国家，这也是现实中"全民所有制"和"国家所有制"两个术语可以通用的原因。

　　第三，居民所有的全部资本中，有多大部分交给国家，变成国有资本，主要不是由居民自己决定，而是由国家决定的。国家通过控制国民收入分配过程，影响国民收入在居民、企业、政府三者之间的分配比例，从而实际上控制一年新形成的全部资本中国有资本和民有资本的比例。改革以来，中国国民收入分配格局的一个重大变化就是，国家允许居民在国民收入分配中的份额不断升高，企业和政府的比例相应降低，从而导致了新形成的资本中民有资本的比例不断升高，国有资本的比例相应降低。由于国家可以对这一分配比例施加决定性的影响，尽管国家作为国有银行的唯一所有者对居民承担着偿债

　　　　　　　　　　　　企业的企业家—契约理论

责任，但这种责任对国家的借贷和投资行为不会有硬约束。

2. 在交易④中，国有银行对居民处于垄断地位。当然，近几年来，直接融资渠道已开始形成，非银行金融机构和非国有银行已开始出现，但是，国有银行仍然垄断着民有资本流动的渠道。在此之前，国有银行更是处于绝对垄断地位。国有银行对融资渠道的垄断所产生的后果是，居民作为民有资本的所有者，除了决定把自己收入的多大比例存入国有银行多长时间外，几乎再无可选择、无所作为。居民把钱存入银行，与其说是一种投资，不如说是请求银行代管。[1]

从上述两项特征可以看到，如果不考虑近几年开始出现的直接融资渠道和非银行金融机构、非国有银行，现存的资本流动的体制几乎没有给作为资本所有者的居民留下什么可行使其权利的余地。那么，国家和国有银行的情况又如何呢？

3. 由于国家的社会经济管理职能与国有资本所有者职能没有分离，国家作为资本所有者的职能只能由同时兼有社会经济管理职能的行政机关来行使。这些行政机关有多元的行为目标，又不具备做出有效率的投资决策所必需的组织结构、核算制度和管理知识，因此，行政机关在交易②、交易③中的行为与国家作为国有资本所有者追求资本增值最大化时所应有的行为相去甚远。这也就是说，在交易②和交易③中，行政机关所分配的资本在一定意义上属于无主资本：我们看不到其所有者以自己利益最大化为准绳做出相关的决策，行使其所有

---

1 有的研究指出，在 1985 年到 1994 年的 10 年中，一年期存款实际利率为负值的时间长达 6 年（宋清华，1995）。

权。这也就是已引起广泛关注的"所有者缺位"或产权责任不清、政企不分的问题。显然,在交易②和交易③中完全取消行政机关的干预,固然可以实现"政企分开",但同时也会使国有资本变成完全由内部人控制的无主资本,并非解决问题的根本出路。

4. 在交易⑤中,行政机关的干预使国有银行的行为不能成为商业银行的行为,民有资本不能按照效率原则配置。同时,国有银行本身也缺乏按照效率原则配置民有资本的足够动力。这样,在交易⑤中,民有资本也变成了行政机关调动的一种无主资本:我们既看不到其所有者以自己的利益最大化为准绳做出相关的决策,也看不到受到民有资本所有者利益有效约束的金融中介机构以自身利益最大化为准绳做出相关的决策。

综合以上四方面的特征,可以发现,当资本通过上述五项交易最终到达内部人手中时,资本所有者利益的约束已经消失,唯一限制内部人控制权的只剩下行政机关的干预。因此,我们可以说,行政干预下的内部人控制及其引起的企业家缺位问题,根源于图 1 所示的资本流动体制中资本所有者的行为障碍,其含义是:居民作为资本所有者,其可选行为空间受到了限制,除决定向国有银行提供的存款的数量和期限外,没有做出其他实现其所有者权利所必需的重要决策的余地:国家作为国有资本所有者,没有做出实现其所有者权利所必需的重要决策的能力。

显然,造成资本所有者行为障碍的基本条件是现存的国有资产管理体制和金融体制,而这两种体制的问题其实都是计划经济的遗产。行政机关取代资本所有者决定资本这种稀缺资源的配置,是计划

企业的企业家—契约理论

经济的题中之意。事实上，在计划经济中，国家所有制本来就是行政机关决策权的制度保证。由于民有资本的地位微不足道，国有银行也不过是执行行政机关决策的"出纳员"。因此，资本所有者行为障碍，其实只是计划经济留下来的国有资产管理体制和金融体制与市场经济和现代公司制度的要求不相适应的一种表现。

资本所有者行为障碍是现实与《理论》的模型之间一个最重要的区别，正是由于这一区别，现实中经过修改的劳动雇佣资本的体制内部不存在向资本雇佣劳动的体制转化的趋势。要解决前者所造成的企业家缺位问题，需要通过改革的外力推动，改革相关的制度条件，使资本所有者能够充分保证和实现自己的利益。

三、经营能力与资本所有权的结合：企业家产生的途径

如果改革已经成功地改变了相关的制度条件，使资本所有者摆脱了行为障碍的问题，有能力也有条件保护和实现自己的利益，我们面临的环境就会比较接近于《理论》的模型。在这样的环境中，企业家缺位的问题怎样解决？或者说，企业家将如何产生？《理论》的主要结论对回答这样的问题有重要的意义。

（一）《理论》的主要结论

在《理论》的模型中，个人在三方面有差异（第15页）。其一是经营能力或企业家能力，这种能力被定义为决定生产什么和如何生产的能力或发现相关价格的能力（第64页）；其二是个人财富；其三

是对风险的态度。模型假定，个人的经营能力是私人信息，个人财富则是公共信息（第 16 页）。对我们来说，模型中采用的一个经济学的标准假定也是值得一提的，这就是，个人的行为目标是效用最大化。在模型中，个人的效用取决于收入和努力两个因素，前者可以来自工资，也可以来自资本的增值和利息。因此，这一假定的一个含义是，个人作为资本所有者，有能力也有条件做出相关的决策，行使其所有权，以实现效用最大化的目标。

《理论》的分析得到的一个主要结论是，在均衡状态下，个人将被划分为四种职业。经营能力高、个人财富多的人成为企业家；经营能力低、个人财富多的人成为纯粹资本所有者；经营能力高、个人财富少的人成为管理者；经营能力低、个人财富少的人成为工人。用《理论》表 1-1 的符号（第 21 页），这四类人可以分别用 E、C、M 和 Z 表示。在这四类人中，C 和 M 联合起来，形成另一类企业家——"联体企业家"（joint entrepreneur，第 161、206、221 页），就是说，二者联合之后执行与 E 类企业家相同的职能。对联体企业家的分析，使《理论》的正式模型不仅适用于解释古典资本主义的业主制企业，而且可以进一步解释股份公司的出现。从这样的角度研究股份公司，《理论》还得出了一个含义深刻的结论，即，股份公司的特征不在于所有权与控制权的分离，而在于企业家身份的分解（第 19 页）。

从《理论》的模型和结论中，我们首先可以引申出的一点启示是，企业家的产生是经营能力和资本所有权结合的结果。现在，我们先沿着这一线索，运用《理论》提供的概念框架，考察一下在现实中，民有资本所有权如何能与经营能力结合，产生出企业家，金融中

　　　　　　　　　　　　　　　企业的企业家—契约理论

介机构可以发挥什么作用，然后再将国有资本和民有资本相比较，指出国有资本面临的特殊问题。

（二）民有资本所有权和经营能力结合的基本途径

民有资本所有权和经营能力结合的可能途径至少有以下几种：

1. 那些既拥有足够数额的资本又具备足够水平的经营能力的民有资本所有者，通过直接拥有并经营企业，成为 E 类企业家。为了进一步的分析，我们把 E 类企业家再分为两种（参见第 151 页）：E_1，他们自己所有的资本足够满足其企业的资金需要；E_2，他们自有的资本本身不能满足企业的资金需要，但能满足企业外部融资的需要。

2. 经营能力较低的资本所有者中的一些人（称之为 C_1），或者由于他们具有识别他人经营能力的能力，或者由于某种（偶然的或花费成本的）原因，掌握了 M 类人中某些人（M_1）的经营能力的私人信息，他们能足够准确地认定 M_1 的实际经营能力。这样，C_1 就可以雇佣 M_1[1]，二者合作开办企业，成为联体企业家（不妨称之为 C_1M_1）。为简单起见，我们假定所有的 C_1M_1 都和 E_2 一样，有外部融资的需要。

《理论》的基本假设是，个人财富是公共信息，经营能力是私人信息。在多数场合，《理论》假定，资本所有者了解他人的经营能力的唯一途径是观察其个人财富。但在分析联体企业家的产生时，《理论》采用了一个更为现实的假定，即，某些人可能比另一些人对某

1　M 类人中的其他人受雇于 E 类或 C_1M_1 类企业家，成为职业管理人员。

个人的经营能力有较多的知识，同时，通过某些花费成本的交流活动也可以获得关于某个人经营能力的某些不完全的知识（第204页）。这样，就使 C 类资本所有者有可能在 M 类人中发现自己可能的合作伙伴。

3. 经营能力较低的资本所有者中的另一些人（称之为 C_2）选择与 E_2 或 C_1M_1 合作，开办股份公司。C_1 同意由 E_2 或 C_1M_1 负责经营公司，自己则享有普遍股东的权益。

应当说明的是，《理论》的结论以表 1-1 的方式（第 21—22 页、第 221—222 页）表述之后，C 类资本所有者与 E 类企业家之间可能的合作关系就不容易看出来了。实际上，在第三章中，这种合作关系是一个相当关键的内容（详见第 3.4、3.5 节，第 146—158 页）当然，在第三章中，《理论》所明确考虑的只是一种可能的借贷关系，而我的看法是，C 类资本所有者与 E 类及 C_1M_1 类企业家之间也可以形成一种小股东与大股东的关系。不过，小股东选择大股东的机制，与《理论》第三章中放款人选择借款人的机制实质上是相同的。

4. 经营能力较低的资本所有者中的第三种人（称之为 C_3）选择与（E_2+C_2）或（$C_1M_1+C_2$）合作，但不是与之合股，而是借款给他们，成为他们的公司的债权人。

这样，就所涉及的资本所有者而言，我们有三种可能的企业形式：E_1，（E_2+C_2）$+C_3$，（$C_1M_1+C_2$）$+C_3$。所形成的企业家也有三种：E_1，（E_2+C_2），（$C_1M_1+C_2$）。

企业的企业家—契约理论

（三）金融中介机构的意义

企业家产生于资本所有权与经营能力的结合，而结合的方式则在很大程度上取决于资本和经营能力这两种资源在人口中的分布格局，这是从《理论》第 4.7 节的例子（第 209-210 页）中可以得到的一点启示。在中国目前的条件下，这两种资源的分布格局如何，是一个值得研究的课题。不过，粗略地看，至少有两个特点是比较显著的。其一，财富的分布比较平均，而且，与做 E 类或 C_1M_1 类企业家的要求相比，大多数资本所有者所拥有的资本数额是微不足道的。其二，在经济体制转轨时期，由于法律上的和制度上的不健全，拥有较多资本但却缺乏经营能力的个人更容易出现。利用法律和制度的缺陷获取财富的能力与真正的经营能力或企业家能力不完全是一回事情。当然，纯粹从理论上考虑，假如改革者能改变财富的分布格局，企业家的形成会更容易一些。但在实践中，人为地改变财富分配格局，其成本之高经常使这种改变对社会来说变得不值得。事实上，在中国的改革和发展中，贫富差距一直是一个制约条件。如何在社会可容忍的范围内，以较小的贫富差距拉大换取较大的效率提高，一直是决定改革和发展政策的一个重要因素。因此，研究企业家产生的途径，应当将财富的分布格局视为在短期内是给定的。

两种资源分布格局的这些特点一方面决定了联体企业家的重要地位，另一方面也决定了金融中介机构的重要地位。对 E_1 类企业家的形成，金融中介机构无用武之地。但在另外两类企业家的形成过程中，金融机构却可以充当 C_1、C_2、C_3 的角色。当然，一个金融机构不是作为一个而是作为一批资本所有者的代理人，充当这三种角色。

因此，财富分配较为平均和个人拥有的资本额较小等特点，意味着金融机构的中介服务可以较大幅度地节约交易成本，提高专业人才和知识的利用效率，获取来自分工的利益。如果我们把充当这三种角色的金融机构分别称为 I_1、I_2、I_3，我们就可以有另外四种派生形式的企业家：(E_2+I_2)，$(I_1M_1+C_2)$，$(I_1M_1+I_2)$，$(C_1M_1+I_2)$。大致来说，I_3 是商业银行通常扮演的角色，I_1 和 I_2 则更多地是非银行金融机构的角色。其中 I_1 和 I_2 的区别类似于现实中的战略性投资者与财务投资者的区别。

那么，金融机构从何而来？和普通工商企业一样，金融机构也既可以由国有资本开办，也可以由民有资本开办。民有资本开办的金融机构可以由上述第（2）、（3）、（4）三种途径产生。暂时撇开国有资本的特殊问题不说，即使民有资本开办的金融机构，其行为能否符合效率原则？显然，这是四种派生形式的企业家能否形成的关键。金融机构的行为取决于多方面的因素，其中重要的一个是它自身和 C 类资本所有者的关系，即它的行为在多大程度上受到 C 类资本所有者利益的约束。前面的分析已经表明，由上述第（2）、（3）、（4）三种途径所形成的企业本身就可以是金融机构。因此，C 类资本所有者在金融机构中的地位可以是 C_1，但主要是 C_2 和 C_3 两种。例如，存款人在银行中的地位是 C_3，投资者在投资基金中的地位接近于 C_2。对于企业家的形成而言，金融监管的意义之一就在于充分保护 C_2、C_3 在金融机构中的利益，使之成为对金融机构行为的有效约束，以保证其行为尽可能符合效率原则。在转轨时期，金融机构在专业知识和信息上对 C_2、C_3 的优势尤为显著，强化 C_2、C_3 的利益对金融机

　　　　　　　　　　　　　　　企业的企业家—契约理论

构的约束也显得尤为重要。当然，国有资本目前仍在金融业中处于垄断地位。因此，金融机构要在企业家的形成中发挥作用，还有待于国有资本所有者解决自己面临的问题。

（四）国有资本所有者的特殊问题

国有资本所有权如何与经营能力结合而产生出企业家，是一个更为复杂的问题。不过，一个显而易见的道理是，如果国有资本所有者的行为能接近民有资本所有者的行为，则国有资本配置的效率就可以接近民有资本配置的效率，国有制与市场经济结合的路就可以走通。因此，核心问题在于国有资本所有者的行为。如果国有资本所有者能像民有资本所有者一样行事，则前面所述的民有资本所有权与经营能力相结合的途径对国有资本所有权也同样是敞开的。

国有资本所有者的行为问题与民有资本所有者的问题有不同之处。民有资本所有者的行为障碍，是由于其可选行为的空间受到了人为的限制，只要取消这些限制，民有资本所有者自己就会寻找与经营能力结合的途径。国有资本所有者的行为障碍，不是由于其可选行为的空间受到了人为的限制，而是由于，以现有的组织结构，它本身就没有作为资本所有者参与市场交易的行为能力。这不仅是因为行政机关没有能力作为行为规范的资本所有者参与市场交易，追求资本增值的最大化，[1] 而且，我们也找不到哪个行政机关能行使国有资本所有者

1　在公益性和福利性行业中的国有资本，当然不能以资本增值最大化为目标。不过，与西方国家的国有经济不同的是，中国的国有资本在大多数竞争性行业中也占据着支配地位。

的全部权利，承担国有资本所有者应当承担的全部责任。现实的情况是，从中央到地方，众多的政府部门都在行使属于国有资本所有者的权利，但没有一个部门能承担相应的责任。

现在，我们可以回到第二节结束时提出的问题：如何改变相关的制度条件，消除资本所有者的行为障碍？

四、国有资产管理体制改革和金融体制改革：两项应作为企业改革重点的"配套改革"

按照一种通行的说法，国有资产管理体制改革和金融体制改革属于与"企业改革"相区别的"配套改革"。但是，前面我们的分析所表明的实际上是，国有资产管理体制改革和金融体制改革应成为企业改革的重点内容。因为，资本所有者行为障碍，其实只是计划经济所留下来的国有资产管理体制和金融体制与市场经济和现代公司制度的要求不相适应的一种表现。国有资产管理体制改革关系到图附–4中交易①、②、③发生的制度条件，金融体制改革则关系到交易④、⑤发生的制度条件，只有通过改革改变这两种制度条件，资本所有者行为障碍问题才能解决，企业家才能通过资本所有权与经营能力的结合而产生。由于国有资本在金融中的地位，国有资产管理体制改革又直接制约着金融体制改革。如果这两项改革不能取得应有的进展，企业家缺位的问题就不能解决。没有企业家，也就不会有真正的"企业"，企业改革要做的一切事情就都只能由两种人来做：或者是政府行政机关，或者是内部人。

由此看来，"企业改革"与"配套改革"的区分的确有误导的作用。实际上，企业改革要达到它的目标，其内容就应当是以公司化改制为中心而组合起来的若干项"配套改革"。除了"配套改革"，"企业改革"就只剩下一个空洞的名词。

国有资产管理体制改革的核心任务是解决前面所述的国有资本所有者的行为能力问题。为完成这一任务，改革需要在机构和规则两个方面展开。

在机构方面，改革的任务是明确行使国有资产所有权的主体。由于国有制本身的性质，这一主体必然是一种"联合所有者"，即由一个行政机关和至少一家企业组成。前者是"国家"的具体代表，后者是作为资本所有者进入市场交易的主体。两者缺一不可。按照一种被广泛同意的设计，前者称为国资委，后者称为国资公司。

在规则方面，改革的任务是为国资委和国资公司提供有效的激励和约束，使这个"联体所有者"的行为尽可能接近于民有资本所有者的行为。例如：

1.硬化国有资本所有者的预算约束，强化居民对它们的监督。为此，国有资产经营预算与公共财政预算要分离，二者间的拨款要受到代表居民或纳税人利益的机构的严格监督。国有资本所有者不能不受监督地借用国家政权的力量从居民手中征集资金，弥补由于自己因经营亏损等原因形成的资金缺口。

2.限制国资委及其成员的职能，使之摆脱社会经济管理职能，专心于做"运动员"，而不兼做"裁判员"。

3.限制国资公司的资产组合，包括其资产中股权与债权的比重，股权在企业间、行业间的分散程度，防止这些公司的控制者为追逐权力而牺牲所有者的利益。

金融体制改革的任务之一是改变图附-4中交易④、⑤发生的制度环境，使上一节所述的民有资本所有权与经营能力的结合能顺利进行。这方面的改革也包含机构和规则两方面的内容。

在机构方面，改革要有利于创造出竞争性的金融市场，改革几家国有银行垄断融资渠道的局面。只有这样，民有资本所有者才能在企业家形成的过程中发挥作用。为此，一方面需要在国有银行之外发展非国有银行及各类非银行金融机构，另一方面需要加快国有银行商业化的进程。后者的必要条件之一是解决国有企业的不良债务问题（参见张春霖，1996b）。

在规则方面，需要通过改革建立比较完善的金融监管制度，明确界定并有效地保护民有资本所有者的合法权益，规范各类金融机构的行为，使之尽可能接近效率原则的要求。

不难看出，进行国有资产管理体制改革和金融体制改革，实际上也就是培育竞争有序的资本市场。

综上所述，我们用《理论》的概念框架、主要结论和分析方法研究国有企业改革中的企业家问题，所得到的基本政策含义是，企业改革应当以国有资产管理体制改革和金融体制改革为重点，在机构和规则两方面展开，促进竞争有序的资本市场的发育，解决资本所有者行为障碍的问题。

如果我们研究一下《理论》的理论基础，就可以发现，得到这样的政策含义是很自然的。如《理论》所指出的，企业的契约理论的共旨就在于，企业乃是一系列契约的联结（第24页）。换句话说，企业是各类要素所有者在市场上发生的契约关系的产物。这正是企业的契约理论研究问题的基本出发点。因此，对契约理论而言，企业的问题归根到底必然会成为市场的问题，尤其是资本市场和劳动力市场的问题。《理论》虽称为"企业的企业家—契约理论"，但其基本分析框架显然是契约理论的。所以，我们运用它提供的工具研究企业改革问题，进而发现了资本市场发育与企业家形成之间的联系，是顺理成章的事情。实际上，如果我们运用契约理论及《理论》本身提供的相关理论工具研究劳动者与企业的契约关系，我们还会发现劳动力市场与企业改革的联系，以及另一项"配套改革"——社会保障体系改革——在企业改革中的重要地位。既然企业是一系列契约的联结，企业制度改革成为一系列"配套改革"的联结是很自然的。

五、理论联系实际：《理论》成功之所在

多年来，无论经济学理论的"制造商"还是"用户"，都一直不遗余力地追求"理论联系实际"这一目标。但在现实中，要做到理论与实际的联系和结合显然不是一件容易的事情。究其原因，既有"用户"方面的，也有"制造商"方面的。在"用户"方面，要对经济学理论有相当的鉴赏能力和运用能力，需要有一个学习的过程。经济学理论的简化是有成本的，在很多场合，简化在经济上是不合理的，在技术上是不可能的。尤其是，要使某些"用户"能用其头脑中既有的

概念和方法理解经济学理论的成果，往往不得不把真理扭曲成谬误。但是，"制造商"方面的原因更值得重视。在我看来，一种经济学理论要能达到理论联系实际的要求，至少有三个条件：其一，理论研究的问题是在对实际现象的敏锐观察的基础上精心提炼出来的。这就可以保证理论被制造出来后有广泛、持久的应用前景。其二，理论的制造者站在现代经济学的前沿，掌握前人已经取得的成果并能娴熟地加以运用，通过概念和方法上的创新构筑新的理论。这是使所制造出来的理论具有高质量的保证。其三，所制造出来的理论应当进一步转化为一些"用户友好"（user-friendly）的应用性理论，尽可能减少用户的学习成本。这既是高质量的理论的"营销战略"，也是一种重要的信号（signal），通过这种信号，高质量的理论可以在"用户"面前把自己与低质量的理论分离开来。因为低质量的理论一旦转化为"用户"可以理解的应用性理论，其不足之处经常就会显露出来。我认为，以上三方面的能力，应当是下个世纪中国经济学家的"临界经营能力"（第 143 页）的重要组成部分。

从这样的观点来看，《理论》首先在前两个方面已取得了引人注目的成功。正如作者在前言中的介绍所表明的，《理论》所研究的问题来自于对实际的大量观察和深入思考。在解决这些问题时，《理论》广泛吸收了已有的研究成果，这在第一章也已反映出来。正是由于这些原因，《理论》的概念框架、主要结论及分析方法可以在国有企业改革的研究中得到有效的运用，显示出洞察力和效率。在上述第三方面，《理论》作者也已经作了大量富有成果的工作。不过，在我看来，与《理论》所开辟的可能空间相比，这方面仍有很大的余地。当然，这已不单是《理论》作者的任务。本文的初衷之一就是在这方面作一些努力。

（本文发表于《中国书评》1996 年 5 月总第 10 期，经作者本人同意，收集于本书）

企业理论创新及分析方法改造

——兼评张维迎的《企业的企业家—契约理论》

张曙光

20世纪90年代以来，在我国出版的众多的经济理论著作中，张维迎博士的《企业的企业家—契约理论》（上海三联书店、上海人民出版社，1995，以下简称《企业》）确系上乘之作。其成功之处在于，作者熟练地运用了现代经济学的分析方法，以企业的企业家理论为主体，综合了企业的契约理论，发展了企业的企业家—契约理论，推进了企业理论的研究，是一本既能够融入当代经济科学主流，又能够推进中国经济科学研究传统重建的著作。《企业》的出版标志着我国经济学的理论研究达到了一个新的高度和水平。

一、企业理论的新发展

自从新古典经济学的企业理论受到批评以来，企业理论的发展似乎出现了三个分支，即企业的契约理论、企业的企业家理论和企业的管理者理论，实际上是沿着两个方向发展（后面将作出分析）。这些理论都试图回答什么是企业？它是怎么产生的？其内部结构和外部关系如何？企业是如何运作的？由于其分析角度和侧重点不同，作出的解释也不一样。这一节的评论打算对《企业》的分析作出进一步的概括，以便勾勒出张维迎的贡献。

企业的契约理论由科斯首创（1937），是企业理论中发展最快、创新最多、影响最大的一支，因而成为企业理论的主流，主要包括交易费用经济学和代理理论。其共同的基础和主旨是，都把企业看作是一系列合约的联结，都使用契约主义的方法考察有关企业的问题，揭示企业的秘密，其成功和局限皆源于此。

交易费用经济学主要包括间接定价理论和资产专用性理论，二者的共同之处在于，都以交易费用为核心概念和分析工具，着眼于企业和市场关系的研究，认为企业是节约市场交易费用的一种交易方式或契约安排。其区别在于，间接定价论认为，企业的出现是由于这种方式或安排能够节约市场直接定价的成本；而资产专用性理论则认为，当合约不完全时，纵向一体化能够减少以至消除资产专用性产生的机会主义所造成的损失（威廉姆森，1975）。企业的内部结构也由此决定，在间接定价论者看来，企业所有权的内部结构与定价成本有关，管理者之所以取得剩余索取权，是由于管理劳动或管理服务难以由市场直接定价，或者说由市场直接定价成本太高，由其获得剩余索取权体现了管理服务的间接定价（杨小凯和黄有光，1995）。在资产专用性论者看来，企业的控制权结构与机会主义行为有关，当所有关于财产的特殊权利都在合约中列示出来费用很高时，由投资决策相对重要的主体购买全部控制权，能够改变机会主义者的动机和行为（格罗斯曼和哈特，1968；哈特和莫尔，1990）；当成员间"非流动性"的分布不对称时，权力将集中于非流动性的成员手中，这可以减少偷懒和增强监督（费茨罗和穆勒，1984）。

代理理论主要包括团队生产理论和委托—代理理论，如果说交易费用经济学着重考察的是企业的外部关系，从交易费用的比较中说明企业和市场的关系和选择，那么，代理理论则着眼于企业的内部结构，集中分析企业内部不同成员（监督者和被监督者、委托人和代理人）的激励和风险分配问题。团队生产理论把企业看作是一种团队生产方式，由于团队成员的贡献无法精确地分解和度量，就产生了监督和监督的激励问题。为了使监督有效率，监督者不仅要占有剩余权益，而且要有指挥其他成员的权力（阿尔钦和德姆塞茨，1972）。当监督者占有团队的固定投入时，就是古典企业；当管理者不是企业的完全所有者时，就产生了代理成本，均衡企业的所有权结构取决于股权代理成本和债权代理成本之间的平衡关系。委托—代理理论把企业看作是委托人和代理人之间围绕着风险分配所作的一种契约安排，由于利己的动机和信息的不对称，必然出现"道德风险"和"逆向选择"，因此，企业问题的关键就在于，委托人设计一套有激励意义的合约，以控制代理人的败德行为和逆向选择，从而增大代理效果和减少代理费用（詹森和麦克林，1976）。

契约理论的成功和进步在于，它抛弃了企业是物质财富的简单聚集和物质要素的技术关系或生产函数的观点，指出企业是一组合约的联结，从人与人之间的交易关系来解释企业的问题，因而从一个方面说明了企业的性质，揭示了企业关系的秘密。但是，由于契约主义方法所固有的平等性质，因而，其由以出发的基础是，企业的所有成员都是同质的，企业内部权力的分配不是由于其成员经营能力的差异内生地决定的，而是由其他因素外在地决定的。例如，间接定价论是在专业化经济的基础上根据定价的难易从外部考察的，资产专用性理论则把"非流动性"作为决定的因素，团队生产理论也是用度量成员贡献的难易程度来解释的，而委托—代理理论则以委托权的分配为既定前提。因此，契约理论无法解释企业权力的分配问题，即无法解释为什么资本家是委托人，而工人是代理人的问题。当然，这并不排除在契约理论的发展中，有人提出了这样的问题，有人为这一问题的解决提供了某些思路和素材。例如，阿根亚和博尔腾（1992）在交易费用和合约不完全性基础上发展出一种资本结构理论，认为当初始合约不能使企业家和投资者的目标达到一致时，控制权的分配至关重要，只要履行了偿债义务，企业家就拥有控制权，而在企业家拖欠债务的情况下，投资者才获得控制权；道（1994）提出了一个资本为何雇佣劳动的讨价还价模型，认为当专用性投资不能完全合约化时，企业内的权威就能影响沉淀资产的准租金的分配，从而影响企业组织的生存能力，在一个资本比劳动更专门化的产业里，资本—管理型企业将是均衡的组织形式；埃斯瓦瑞和克特威（1989）建立了一个有关激励的模型，认为由于有限责任的存在和债务人的道德危害，会使资本所有者对自己的资本的使用进行直接监督，从而解释了传统资本主义企业里资本雇佣劳动的问题。不过，这些解释的局限性较大，阿根亚和博尔腾只解释了举债筹资情况下的控制权分配，道又过分依赖于资本的物质形态，埃斯瓦瑞—克特威也不能解释股份公司的组织形式。可见，这一问题的正确提出和真正解决，需要改变契约理论的前提假定，从一个新的角度来探讨企业问题。

与企业的契约理论把企业看作是一组合约的联结不同，企业的企业家理论和企业的管理者理论则把企业看作是一种人格化的装置，其关键特征在于权力的分配。后二者区别在于，企业的企业家理论主张企业家主导企业，着重于企业家精神和企业家职能的分解，而企业的管理者理论则坚持管理者主导企业，强调的是所有权和控制权的分离。企业的企业家理论虽然始于奈特（1921）根据不确定性和企业家精神对企业的存在所作的讨论，后来也有一些前进，主要是在企业家的特质和功能方面，但是，由于奈特的混乱没有廓清，其思想的闪光未得到发挥，因而企业的企业家理论没有得到应有的发展，显得比较单薄。至于企业的管理者理论，由于持此论的学者主要从管理者目标及股东约束的不同上来讨论问题，因而局限性较大，如果假定"所有者—企业家"不以单纯的金钱收入为目标，同样也追求权力、地位、声望等非金钱目标，企业的管理者理论也就失去了其独立的价值。更何况其对所有权和控制权分离的起源并未作出解释。

说明了企业理论的发展以及各派理论的前进和不足，张维迎对企业理论的贡献就易于把握了。这种贡献主要集中在，推进了尚未得到应有发展的企业的企业家理论，也弥补了企业的契约理论的某些不足。

首先，《企业》放弃了契约理论关于经济个体或企业成员同质性的前提，坚持了经济个体或企业成员异质性的假定，转变了观察问题的角度，提出和回答了契约理论没有明确提出和完全回答的问题。正如作者所说，一个完整的企业理论至少必须回答三个相互关联的问题：（1）企业为什么会出现？（2）委托权（剩余索取权和控制权）是如何在企业成员间进行分配的？（3）委托人用以控制代理人的最佳合约是什么？（第59、217页）契约理论从同质性的前提出发，提出和回答了（1）和（3）两个问题，而《企业》由于把经济个体或企业成员具有不同的经营能力作为立论的基础和分析的前提，对第（2）个问题作出了自己的回答和解释。这里的差别是明显的。如果说，契约理论主要着重于企业和市场的关系，仅仅从外部的角度，即从市场交易的效率和非流动性的分布来考察企业的内部结构，那么，《企业》则是从企业内部的角度，即从企业中不同成员之间的相互关系来说明企业权力的分配问题；如果说在契约理论看来，由谁充当管理者或监督者没有差别，而且可以随意挑选，重要的是必须赋予监督者以剩余索取权，把资本监督劳动归结为监督成本问题，那么，《企业》则认为，由谁充当管理者或监督者不仅差别很大，而且不能随意选择，正是经营能力的差异决定了监督者的选择；如果说契约理论解决了企业治理结构中的激励问题，那么，《企业》则提出和解决了企业内部结构中的另一个重要问题，即对经营者的选择问题作出了理论的解释。

其次，《企业》坚持了企业家理论的主体主义方法或"企业家"方法，继承了契约理论的契约主义方法，并将二者有机地结合运用，不仅吸收了契约理论的精华，而且在一定程度上推进了契约理论。在所有权均衡结构问题上，间接定价理论只讨论了问题的一个方面，即讨论了管理服务的估价问题，而《企业》却讨论了问题的两个方面，即讨论了个人在生产和监督效果中的相对重要性；在讨论企业中资本家和工人之间以等级结构为基础的权威关系方面，资产专用性理论把重点放在企业的纵向等级组织方面，说明了不同企业之间的纵向关系，而《企业》则着重分析了二者之间关系的横向不对称，说明了企业内不同成员间的横向关系；在代理问题上，契约理论说明了所有权和管理权相分离产生的代理问题，而《企业》则分析了与企业有关的更一般的代理问题，说明了委托权是如何分配的，从而使得委托—代理理论有了一个更为坚实的基础和更完整的体系。

再次，由于《企业》有着自己的分析角度，同时运用了契约主义和主体主义的分析方法，因而形成了自己的分析框架，并作出了自己的理解解释。全书共有五章，除了第一章导论和第五章结语外，其理论体系的构造集中体现在第二、三、四章中。

第二章是其理论的微观基础。作者以经济个体在经营能力、个人资产和风险态度三个方面存在的差异为基础，提出了决定企业委托权安排的诸种因素，并将其参数化为协作程度、企业成员的相对重要性和监督技术以及风险态度，然后通过严格的数学推导，证明了委托权安排给经营成员是最优的。其原因在于：（1）经营决策活动主导着企业收益的不确定性；（2）经营成员的行为较难监督。因而，相对重要性和监督的有效性识别是决定委托权安排的两个关键因素，而风险态度只能对委托权的最优安排产生某些边际上的影响。

第三章是其理论的核心部分，也是集中体现作者的贡献所在和前进的地方。在前一章分析的基础上，作者引入了识别企业家能力的

　　　　　　　　　　　· 企业的企业家—契约理论

信息成本问题，认为经营能力是一种私人信息，个人财产是一种公共信息，观察一个人的经营能力比观察他的个人财富要困难得多，其成本也高得多，因而，富人做企业家的信息量大于穷人，使得在自由进入的企业家市场上，资本家拥有做企业家的优先权或者选择管理者的权威；再加上有限责任和非负的消费约束，决定了富人做一个企业家的机会成本比穷人高，富有的意愿企业家的选择和决策更实际、更可信，因而能够被市场选中。从而，为资本雇佣劳动以及"有恒产者有恒心"的命题作出了新的理论解释。

第四章把前两章的分析结合起来，作者引入资本约束，建立了一个企业的企业家一般均衡模型，以经营能力、个人财富和风险态度作为决定职业选择的三个变量，用三个变量的联合分布函数，说明了职业选择均衡状态下，企业家、工人、管理者和资本家的特征，描述了一个社会分工的生动图景：高能力、私产多而且低风险规避态度的人成为企业家；低能力、私产少而且高风险规避态度的人成为工人；高能力但少财产的人成为被资本家雇佣的管理者；低能力但多私产的人成为雇佣管理者的"纯粹"资本家。进而将自己的模型与前人的模型加以比较，凸显了其在理论上的前进和贡献。鉴于问题的复杂性，虽然从局部均衡到一般均衡的拓展还存在某些缺陷（汪丁丁，1996），作者的分析模型也有很多不完善的地方，但是，本章的分析却是一个完整的企业理论所不可缺少的。

二、几个重要问题的进一步讨论

上一节概括评述了张维迎在企业理论发展中的前进和贡献，这些评论集中于理论本身的发展方面，现在我们想结合中国的改革实践，就企业理论及其应用中涉及的几个重要问题作些进一步的讨论。

1. 关于产权和交易的关系问题

1995 年 6 月 6 日，林毅夫教授和张维迎教授曾就国有企业的改革问题进行过一次公开的讨论。林毅夫认为，中国改革（特别是国有企业改革）和发展的障碍不在于产权制度，而在于缺乏一个公平竞争的宏观环境，因此，创造一个公平竞争的市场环境是国有企业改革的充要条件和促进中国经济腾飞的首要因素（1994）；张维迎认为，产权是经济效率的必要条件（从静态来看）和充分条件（从动态来看），因此，产权改革是国有企业改革的关键，不仅要使企业中最重要的成员拥有剩余索取权，从而解决激励问题，而且要解决经营者的选择机制问题，使真正承担风险的资产所有者来选择经营者（1995）。这一争论引起了国内学术界的广泛关注。对于林毅夫的观点，笔者在这一讨论前就曾进行过评论，明确指出，定价制度的改变和宏观政策环境的改革不足以解释中国市场化改革带来的奇迹和出现的问题，也不能保证中国经济的进一步发展，产权制度的演变和基础法律制度的变革应当成为中国进一步改革和发展的主要任务（张曙光，1995）。张维迎的观点笔者基本赞同，但是，在盛洪提出"交易高于产权"的观点以后（1995），认为有必要作进一步的讨论。

产权是通过对财产的控制和支配而反映出来的一种人与人的关系，因而，与一切权利一样，它是以对方的认可和允诺为前提的，而且是通过相互之间的让渡和交易来实施的，不能交易和实施的产权不是权利，而是一种桎梏，因而，交易是产权的题中应有之义。反过来，交易又是建立在产权确立的基础之上的，当人们交换商品和劳务时，无论是市场交易还是非市场交易，他们实际上是在交换所有权，要求拥有对财产利益的一种合法权利，因而，没有所有权的交换也不称其为交易。不仅如此，只要有交易发生，就会有产权的变更；只要产权变化，交易也在其中。因此，产权和交易是同一事物的两个侧面，二者是互为前提、互为因果、互相联系的。从这里是难以看出孰高孰低、谁先谁后的。这就是为什么科斯等人的理论既可以称作交易费用经济学，又可以称作产权经济学的根本原因。就以放权让利的改革为例，这是中央与地方、政府与企业之间进行的一种非市场化的交易，表面来看，交易的结果似乎国有企业的产权关系没有改变，其实不然。改革前的国有企业，财产所有权和企业所有权是合一的，都由中央政府掌握，因而，全部剩余权益也归中央所有。放权让利的结果，中央、地方和企业都有了一部分剩余索取权，因而也都有了一部分产权，国有企业的产权主体一分为三，形成了一种分权化体制。也正因为地方，特别是企业有了一部分产权，才增强了企业内部成员的生产激励，造成了中国今日的局面。这里既有经营机制的变化，又有产权安排的变迁。需知，市场制度是人与人之间的一种自由契约和平等交易制度，其基础结构是产权制度，是产权决定了交易的性质和方式，而不是相反，因而，产权制度的变迁，应当成为考察中国改革的一条主线。这就是笔者赞同张维迎的原因。然而，任何一种制度只有当其能够实际实施和操作时，才是真实的和有用的，才能发挥作用和发生变迁，从这个意义上来看，可以说是交易高于产权。就像民主制度作为一种基本的政治制度，如果不解决其具体的运作方式问题，没有一套权力分立和相互制衡的制度安排以及相应的运作程序，民主就会成为独裁统治的保护伞和代名词。张维迎把自己的理论叫做"企业的企业家—契约理论"，包含着这样的思想，但由于考察角度的关系，主要着眼于考察产权关系的变革，没有同时注意从契约关系的调整加以分析，然而，正是这种调整促成了产权安排的变革。因此，从改革的实践来看，我们应当着眼于产权关系和基本制度结构的变革，而着力于契约关系的调整。

正因为产权和交易是这样一种关系，因此，从任何一个角度入手，只要理论基础扎实，探索方向正确，分析方法得当，都可以形成自己的分析框架和理论体系，都可以对现实发生的变革过程提出自己的解释。因此，批评并不意味着你是他非，分歧也不意味着根本对立，也许在很大程度上预示着互补的性质和螺旋式发展的进程。笔者提出和讨论这一问题的另一个目的在于，主张和鼓励从不同角度进行的不同探索。

2. 关于企业制度发展的三种形式和三个阶段

企业制度的发展大致经历了三个阶段，形成了三种形式：（1）古典式企业和企业制度。在这种企业中，财产所有权和企业所有权是高度统一的，资本家也是管理者，这里的雇佣关系和委托—代理关系是简单的、清楚的，资本家是委托人，工人是代理人，资本家取得全部剩余，工人只拿固定收入。严格说来，这里是不存在委托权的分配问题的。（2）现代企业和股份公司制度。在这种企业和企业制度中，财产所有权和企业所有权是分离的，作为财产所有者，资本家扮演着股东和投资人的角色，他是委托人，把决策权委托给管理者，即代理人；代理人取得了企业所有权，转而雇佣工人，指挥和监督其进行生产经营。这里就发生了委托权的分配和剩余权的分割问题。为了激励管理者，必须使其分享部分剩余；为了约束管理者，委托人在把决策权委托给管理者的同时，必须保留对资本使用的部分发言权，股东会和董事会以及股票市场就是为约束代理人，解决代理问题作出的制度安排。（3）后现代式企业和企业制度。这个概念是笔者"杜撰"的。其目的在于说明这样一种现象，即在管理者分享部分剩余的各种安排中，使其占有企业股份的一个相应的部分。这样一来，管理者也就具有了企业所有者和财产所有者的双重身份。表面来看，这与资本家出任管理者的情况没有什么差别，实际上，这里存在着一个反向的过程。不是委托人选择代理人，而是代理人变成委托人；不是委托权的初次分配，而是委托权的重新分配；不是资本雇佣劳动，而是劳动雇佣资本。特别是一些高新技术产业中的企业，其创业所依靠的主要不是资本，而是创业者个人的才能和知识，资本的获得和财富的积累都是由知识劳动推动的。例如美国的微软公司，其创办人比尔·盖茨（1995）1979年创业时只有1000美元，1995年已经是拥有139亿美元财富、持有1.41亿股票的世界首富了，在这里，更是劳动雇佣资本，而不是资本雇佣劳动。[1] 张维迎的理论虽然解释了前面两种企业制度，但对这种情况尚未给予应有的关注和解释。目前，发达国家的企业和企业制度都在向这个方向发展，这也许与知识成为重要的生产资源和社会资本有关。在那里，相对于比较丰裕的财富资本而言，创业知识和管理才能也许是更加稀缺和更加重要的东西。企业理论应当对此作出解释。《企业》的结论有些极端和绝对化，其问题就在这里。

在现实经济生活中，上述三种企业形式和企业制度是并存发展的，可见各有其存在的价值和适用的条件。由于《企业》在很多地方集中分析古典的资本主义企业（其模型和结论也能够解释现代公司制度），在讨论我国国有企业的改革思路时，对国家持股的股份制提出质疑，并对内部持股持批评态度，因而给一些人留下了作者主张在中国发展古典式企业制度的印象，尽管这里可能存在着某种误解；但笔者以为，在中国的改革和发展中，多种企业形式和企业制度都有其发展的余地，关键是其是否适应它的生存条件。这是一个自然选择的过程。硬性规定只能如此，别无他途，其结果必然是事与愿违。

3. 关于"内部人控制"问题

在现代公司制度中，由于财产所有权和企业所有权的分离，高层经理人员掌握着企业的控制权，因而，存在着产生内部人控制的可能。当出资人不能有效地对经理人员的行为进行最终控制时，后者就

1　比尔·盖茨（1995），《未来之路》，北京大学出版社，1995。

　　　　　　　　　　　　企业的企业家—契约理论

会利用这种控制权来谋取个人利益，进而损害股东的利益，发生所谓"内部人控制"问题，或者称为"内部人控制失控"。中国国有企业的改革过程，是一个把决策权和剩余索取权从中央代理人逐步转移给企业经营者的过程，作为这种转移的实现方式，放权让利是政府和企业之间的一种谈判。因而，随着企业自主权的扩大，形成了某种形式的"内部人控制"问题。企业经理操纵账务，损害中央代理人以及所有者的利益。于是，一些学者据此对放权让利的改革提出批评，要求"对'内部人控制'进行控制"（吴敬琏，1996）。在《企业》的附录2中，作者对此提出异议。*为此，作者构造了一个决策权和剩余索取权从中央代理人向企业内部成员转移的模型，并通过严密的数学分析，证明了国有企业某种形式的"内部人控制"，能够产生直接的激励效果，硬化预算约束，从而大大提高国有企业的经营效率。据此对国有企业改革的成败作出了新的评价，并提出从解决外部人的问题来解决内部人控制问题的新的改革思路。笔者赞同张维迎对国有企业内部人控制问题的看法。因为作者的观点不是从标准经济学理论中搬来的，也不是从某种价值判断出发而得出的，而是从中国改革实践中提出来的，并且经过了严格的逻辑实证，同时也符合人们的经验观察到的事实。

需要指出的是，所谓"内部人控制"问题，实际上就是代理问题。这也是现代企业制度和企业理论发展中的一个核心问题。股东会、董事会的安排和股票市场的发展就是为了控制内部人的行为，维护外部股东的利益。给高层经理一定的股权是从另一个角度解决这一

---

* "附录"部分已删除，见"第二版序言"。——编者注

问题的一种安排。《企业》提出的改革思路，即使国家不是变成企业的股东，而是成为企业的债权人，使经营者的选择权从政府官员手中转移到真正承担风险的资本所有者手中，实际上也是要解决这个问题的，企业理论和企业制度的发展也离不开这一问题。

从现象来看，国有企业改革遇到了两大难题：一是债务负担问题，二是社会保障问题。其实，归根到底还是个产权问题。张维迎提出的另一种意义上的股转债是一种可供选择的途径，把一部分国有资产作为养老保险机构和失业救济机构的基金来源也是一种可供选择的办法（张曙光，1993）。笔者认为，从一定意义上来说，产权问题、债务问题和社会保障问题是一个问题的几个不同的侧面，是可以一起解决的。不这样考虑，而是寻求解决问题的另外途径，只会把问题越搞越乱，越搞越复杂，到头来，还是不得不回到这条路上来。不过，早一点动手，代价会小点，收益会大点。

三、分析方法的改造

在前言中，作者曾经讲到写作和出版《企业》的两个目的：一是传播理论思想，二是介绍研究方法。通过前两节的评论，可以看出，第一个目的实现了。而前一个目的的实现，又同第二个目的的完成密切相关。正如张维迎的导师所说，这篇论文将成为未来研究生做理论性博士论文的范本。这一节我们想通过对这一范本所采用研究方法的分析和概括，同时融进笔者的一些思想，归纳出几点一般的原则、方法和途径，以便进一步推动中国经济科学学术传统的重建和研究方法的改造。

1. 搞好理论综述

《企业》导言的第二节"企业理论的批评性回顾",是一个写得比较好的理论综述,特别是其中关于企业的契约理论部分,条理清楚,论述充分,评说得当。其他两种企业理论的评述相对较弱,这固然与理论本身的发展不足有关,但也反映出作者的功夫下得不够。

从"企业理论的批评性回顾"在《企业》的研究和写作中的地位和作用来看,选题方向确定以后,所要做的第一项工作就是写好一篇本项课题所论问题的综述。这是在初步研究阶段结束以后需要从事的工作,它既是对前一段读书学习和研究思考的一个总结,也是进一步深入探索的基础,同时也是研究者学习和遵从学术规范和学术道德的一次训练。综述写得好不好,不仅反映了研究者的分析提炼、归纳概括能力,而且在一定程度上决定了研究者可能达到的水平,因而是研究者理论基础、专业训练和创新能力等的一个综合表现。

综述的内容以及写好综述的目的和要求可以列出很多,从《企业》的综述中,我们可以得到以下三点:

一是要真正熟悉和完全掌握前人在这方面的前进和贡献,同时也要认真找出和弄清楚前人的错误和不足。不知道前人的前进和贡献,就找不到自己前进的出发点,不了解前人的错误和不足,也就找不到自己前进的方向。因为科学研究是一件创造性的工作,拾别人的牙慧,跟在前人的屁股后面亦步亦趋,是没有出息的。科学研究是站在前人的肩膀上去发现前人没有看到的东西,综述所做的第一件事情就是要爬到前人的肩膀上。要作出自己的创造,这一点是万万不可少的。

二是要廓清本课题所论问题涉及的范围，提出本论题所要解决的主要问题，特别要注意把握本论题的重点内容、关键环节和发展方向。评论前人的创造和失误只是综述的第一步，中心是要提出问题和回答问题。没有这一点，综述就不是自己研究的一个有机组成部分，只能是为综述而综述，虽然对不研究这一问题的人有些参考价值，其意义有限。如果连所论问题的范围都不清楚，如何提出问题；如果抓不住问题的重点和关键，作出的回答很可能是南辕北辙，牛头不对马嘴。

三是要确定本人的切入角度、考察重点以及与前人的同异之处，这是综述的最终目的和要求。既然不能为综述而综述，而是要提出问题和回答问题，那么，如何提出问题和如何回答问题，这是工作的关键。如果通过综述找不到自己独特的分析角度和考察重点，那就很难作出自己的创造，即使有所发现，也十分有限。如果真正找到了自己与前人的异同之处，也就开辟了创新之路。

从以上的分析和《企业》的实践来看，要写好综述，一要认真读书，前人关于这一论题的著述都要读，其中重要的著作一定要读懂、读通。二要潜心思考，做一番认真的分析、提炼、加工和概括的工作。好的综述文章绝不是开中药铺，甲乙丙丁，观点罗列，而是要以我为主，以评带述，用观点统率材料，述则举证事实，评则分出优劣正误，指点创新的方向和途径。不作认真的分析研究、加工提炼，只能是低水平的复述，而不可能是高水平的评述。三是要反复修改，可以在认真读书和初步研究的基础之上先作一个前人研究的综述，等到自己的研究基本完成，有了创造性结论以后，再来补充修改。补充修改的主要任务是指出自己与前人的不同和前进之处。

　　　　　　　　　　　企业的企业家—契约理论

2. 提出理论假设

《企业》提出和论证的基本理论假说是，资本作为一种表示个人经营能力的公共信息决定了资本雇佣劳动而不是劳动雇佣资本。作者提出这一假说所依据的不仅有全部的经济理论特别是企业理论的发展，而且有国内外经济实践的基础。因为，资本雇佣劳动问题是一个古老而新鲜的命题，自从古典经济学产生以来，很多理论家都在从不同的角度，用不同的方式来回答这个问题，其中有些问题解决了，有些还没有解决，有些解答则似是而非。而社会主义国家的改革实践和现代企业中发生的代理问题，又不断地把这一问题提了出来。《企业》从能力不对称和风险不对称的角度提出和回答这一问题，形成了自己的理论假说及其体系，说明了激励费用是委托权安排的关键因素，个人财产是观察和展示个人经营能力的重要信息，经营才能、个人财富和风险态度的联合分布影响人们的职业选择和职业均衡，从而说明了企业的内部结构以及不同成员间的相互关系。

从上述理论假说的提出及其在《企业》分析中的地位和作用中，我们可以对提出理论假说的有关问题作出进一步的分析。

经济学是一门精密的经验科学，要对复杂经济过程的内在联系作出恰当而确切的解释和说明，虽然离不开对经验现实的归纳，但是，仅靠归纳很难得到科学的理论认识，必须主要依靠逻辑演绎和经验实证，正确地提出理论假说就成为逻辑推理和经验检验的基础和前提。因为，经济理论假说是对经济现象和经济过程内在联系或规律性的一种科学猜想或一种假定性的理论解释，它是用来回答现实经济生活中提出来的问题，并且必须和可以经由经济过程中的经验事实作进一步检验的（张曙光，1989）。因此，正确地提出理论假说，不仅能够具体界定自己的研究任务和考察对象，提出自己所要解答的问题，而且能够指示解答问题的途径。可见，提出正确的理论假说是理论研究中关键的一步。理论假说是否恰当，直接决定着继之而来的建立模型工作和论证过程，关系到研究工作的成败。

　　经济理论假说并不是对经济现象和经济过程的简单描述或事实陈述，而是对经济现象和经济过程的一种理论解释。从这种解释中，人们不仅可以看到经济主体的活动及其行为方式，而且可以进一步发现经济现象和经济过程之间的内在联系，同时，还可以借以预测经济生活变化的发展趋势。因而，在经济理论假说的内容和结构中，既包括有事实的陈述，也包括有理论的陈述；既有已经证明了的比较实在的内容，也有其真理性尚待判明的内容。因而，作为一种科学猜想或假定性解释，经济理论假说并不是一种毫无根据的胡思乱想，而是以社会经济生活过程中的相关事实作为支持的经验依据，以一定的经济学原理作为论证的理论基础。也就是说，必须以一定的经济理论为指导，从对现实经济生活的大量观察中得到的事实材料和对经济现象的描述出发，通过比较、分析、概括、提炼而得，或者采取逆向思维，从经济现实和经济理论中的悖论出发，运用类比、想象、演绎推理而成。因此，研究者要正确地提出理论假说，不仅要精通经济学的理论，而且对现实经济运行和发展要有深切的实感。张维迎之所以能够在企业理论上作出自己的贡献，一方面与其在牛津的三年苦读有关，另一方面，也得益于他对中国现实经济生活的深入观察和透彻了解。

　　　　　　　　　　　　　　　　　　　　企业的企业家—契约理论

3. 建立分析模型

经济理论研究的主要任务就是通过严密的逻辑演绎和使用严格的数学方法来证明或证伪一种理论假说。因此建立理论模型，进行模型分析，是现代经济分析的基本手段和主要工具。

所谓理论分析模型就是分析的理论框架，它是从单个现象中提炼出来的，其内容包括一系列有关的具体假定和必要的定义，一方面用以界定演绎分析的各种前提条件，另一方面，根据人类行为的某些一般性原理（如最大化行为、边际效用递减等）和一般的技术函数关系，去推导经济现象之间的必然联系。模型分析的作用不在于向人们提供到处适用的普遍真理，而在于能够明确地指出，在什么条件下，某些特定的经济现象之间存在着某种特定的联系。由于模型分析把理论研究的重点从强调理论的构造移至理论的实证检验，使之从推理的终极移至实践的始端，因而使得理论的建立和发展更加严谨和更加科学，也更加实用化。

建立模型的过程是，从提出的有关理论假说出发，理清问题的逻辑关系，找到说明问题的关键，提出正确和有用的假定，恰当地定义有关参数和方程，用适当的数学工具描述出经济现象和过程的内在联系。这是需要着力把握的事情。

《企业》正确地运用了模型分析的手段，在构成其理论体系主体部分的三章中，作者都建立了相应的理论模型。仅以第三章建立的资本家职业选择模型为例，为了说明资本家究竟是选择做企业家或者积极的资本家还是做工人或消极的资本家，作者提出了三个假设：（1）自由择业；（2）完美的资本市场；（3）非负消费的无限责任假定。假设（1）暗含着经营能力是私人信息，不能为外人直接所观察的假定；假设（2）是为了分析的方便，其含义是人们可以根据自己的职业选择，按照市场利率借入或贷出资本；假设（3）是最重要的，企业家负有偿债责任，其强制履行的程度取决于个人财富的可观察性，其主要含义是，当企业破产时，企业家承诺的支付和实际履行的支付之间可能有差别，这一方面引起了企业家选择方面的道德风险和逆向选择问题，另一方面也使工人和消极资本家要承担企业家不能履约的风险。在此基础上，作者定义了企业总期望收益 E_y（是企业家经营能力的一个线性增函数）、企业家个人期望收益（依赖于他的个人财富 W_0）、一个拥有 W_0 的个人选择做工人／消极资本家的期望收益以及贷出者承担借入者不能履约的风险程度，并据此建立了个人选择做企业家的模型。指出给定个人财富，一个人做企业家还是做工人的选择，既取决于他本人的经营能力，也取决于他对潜在借款人经营能力的期望。这就为进一步的理论实证奠定了基础，指出了进一步进行演绎推理的具体方式和途径。

4. 进行逻辑推理和数学证明

分析模型建立以后，接下来的工作就是进行理论实证，具体做法就是进行思想实验和数学证明，通过提出和证明一系列相关的定理和引理，推导出所要证明的结论。这样一来，就使得经济学的分析具有了数学的严密性和科学的真理性。

在这个过程中，数学本身的推导并不困难，只要有了比较扎实的数学基础和训练即可完成，困难在于如何保持抽象过程的有效性和推理逻辑的严密性。这里的关键有二：一是要明确分析过程的抽象层次，即确定先证明什么，后证明什么。一般的做法是，先舍象掉一些次要的因素，在最抽象的层次上进行考察？待基本关系证明以后，再将舍象掉的因素一一引入，一步步接近现实。例如，《企业》第三章的证明，先假定利率（和工资）固定在一个统一的水平上，抽象地考察个人的临界经营能力与个人财富的关系，待这一问题证明以后，再放松上述假定，把利率（和工资）的变化引入讨论，分析利率（和工资）的变化如何影响一个人当企业家的临界经营能力，特别是利率（和工资）在何种程度上以及如何成为限制财富少的人选择企业家的机制。二是要注意证明的逻辑性，要根据给出的假定，考虑到各有关因素，一步步推导出有关定理和引理，综合有关定理的证明，给出所需要的结论。例如，在《企业》的第三章中，作者根据模型中提出的三个假定，不仅证明了个人临界经营能力和意愿企业家的期望经营能力与本人个人财富的关系，而且证明了其与潜在借款人个人财富的关系（因为，由意愿企业家变成实际企业家的充要条件是能否成功地筹集到所需要的资本），进而证明了在经营能力是私人信息和个人财富是公共信息的假设下，只有当一个意愿企业家的个人财富大于某一确定水平时，才能成为实际的企业家。在这里，三个证明之间的逻辑递进关系是非常清楚的。

（本文发表于《中国书评》1996 年 5 月总第 10 期，经作者本人同意，收集于本书）

关于《企业的企业家—契约理论》一书

写作背景的说明及对三个书评的答复

张维迎

　　我的《企业的企业家—契约理论》一书出版后，引起了经济学界同仁的兴趣，使我感到很欣慰。上海人民出版社在 1995 年 12 月专门就此书召开了为期两天的研讨会，出席研讨会的有 30 多位国内颇有影响的经济学家，大家除了对这本书的理论价值和应用价值作了肯定之外，也提出了不少很好的批评意见。这本书的市场销售情况也大大出乎我的预料之外。我原来以为，在中国目前的研究气氛下，这样一本非常理论性的著作能卖出去 2000 本已算不错了。上海人民出版社社长陈昕先生算是胆大，首批印数就达 5000 册。没有想到的是，到 1996 年 3 月，第一批印的 5000 册已满足不了市场需要，第二批 5000 册已开印。这样的销售状况使我感到一种希望，这就是，在经过几年浮躁之后，中国经济学界特别是年轻一代的经济学者对理论的兴趣正在复苏。

　　在这篇短文里，我首先就《企业的企业家—契约理论》一书的写作背景作点说明，我认为这对理解书中的理论是有帮助的。然后，我们对汪丁丁、张春霖和张曙光三位先生的书评作点答复。

一、关于写作背景的说明

《企业的企业家—契约理论》一书是我在牛津大学的博士论文的中文译本。这本书要探讨的问题是什么因素决定市场经济中企业委托权（所有权）的安排：为什么资本雇佣劳动而不是劳动雇佣资本？为什么企业家监督工人而不是工人监督企业家？为什么资本所有者选择经营者而不是工人选择经营者？什么因素决定在均衡中什么人将成为企业家？这样一些问题可以说是非常理论性的，与中国经济本身没有多大关系。记得 1993 年夏天我在深圳访问时，我原来工作单位（中国经济体制改革研究所）的一位同事问我在研究什么，我告诉他我在研究"为什么资本雇佣劳动"。他认为这样的问题有点可笑，劝我多研究一些对中国经济改革有意义的东西。

要让所有的人（哪怕是自认为对理论有兴趣的人）理解理论研究的价值是很困难的，我这里不想解释我的理论对中国改革有多大的重要性。我想指出的是，我并不是一个从概念到概念的经济学家。尽管这本书研究的问题是纯理论性的，但我选择这样的题目是有很强的现实背景的，这个背景恰恰是中国改革的现实。80 年代中后期，我在国家体改委中国经济体制改革研究所从事改革理论和改革政策的研究工作。当时经济改革过程中出现的许多问题（诸如企业行为短期化、工资膨胀等）使得企业家问题成为经济理论界的热门话题。经济学界几乎一致认为，改革中出现的这些问题与中国的企业缺乏企业家有关，造就企业家队伍对保证改革成功和新体制的有效运行具有关键的作用。但在有关如何造就企业家，特别是企业家的形成与所有制的关系上，经济学家之间很有分歧。当时的主流观点是，企业家是重要的，但所有制是不重要的；造就企业家队伍的关键是公平的竞争环境和充分的经营自主权，而不是所有制。有些学者甚至引证市场经济中的所谓的"所有权和经营权的分离"的"事实"特别是日本的例子说明，正是由于所有者不起作用了，企业家才真正有了用武之地。有的学者提出用"国家股份制"解决政府部门对企业的行政干预以保证经营者的自主权；有些学者建议用"资产经营责任制"解决企业行为的短期化问题；还有些学者提出让职工变成真正的企业"主人"来约束经营者的行为，所有这些建议都试图回避一个核心的问题，即所有制问题。我当时的观点与这些主流的观点相反，我认为，企业家是特定的财产关系的产物；没有真正的财产所有者，就不可能有真正的企业家；因此，造就企业家队伍的关键是所有制改革（见张维迎：《企业家与所有制》；张维迎：《造就真正的企业家》，载《人民日报》1986年9月19日）。但是，我当时还缺乏一种理论对那些在我看来是非常肤浅的观点予以有力反驳。我感到，要驳斥这些肤浅的观点，必须解释市场经济中"资本雇佣劳动"这样一个基本事实。这里的逻辑是，如果所有权是不重要的，为什么企业的所有权归资本所有者而不是工人？1987年10月，我到牛津大学进修，开始接触近二三十年发展起来的现代企业理论文献。然而，尽管我从这些文献中得到很大启发，但现存的文献并没有提供给我一个现成的武器。比如说，科斯等人研究了为什么存在企业，但没有回答企业中的权利如何分配的问题，特别是，为什么是资本家而不是工人成为企业的老板；阿尔钦和德姆塞茨认为团队生产要求有一个监督者（monitor），但没有真正解释谁应该是监督者；70 年代中后期发展起来的委托—代理理论将股东作为委托人，经理作为代理人，或者，经理作为代理人，工人作为委托人，研究委托人如何设计最优激励机制诱使代理人努力工作。但是，在这一理论中，委托—代理关系本身是给定的。而在我看来，更为基本的问题是，究竟谁应该是委托人谁应该是代理人？为什么资本所有者成为企业的委托人？特别是，既然企业的收益不直接依赖于资本所有者的行为（如理论假定的），为什么经理人员的积极性问题不能通过把他们直接变成"委托人"来解决？1990 年 9 月我回到牛津大学，将博士论文选题定为"为什么资本雇佣劳动"。从博士论文的角度看，这是一个很大的题目，甚至可以说是太大了，做起来自然有很大的风险。但长期的思考使我感到，冒这个险还是值得的。我认为，回答这个问题的关键是解剖古典资本主义企业中经营者—企业家—资本家三位一体的现象：为什么从事经营决策的人索取剩余成为企业家？为什么资本家拥有成为企业家的优先权？只有解释了这些问题，才能真正理解现代企业制度。得益于信息经济学的发展，我的研究工作进行得非常顺利。到 1991 年底，论文的基本思想和模型化工作已经完成，论文的初稿作为硕士论文获得 1992 年牛津大学经济学研究生最佳论文奖（the George Webb Medley Prize for the Best Thesis）。

我对为什么资本雇佣劳动这个问题的基本答案是，在企业家能力不易观测的情况下，资本可以作为一种信号手段显示当事人的企业家才能；换句话说，只有那些愿意充当企业家而同时又拥有足够资本的人才能被信赖为合格的企业家。一个资本所有者，当他想成为一名企业家时，会更诚实、可信、尽职和勤奋。他没有积极性夸大（谎报）自己的经营才能，也没有兴趣从事过滥的投资活动。相反，一个一无所有的人却有积极性谎报自己的经营能力并从事过度投资。这里的原因是，在个人消费不可能为负的约束条件下，一个人当企业家的个人机会成本与其个人财产是正相关的。对一个一无所有、只能靠借入资本当企业家的人而言，成功的收益归己，而失败的损失却由他人承担，因而，即使经营能力很低时，他也有兴趣碰碰当企业家的运气。相反，对一个完全用自有资本当企业家的人而言，他必须为自己的经营行为负完全的责任，这样，除非他确实具有经营才能，否则他不会拿自己的财产去冒险。具有理性预期的外部人知道，平均而言，在所有想成为企业家的人中，有个人资产的人比没有个人资产的人具有更高的经营才能，且个人资产越多，（预期的）经营才能越高。简言之，我证明，资本雇佣劳动是一种保证只有真正具有企业家才能的人才会被选做企业家的机制。这个理论的一个重要含义是，当一个经济中没有个人财产所有者时，就等于失去了判别有经营才能的人的一种机制，其结果必然是，大量一无所有的笨蛋和同样一无所有的聪明人在同一起跑线上竞争当"经理"，实际经理的平均经营能力大概不会比总人口的平均能力高多少。这大概就是中国的现实情况。过去的企业理论强调的是对经营者的激励问题，而我强调的是经营者的选择机制问题。在我看来，由谁选择经营者和谁来当经营者比经营者是否有积极性工作更重要。中国的改革在解决经营者的激励机制方面取得了很大进展，但经营者的选择机制并没有多大改变。这是下一步改革要解决的主要问题。

二、对三个书评的答复

首先我要感谢汪丁丁博士、张春霖博士和张曙光教授为《企业的企业家—契约理论》一书所写的书评。他们的书评无论对读者理解这本书本身还是对读者掌握这本书所涉及的更广阔的经济学内容都是非常有价值的。

汪丁丁博士是一位博学的经济学家，我曾与他就企业理论方面的有关问题进行过多次讨论，受益匪浅。他的书评的第一部分从一个比较高的角度和更广阔的视野，向读者介绍了企业理论发展的主要线索，为读者理解我书中讨论的问题提供了一个很好的理论背景。从他的评论中，读者可以看出，企业理论是由不同经济学支流发展形成的合流，这些支流包括制度经济学、信息经济学、产权理论、契约理论和组织行为学等。当然，这些支流本身以及它们与企业理论是互为交叉的，从这个意义上讲，企业理论本身也是一个支流。博弈论是一种更一般化的研究方法。将不确定性和非对称信息引入主流经济学大大拓宽了经济学的研究对象和视野。现代经济学的丰富性和生命力就在于它能将我们所观测的各种制度安排纳入标准的分析框架。传统经济学（新古典经济学）只研究人们之间交易行为的一种特殊的制度安排即价格制度，现代经济学研究更一般的交易制度安排，不仅研究价格制度，也研究非价格制度。企业是非价格制度的一种典型形态。当然，就方法论而言，现代经济学仍然是非常新古典的，或者说，现代经济学是以新古典为基础的。

什么是"主流经济学"？汪丁丁认为，凡是以"效率"为核心问题，并以行为者的主观选择为基本视角的研究都可以归结为经济学的主流学派，这个说法大体上是准确的。我这里想强调的是，一种研究方法或理论之所以能成为主流，主要是因为它具有最广泛的解释能力（与其他方法或理论比较）；通俗地讲，主流之所以为主流，是因为它能"养活"更多的人。新古典经济学之所以成为主流，是因为它能"养活"的经济学家最多：不同的经济学家都可以使用新古典的分析方法对经济学作出贡献，而不是只重复已有的理论。相反，诸如加尔布雷斯的"新制度经济学"这样一些理论之所以不能成为主流，是因为原作者把能说的话都说完了，跟随者不可能说出更多的新东西。当然，这样的说法只是在学术市场是自由的情况下才是正确的。比如说，在中国，政治经济学是主流，并不是因为它的解释能力最强，经济学家都可以应用它来对经济学作出贡献，而是因为特殊的制度约束使经济学家不可能选择其他理论。不过，在中国，政治经济学也确实是能"养活"最多经济学家的理论，也正是这一点使它成为主流。

现代企业理论已成为主流经济学的一个不可分割的组成部分，是因为它已被纳入新古典的分析框架，但新古典经济学中本身没有企业理论。新古典经济学中的"厂商理论"（producer theory）只是与消费者理论（consumer theory）对应的供给理论，而不是企业理论。厂商理论把企业作为一个一元化的行为主体，研究这个主体如何根据

　　　　　　　　　　　　企业的企业家—契约理论

价格决定供给，正如消费者如何根据价格决定需求一样。企业理论把企业作为由不同个体组成的组织形态，研究企业形成本身和企业内不同成员之间的关系。企业理论没有、也不可能代替厂商理论。新古典的厂商理论仍是研究市场行为的基本理论（当然，博弈论丰富了厂商理论）。

汪丁丁博士书评的第二部分试图创造性地运用简单化的模型概括我的理论。不过，他对我的第二章内容的表述是不准确的。他导出的结论是，如果生产成员对经营成员的监督是完全无效率的，而经营成员对生产成员的监督是完全有效率的，最优的契约是经营成员独占剩余；反之，最优的契约安排是生产成员独占剩余；如果双方监督都有一定效率，最优契约是剩余"分享制"。我的结论是，即使双方监督都是可能的，但如果经营成员监督生产成员比生产成员监督经营成员更有效，经营成员独占剩余是最优的；反之，生产成员独占剩余是最优的；只有当监督在技术上是不可能的，或者，即使在技术上是可能的但在经济上是无效率的（即独占剩余下的最大福利小于最优分享制下的最大福利），剩余分享制才是最优的；另一方面，如果双方在监督上同等足够有效（且生产上同等重要），独占剩余是最优的，但谁独占本身并不重要。第一种情况对应的是古典资本主义企业，第二种情况对应的是合伙制企业，第三种情况对应的是阿尔钦—德姆塞茨企业。另外，汪丁丁的有些表述没有交代清楚，使人读起来有些费解。我想其他读者也会有同样的感觉。

汪丁丁书评的第三部分对我的论文提出两点批评。第一点是说我把自己的理论建立在非合作博弈均衡和纳什讨价还价博弈均衡的基础上有很大的局限性。这个批评一般地讲是成立的。但通过假定团队生产的总福利按纳什讨价还价解在不同成员之间分配，我排除了收入分配效应对最优委托权安排的影响（重要的是剩余索取权，而不是总产出的分配，因为任何的收入分配格局都可以通过调整固定所得达到）。就分析企业制度的一般特征来说，这个假定是恰当的。当然，如果我们想考虑某些特定的企业组织（如乡镇企业），其他的制度约束需要考虑。

汪丁丁的第二点批评是非常击中要害的。坦率地讲，与第二章和第三章的模型相比，第四章的模型是不很成熟的。要将企业家能力、风险态度和财富约束三个变量同时纳入一个一般均衡模型在技术上有很多困难，这可能是为什么现存的模型只考虑一个变量的原因。特别地，如汪丁丁所指出的，将企业家能力并入生产函数是否能保持凸性假设是一个问题。目前，我正在与他人合作改进这个模型，但我们的努力能否成功，仍是一个未知数。

还应该指出的是，我的模型都是静态模型。如果考虑动态过程，就涉及人们如何从观测到信息（除财富外）修正对企业家能力的判断问题。这是一个很重要的问题，有待进一步研究。

张春霖博士从 80 年代后期就开始研究企业理论，他的博士论文《企业与市场组织》（上海三联书店 1990 年版）在国内经济学界很有影响。1990—1994 年他先后在牛津大学和格拉斯哥大学做访问学者，读了大量的文献，对现代企业理论比较熟悉。回国后他进入国家经贸委工作，从事企业改革政策研究，发表了几篇很有分量的文章。他的书评不只是一篇书评，可以说是对我的理论的一个非常有价值的发展和应用。他将中国国有企业目前的治理结构特征概括为"行政干预下的内部人控制"，这是很有创新意义的。行政干预下的内部人控制既不同于东欧和前苏联国家在私有化过程中出现的以内部人控制为特征的治理结构，也不同于传统计划经济下的行政性控制，可以说是过渡时期的特征。进一步，他将行政干预下的内部人控制的实质概括为"企业家缺位"，即企业中还没有真正意义上的企业家：无论内部经理人员，还是行政官员，都既不是资本所有者，也不是资本所有者选定的利益代表，他们不可能为自己的决策后果承担责任。而"企业家缺位"的根本原因在于资本所有者的行为障碍。国有企业的资本一部分来自代表全体居民的国家，另一部分通过银行来自居民个人储蓄。但无论居民作为整体还是个体都不具有作为所有者的行为能力。居民作为整体，没有与国家谈判、签约和履行契约的能力，因此不可能影响经营者的选择和投资决策。作为个体，居民在与银行的交易中，国有银行处于绝对垄断地位，居民除把资本存入银行外，几乎再无别的选择，银行的国有性质也使得居民没有必要考虑存款风险，因而也没有兴趣关心银行的资金如何运用。在这种情况下，如果没有行政干预，我们得到的只能是"劳动雇佣资本"的制度。行政干预可以理解为对"劳动雇佣资本"的修正，类似于市场经济中以信贷分配取代自由信贷。这种修正的实质是，行政机关决定哪些内部人可以按通行的利率"雇佣"多少资本。但是，负责资金分配的行政官员并不是真正承担风险的资本所有者，他们不可能像市场经济中的资本所有者那样把资本的分配过程当作选择最有经营才能的经营者的机制。这就造成了

"企业家缺位"。

张春霖文章的第三节在简要地概述我书中的主要结论之后，提出了使民有资本与经营能力结合的几种途径。特别值得一提的是，他分析了中国目前资本分布格局的两个特点：一是财富的分配比较平均，大多数资本所有者拥有的资本数额是微不足道的；二是在经济转轨时期，由于法律和制度的不健全，拥有较多资本但无经营能力的个人更容易出现（如他所说，利用制度上的漏洞取得财富与真正的企业家能力不完全是一回事）。这两个特点一方面决定联体企业家的主要地位，另一方面也决定了金融中介机构的重要地位。他强调，金融机构的中介服务可以较大地节约交易成本，提高专业人才和知识的利用率，获得来自分工的利器。

张春霖文章的第四节分析了如何改革国有资产管理体制，以解决国有资本所有者的行为障碍问题。在有些方面，我与他的主张是一致的或相近的。不过，我对国有制比他更没有信心。当然，我们之间在这一点上的差别可能主要不是来自认识上的，而是来自各自工作性质的差别。他在政府部门工作，考虑建设性的意见多一些。我在学校工作，扮演一个批评者的角色或许更为恰当。

张春霖文章的最后一节提出一个很重要的问题，即经济学理论的"制造商"与"用户"的关系问题。他认为，理论与实际结合不好的原因既有"制造商"方面的，也有"客户"方面的。我同意这一点。不过，我想强调的是，我们过去批评"理论脱离实际"多，而对决策者应用理论的能力强调不够。经济学家有权利发展各种理论，至于如何用理论指导实际，主要是决策者的事情。身处高位的决策者应

企业的企业家—契约理论

该多扪心自问自己有没有识别不同理论的应用价值的能力，而不应该动辄批评经济学家"胡说八道"。理论就像一张交通地图，拿着地图走错路大概是你自己的问题。另外，理论有它自身的逻辑，经济学家要追求理论的完美性和彻底性，过分强调理论服务于现实必然损害理论的发展。当然，经济学家也要对现实经济问题有一个好的直感。

张曙光教授是国内知名的、非常受年轻经济学者尊敬的老一代经济学家。我们这一代经济学者在成长过程中从他的著作中受益匪浅。他能为我的书写书评，我感到非常荣幸。他的书评的第一节在概述企业理论发展史的基础上评述了我的理论；第二节讨论了与我书中的观点有关的几个理论问题；第三节讨论了经济学研究的规范化问题。这里，我仅就他在第二节提出的几个理论问题作点评论。

第一个问题是关于产权与交易的关系问题。对这个问题，我想强调以下几点：首先，如张曙光教授在书评中所指出的，产权和交易是同一问题的两个方面。一方面，交易是产权的题中应有之义，产权本身就包含了交易权，没有交易权不能称为真正的产权，至多只能是不完全的产权。另一方面，只要有产权存在，交易就会出现，交易只能是产权的交易，离开产权谈交易是没有意义的。其次，书评中提到盛洪博士多次转述的科斯"交易高于产权"的论点，我想，如果科斯真是这样讲的，我们也只能联系上下文理解，大概只能是"在这个意义上，交易高于产权"，否则，一般地说，"交易高于产权"是没有意义的。"这个意义"是什么？大概是"如果允许交易，产权就会出现，并且，交易是实现产权最优分配的一种手段；如果不允许交易，产权是没有意义的"。但在这个意义上理解"交易高于产权",与我们在第一点中说的"交易和产权是同一个问题的两个方面"没有什么区别。如果允许交易,就等于承认产权。当然,这里涉及的一个问题是实际上的产权与名义上的产权的区别。在如中国目前这样的变革过程中,有权交易的人在名义上可能并没有产权,但这里的问题只是实际上的产权没有在法律上明确界定(或交易者只是所有者的代理人),而不能说不存在产权。进一步,从不允许交易到允许交易可以理解为产权本身的变革,否则,如何理解交易权被一些人拥有而不被另一些人拥有?概括起来说,"交易高于交权"这样的话只能在讨论问题时在某种意义上讲,把它抽象为一个命题在理论上是误导的,不论这样的命题是由科斯提出,还是盛洪自己提出的。

进一步,在涉及企业制度的问题上,有必要把财产所有权(property rights)与企业所有权(ownership of the firm)加以区别,这就是我想强调的第三点。当我们把企业理解为"契约"时,我们实际上是把企业看作人们之间交易产权的一种方式(市场也是人们交易产权的一种方式)。财产所有权是指对财产的使用权、处置权(包括交易权)和收益权;企业所有权一般定义为剩余索取权和控制权。当人们通过企业这种方式交易产权时,一个重要的问题是谁拥有剩余索取权和控制权。在这个意义上,我们也可以说财产所有权是交易的前提,企业所有权是交易的结果。进一步,企业所有权只是一种简化的说法,事实上,企业中并不存在绝对的剩余索取者和控制者,存在的只是什么情况下什么人在多大程度上拥有剩余索取权和控制权,将资本所有者定义为企业所有者本身是不正确的,正如马克思批评的将金

　　　　　　　　　　　　　　　　企业的企业家—契约理论

银定义为货币是不正确的一样。如果资本所有者成为企业的所有者，那只是因为资本所有者更适合做企业所有者，因而是交易的结果，而不是因为资本所有者天生就是企业所有者。这一点正是我的论文想要证明的。说股东是企业所有者，债权人不是企业所有者，也是一种简化的说法，严格地讲是不准确的。较为准确的说法是，在企业处于正常运行时，股东是所有者，而当企业处于破产状态时，债权人是所有者。即使这个说法也不完全准确，因为它没有考虑工人和经理以及客户和供应商。经济学家发现难以界定企业边界的原因就在这里。再进一步，因为企业成员之间的交易是一个过程，而不是像市场上买东西一样一手交钱一手交货，要准确地界定什么情况下谁是企业所有者也是很困难的。比如说，理论上讲，正常情况下股东是企业所有者，企业如何运转是股东的事情，与债权人无关。但正常情况下企业如何运转影响非正常情况（破产）出现的概率，比如说，破产往往是由不恰当的投资造成的，因此，债权人不可能不关心企业如何运转。债务合同中通常附加有关企业投资方向的限制条款以及债权人对重大资产变动有发言权的条款的原因就在这里。法律一般规定股息支出不能超过利润结余的道理也在这里。这也是为什么给定其他情况相同，负债越高的企业受债权人干预越强的原因所在（日本企业中债权人的权力大于美国企业中债权人的权力的一个主要原因是日本企业的负债率远高于美国企业）。在这个意义上，我们可以说企业所有权的边界是模糊的。但是，企业所有权边界是模糊的并不等于导致企业出现的财产所有权边界也是模糊的。林毅夫教授说产权不重要，重要的是公平的竞争环境和硬预算约束。如果他说的产权是指财产所有权，那么，他的说法在逻辑上是不成立的，也不符合事实。如果他说的产权是指企业所有权，那么，他的说法是自相矛盾的。硬预算约束是什么意思？如果是指对企业的盈亏承担责任，那么，对所有者来说，预算约束从来都是硬的（当然"硬"是一个相对概念）。中国国有企业的亏损只能由中国自己承担，美国不可能对中国国有企业的亏损负责；意大利国有企业的亏损只能由意大利自己承担，中国不可能对意大利国有企业的亏损负责。如果林毅夫说的"硬预算约束"是指让企业内部成员（工人和经理）对企业的亏损负责，那么，他事实上已经把企业所有权由国家转给工人和经理了，国家充其量不过是一个债权人。如果所有权不重要，为什么要把所有权转给工人和经理呢？如果工人和经理索取剩余，而国家承担资产风险，我们就走到了地地道道的"劳动雇佣资本"的体制。

从剩余索取权和控制权的监督看，中国国有企业的改革从一开始就是所有权的改革。这个观点贯穿在我书中的四个附录中。*张曙光教授说我"主要着眼于考察产权关系的变革，没有同时注意从契约关系的调整加以分析"，这是一个误解。

张曙光教授提出的第二个问题是关于企业制度发展的三种形式和三个阶段。他将古典资本主义企业、股份制企业和"后现代式企业制度"作为企业制度发展的三个阶段和三种形式。如他所说的，"后现代式企业制度"是他自己定义的，目的在于说明"管理者分享部分剩余"、从而管理者"具有了企业所有者和财产所有者的双重身份"

---

* "附录"部分已删除，见"第二版序言"。——编者注

　　　　　　　　　　　　　　　　　　企业的企业家—契约理论

这种现象。他认为，表面上看，这与资本家出任管理者没有什么区别，但事实上，"这里存在着一个反向的过程"，"不是委托人选择代理人，而是代理人变成委托人；不是委托权的初次分配，而是委托权的重新分配；不是资本雇佣劳动，而是劳动雇佣资本。"他认为，我的理论可以解释前两种企业制度，但无法解释第三种企业制度。现在我们来讨论这个问题。

首先需要指出的是，管理者分享部分剩余是股份制企业的题中应有之义，这一点我在书中的第四章中已经强调过，也是委托—代理理论的基本结构，这里不再多说。我理解，张曙光教授心目中的"后现代式企业"主要指苹果电脑（Apple）、康柏（Compaq）、数字设备公司（DEC）这样一些高科技企业。那么，就让我们来看看这些高科技企业是如何发展起来的。谈到高科技企业，不能不提到风险资本（venture capital），风险资本就是为那些有想法但缺乏资本的人准备的，可以看作是"新的、年轻的企业家寻求快速增长的早期融资工具"（early-stage financing of new and young companies seeking to grow rapidly）。风险资本可能来自古老的富有的家族、个人，也可能来自私人合伙公司或大的机构投资者。设想你心中有一个想法（如新产品），你预期这是一个很有前途的想法，如果进入市场，有大利可图，但你没有足够的资本开始你的事业。如果你去银行借钱，即使说得头头是道，你大概也只能失望而归。你要走的第一步是倾自己全部私人储蓄并将自己的房产全部抵押给银行得到一点抵押贷款，然后带着你的想法和计划去找风险资本企业。风险资本企业会有专职人员仔细听取你的想法，审查你的计划书，并确信你确实是罄尽家产于你的想法，因为这是你对你的事业的信心的表现。平均来说，你大概有2％的可能性说服风险资本企业向你提供资金。假定你成功了，风险资本企业同意向你的企业注入资金。作为回报，你必须把企业的部分所有权交给风险资本家，必须接受风险资本企业的代表进入董事会。风险资本企业当然不一定要求在董事会中占绝对多数，但这依赖于他们注入的资金的多少和企业成熟到什么程度。但无论是否占绝对多数，风险资本企业不会是哑巴董事。你变成董事会聘任的经理（当然也是内部股东和董事）。因为企业的成功与否关键取决于你的努力，为了使你努力工作，风险资本企业不大会同意支付你多高的工资，你的收入主要依赖于企业成功后股票的升值。如果企业失败了，你什么也得不到，因为风险资本企业购买的实际上是有投票权的优先股，在企业失败的情况下剩余资产全归风险资本企业所有，如果企业成功地活到公开上市，这些优先股自动转换为普通股。即使这样，风险资本企业也很少会一次性地提供给你企业所需的全部资本。在每一阶段，他们只提供给你足够走到下一阶段的资本，然后再考虑是否注入你所需的新资金。如果企业在第一阶段成功了，制造出了样品，为了进行试生产和市场销售，企业需要更多的资金。如果风险资本企业认为是值得的，再注入新的资金，风险资本企业在总股本中的比例上升，在董事会中的位置增加。如果第一阶段没有成功，风险资本企业可能拒绝注入新的资金，关闭企业，或者以更苛刻的条件提供少量的新资金。董事会也可能把你解雇，聘用其他人当经理管理企业（但你仍然是股东）。如果第二阶段也是成功的，企业开始大规模的生产和销售，新的资金就容易得到，直到企业第一次公开上市，直接从市场上筹集

　　　　　　　　　　　　　　企业的企业家—契约理论

资本。此后，企业就变成了一般意义上的上市公司，原来的风险资本成为普通股股东。

以上描述的实际上是高科技企业获得资本的典型融资过程。这样的融资过程恰恰是我在书中讲的能力和资本的结合过程。从我们的描述中可以看出，这里并不存在对资本雇佣劳动的否定，更不是"劳动雇佣资本"。第一，如果创业者没有一定的个人积累（储蓄和抵押物），他是不可能从风险资本企业得到资本从而开始创业的，尽管他最初的个人资本与企业成功后他的股本相比是微不足道的，但这只是个人财富随企业的发展而积累的过程而已。最新的研究表明，在美国，创业者实际使用的资本平均不超过自有资本的 1.5 倍。第二，风险资本企业每注入一次资金，企业的委托权就由创业者向风险资本家转移一部分，而不是如张曙光教授所说的是"代理人变成委托人"。第三，风险资本家之所以愿意冒险投入资金，是因为他们预期，如果企业成功的话，他们可以从股本的升值中获得丰厚利润。平均而言，每 10 项第一阶段的风险资本投资，只有 2—3 项能成功。如果风险资本家不能预期到成功后的高额利润，他们是不会冒险投资的。风险资本家在企业发展的早期阶段总是密切注视着企业的营运情况，一旦发现问题，他们就会用新的经理替代原来的经理，或者停止注入资金，关闭企业。风险资本家对经理的监督远远严于一般的上市公司的股东对经理的监督。

现实中有没有"代理人变成委托人"？有！一种情况是代理人从收入中逐步积累财富成为股东，或者股东为了激励代理人向代理人让渡股票。用股票奖励经理是股份公司的典型做法。严格地讲，股份公司本身就是委托权分享制。当经济学家说股东是委托人、经理是代理人时，他们只是想把股份企业与完全由经理所有的企业区别开来，强调股份企业中非经理股东与经理股东的利益冲突，而不是说经理一定不是股东。比如说，在詹森和麦卡林（1976）的经典文章中，代理成本存在于经理持有的股份小于100%的所有企业，而不是只存在于经理持有的股份为0的企业。事实上，要找到一个不持有股票的经理即使不是不可能的，也是很困难的。代理人变成委托人的另一种典型的形式是经理班子从投资银行借钱把企业从股东手里买下来，即所谓的"management buyout"。这些经理都是在市场上被显示出经营才能的经理，否则，他们不可能从银行借到买企业的资金。

这里，还有必要说一下所谓"白手起家"的成功企业家。从历史上看，许多成功的企业家都是白手起家的。这些人靠自己的经营才能逐步积累资本，企业由小到大，自己由几乎一无所有变成腰缠万贯。但白手起家与资本雇佣劳动并不矛盾，倒不如说，正是资本雇佣劳动的表现，因为否则的话，我们会看到的是更多的白手起家的失败者，而不是白手起家的成功者。

张曙光教授提出的第三个问题是关于"内部人控制"问题。我想强调以下几点：第一，如果"内部人控制"意味着外部人的利益受到了损害（我理解，这大概是这个概念的发明者的意思），那么，如果企业是由拥有明确产权的人们自由组成的，在均衡情况下，不存在所谓的"内部人控制"问题。经理拥有的控制权可以看作是能力与财富交易的均衡"价格"的一部分，不能说这种控制权一定损害股东的利益。现实中，经理的实际控制权可能超出均衡水平，从而损害到股

企业的企业家—契约理论

东的利益，此时，可以说存在"内部人控制"的问题。但自由选择会使这种偏离向均衡复归，内部人控制不可能是一个均衡，否则的话，既不会有外部股东，也不会有职业经理。资本所有者为什么要选择让其他人损害自己的利益呢？将内部人控制等同于代理问题是不恰当的，正如把无效率等同于交易成本是不恰当的一样。第二，如果出现内部人控制，一定是因为作为所有者的外部人方面存在行为障碍（张春霖语）。只有当外部人没有积极性和（或）没有信息监督内部人时，才可能有内部人控制问题。这就是中国目前的情况。那么，显然，解决内部人控制问题的出路在于解决外部人的行为障碍。一种办法是将企业所有权转移给内部人，使内部人和外部人合二为一，此时，不仅没有代理问题，更不存在内部人控制问题，因为经理如何控制企业是他们自己的事情，没有外部人的利益受到损害。二是在不可能使内部人和外部人合一的情况下，将外部人转换为真正承担风险的资本所有者。此时，存在代理问题，但可以消除内部人控制问题（至少均衡情况下是如此）。这里的道理很类似自由价格制度与计划价格制度的区别。在计划价格制度下，"短期"是一种均衡现象。自由价格制度并不能保证价格在每时每刻都是均衡价格，但"短期"不会是一种均衡现象。第三，我书中的第二个附录并不是说内部人控制在任何情况下都是好的，我只是说，如果我们不愿意从根本上解决所有制问题，内部人控制是一种次优选择（second-best solution）。第四，我也没有一般地批评股份制，我批评的是国家作为股东的股份制。

（本文发表于《中国书评》1996 年 5 月总第 10 期）

人名索引

阿尔钦（Alchian, Armen） 15, 23, 27, 30, 32, 39, 42, 43, 44, 45, 65, 68, 74, 100, 101, 116, 117, 120, 135, 218, 242, 245, 246, 247, 253, 284, 307, 311

阿根亚（Aghion, Philippe） 24

埃斯瓦瑞（Eswaran, Mukesh） 49, 50, 139, 156, 285, 286

埃文斯（Evans, David S.） 162, 165, 166, 203

奥斯瓦德（Oswald, Andrew J） 162

鲍莫（Baumol, W.J.） 58

伯利（Berle, A.A.） 57, 58

博尔腾（Bolton, Patrick） 24, 37, 38, 41, 285

布兰克弗劳尔（Blanchflower, David G.） 55

戴蒙德（Diamond, D. W.） 53, 161, 182

道（Dow, Gregory K.） 11, 17, 19, 22, 25, 31, 33, 40, 41, 42, 47, 48, 49, 50, 53, 55, 70, 72, 83, 88, 98, 101, 102, 109, 118, 119, 127, 135, 139, 145, 146, 147, 148, 149, 151, 153, 156, 170, 171, 184, 203, 211, 212, 213, 219, 220, 226, 243, 247, 255, 256, 258, 262, 264, 265, 266, 267, 269, 273, 275, 278, 284, 285, 297, 302, 308, 314, 315, 317, 318, 319, 321, 323

德姆塞茨（Demsetz, Harold） 15, 23, 27, 30, 32, 39, 42, 43, 44, 45, 65, 68, 74, 100, 101, 116, 117, 120, 135, 218, 243, 245, 246, 247, 284, 307, 311

多马（Domar, E.） 23

费茨罗（FitzRoy, Felix R.） 38, 39, 57, 284

盖尔（Gale, D.） 53, 142, 161

格罗斯曼（Grossman, Sanford） 24, 30, 33, 34, 35, 37, 40, 50, 52, 161, 284

哈里斯（Harris, Milton） 52, 53, 226

哈特（Hart, Oliver） 24, 30, 33, 34, 35, 36, 37, 40, 43, 50, 52, 53, 161, 222, 284

海（Hay, Donald） 2, 4, 12, 241, 259, 282, 304, 312, 325

汉斯曼（Hansmann, Henry） 33

豪尔兹－易肯（Holtz-Eakin, D.） 162

赫尔维（Hellwig, M.） 53, 142, 161

黄有光 24, 27, 28, 29, 30, 64, 283

霍姆斯特姆（Holmstrom, Begnt） 23, 24, 44, 50, 68, 73, 101, 102, 120, 122, 222, 225

企业的企业家—契约理论

杰尔费安（Joulfaian, D.） 162

杰文诺维克（Jovanovic, Boyan） 162, 165,
　166, 203

卡森（Casson, Mark） 15, 56, 57, 64, 218

凯尔斯特姆（Kihlstrom, Richard E.）
　165, 166, 168, 182, 184, 200, 202,
　203

坎伯（Kanbur, S. M.） 165, 166, 167, 203

科斯（Coase, R. H.） 1, 4, 8, 15, 18, 22,
　23, 24, 25, 26, 27, 28, 29, 30, 31, 35,
　36, 43, 54, 55, 60, 62, 217, 223, 225,
　242, 243, 244, 246, 283, 291, 306,
　315, 316

柯斯纳（Kirzner, I. M.） 56, 57, 64, 218

克莱因（Klein, B.） 23, 30, 31, 33

克特威（Kotwal, Ashok） 49, 50, 139, 156,
　285, 286

拉丰特（Laffont, Jean-Jacques） 165, 166,
　168, 182, 184, 200, 202, 203

勒鲁瓦（LeRoy, Stephen） 55

雷维夫 (Raviv, Artur) 52, 226

利兰（Leland, Hayne） 24, 47, 48

林毅夫 290, 317, 318

刘易斯（Lewis, Tracy R.） 40

卢卡斯（Lucas, Robert Jr.） 165, 166, 202

罗森（Rosen, Harvey S.） 162, 227

罗斯（Ross, Stephen） 23, 24, 30, 33, 34,
　35, 37, 40, 47, 50, 52, 161, 284

玛瑞斯（Marris, R.） 58

麦克阿弗（McAfee, R.） 101, 102, 121

麦克林（Meckling, William） 24, 45, 46, 47,

58, 66, 78, 226, 284

麦克米伦（McMillian, John） 101, 102, 121

米德（Mead, J. E.） 23

米恩斯（Means, G.C.） 57, 58

莫里斯（Mirrlees, J. A.） 50, 68

穆尔（Moore, John） 53

穆勒（Mueller, Dennis） 20, 38, 39, 57, 284

奈特（Knight, Frank） 15, 18, 54, 55, 56,
　57, 62, 63, 65, 68, 70, 166, 217, 218,
　219, 220, 286

派尔（Pyle, David） 24, 47, 48

普特曼（Putterman, Louis） 73

瑞奥登（Riordan, Michael H.） 30, 40

萨平顿（Sappington, David E. M.） 40

沙科（Shackle, G. L. S.） 56, 64, 218

斯宾塞（Spence, M.） 50, 223

斯蒂格利茨（Stiglitz, Joseph E.） 48, 139,
　156, 182, 224

斯基尔曼（Skillman, Gil Jr） 73

斯卡夫斯坦（Scharfstein, David S.） 53

斯密·亚当（Smith, Adam） 4, 28

泰若勒（Tirole, Jean） 23, 24, 30, 32, 44

汤森（Townsend, Robert M.） 53

汪丁丁 5, 241, 289, 305, 309, 310, 311,
　312, 3

威廉姆森（Williamson, O. E.） 1, 23, 26,
　29, 30, 31, 32, 33, 34, 35, 37, 38, 39,
　58, 242, 243, 246, 247, 283

威廉斯（Williams, Joseph） 53

威斯（Weiss, Andrew） 48, 139, 156

文尼克（Vanek, J.） 23

企业的企业家—契约理论

重要词汇索引

B

边际产出　177, 178, 180, 249

边际成本　96, 98, 177

边际贡献　44, 65, 245, 249, 250

总博弈　79, 80

　　非合作博弈　80, 84, 248, 255, 311

　　合作博弈　80, 84, 86, 93, 248, 255, 256, 311

博弈论　243, 255, 256, 257, 309, 311

不确定性　15, 39, 54, 55, 63, 64, 65, 67, 68, 69, 70, 117, 118, 131, 133, 139, 165, 218, 242, 243, 286, 288, 309

C

财富　17, 38, 45, 50, 57, 59, 61, 74, 133, 134, 135, 136, 137, 138, 139, 140, 141, 142, 143, 144, 145, 146, 147, 148, 149, 150, 151, 152, 153, 154, 155, 156, 157, 158, 159, 160, 161, 162, 163, 164, 165, 167, 169, 170, 171, 172, 173, 175, 176, 177, 178, 179, 180, 181, 182, 184, 185, 187, 188, 189, 190, 191, 192, 193, 195, 196, 197, 198, 199, 200, 201, 202, 203, 204, 205, 206, 207, 209, 211, 212, 213, 221, 248, 253, 254, 257, 258, 262, 263, 269, 270, 271, 273, 274, 284, 289, 293, 294, 299, 302, 303, 312, 314, 321, 322

　　个人财富　17, 57, 59, 133, 134, 135, 136, 137, 138, 139, 140, 141, 142, 143, 144, 145, 146, 147, 148, 149, 150, 151, 152, 153, 154, 155, 156, 158, 160, 161, 162, 163, 164, 165, 167, 169, 170, 171, 172, 173, 175, 176, 177, 178, 179, 180, 181, 182, 184, 185, 187, 188, 189, 190, 191, 192, 193, 195, 196, 197, 198, 199, 200, 201, 202, 203, 204, 205, 206, 207, 209, 211, 212, 253, 269, 270, 271, 289, 299, 302, 303, 321

　　国民财富　201

财富约束　38, 164, 170, 171, 172, 173, 175, 176, 178, 179, 180, 181, 182, 184, 187, 188, 190, 191, 192, 193, 195, 196,

93, 101, 114, 116, 117, 118, 119, 120,
121, 123, 128, 129, 130, 131, 132,
133, 134, 135, 136, 137, 138, 139,
140, 141, 142, 143, 144, 145, 146,
147, 148, 149, 150, 151, 152, 153,
154, 155, 156, 157, 158, 159, 160,
161, 162, 163, 164, 165, 166, 167,
169, 170, 171, 172, 173, 174, 175, 176,
177, 178, 179, 180, 181, 182, 183,
184, 185, 186, 187, 188, 189, 190,
191, 192, 193, 194, 195, 196, 197,
198, 199, 200, 201, 202, 203, 204,
205, 206, 207, 208, 209, 210, 211,
212, 213, 214, 217, 218, 219, 220,
221, 222, 223, 224, 225, 226, 228,
241, 242, 243, 244, 245, 246, 248,
249, 251, 252, 253, 254, 255, 256,
257, 258, 259, 260, 261, 262, 263,
264, 265, 266, 268, 269, 270, 271,
272, 273, 274, 275, 276, 277, 278,
279, 280, 282, 283, 284, 285, 286,
287, 288, 289, 290, 291, 292, 293,
294, 295, 296, 297, 298, 299, 300,
301, 302, 303, 304, 305, 306, 307,
308, 309, 310, 311, 312, 313, 314,
315, 316, 317, 318, 319, 320, 321,
322, 323, 325, 326

公司制企业　55, 56

国有企业　3, 9, 223, 259, 260, 264,
265, 278, 280, 290, 291, 294, 295,
296, 313, 318

乡镇企业　256, 312

古典资本主义企业　9, 116, 221, 307,
311, 318

合伙制企业　116, 119, 224, 311

阿尔钦—德姆塞茨企业　68, 116,
117, 120, 311

企业家　1, 2, 3, 4, 7, 8, 9, 14, 15, 16, 17,
18, 19, 20, 21, 22, 23, 25, 29, 37, 38,
44, 45, 46, 47, 48, 49, 50, 53, 54, 55,
56, 57, 58, 59, 60, 61, 63, 64, 67, 117,
119, 131, 132, 133, 134, 135, 136,
137, 138, 139, 140, 141, 142, 143,
144, 145, 146, 147, 148, 149, 150,
151, 152, 153, 154, 155, 156, 157,
158, 159, 160, 161, 162, 163, 164,
165, 166, 167, 168, 169, 170, 171,
172, 173, 174, 175, 176, 177, 178, 179,
180, 181, 182, 183, 184, 185, 186,
187, 188, 189, 190, 192, 194, 195,
196, 197, 198, 199, 200, 201, 202,
203, 204, 205, 206, 207, 208, 209,
210, 211, 212, 213, 220, 221, 222,
224, 226, 241, 245, 248, 249, 253,
254, 255, 257, 258, 259, 260, 261,
262, 263, 264, 268, 269, 270, 271,
272, 273, 274, 275, 276, 278, 279,
282, 285, 286, 287, 289, 292, 301,
302, 303, 304, 305, 306, 307, 308,
309, 312, 313, 314, 319, 322, 325,
326

意愿企业家　135, 136, 145, 146, 147,

文景

Horizon

社 科 新 知　文 艺 新 潮

企业的企业家—契约理论

张维迎 著

出 品 人：姚映然
责任编辑：李　顿
装帧设计：高　熹
美术编辑：安克晨

出　　品：北京世纪文景文化传播有限责任公司
　　　　　（北京朝阳区东土城路8号林达大厦A座4A　100013）
出版发行：上海人民出版社
印　　刷：山东临沂新华印刷物流集团有限责任公司
制　　版：北京大观世纪文化传媒有限公司

开 本：820mm×1280mm　1/32
印 张：11.125　　字 数：247,000　　插 页：4
2015年1月第1版　　2023年1月第3次印刷
定 价：79.00元
ISBN：978-7-208-12621-3 / F·2263

图书在版编目（CIP）数据

企业的企业家：契约理论 / 张维迎著. —上海：
上海人民出版社，2014
ISBN 978-7-208-12621-3

Ⅰ.① 企… Ⅱ.① 张… Ⅲ.① 雇佣劳动-研究 ② 产业
结构-研究 Ⅳ.① F014.6

中国版本图书馆CIP数据核字（2014）第252355号

本书如有印装错误，请致电本社更换 010-52187586